国语全鉴

东篱子◎解译

中国纺织出版社

内 容 提 要

本书记录了西周（公元前11世纪~公元前771年）、春秋（公元前770年~公元前476年）时周、鲁、齐、晋、郑、楚、吴、越八国人物、事迹、言论，是一部国别史杂记，也叫《春秋》外传，与《左传》并列为解说《春秋》的著作。

图书在版编目（CIP）数据

国语全鉴 / 东篱子解译. --北京：中国纺织出版社，2020.7（2024.1重印）

ISBN 978-7-5180-5429-9

Ⅰ. ①国… Ⅱ. ①东… Ⅲ. ①中国历史—春秋时代—史籍 ②《国语》—注释 ③《国语》—译文 Ⅳ. ①K225.04

中国版本图书馆CIP数据核字（2018）第221411号

策划编辑：张淑媛　　责任编辑：陈　芳

责任校对：寇晨晨　　责任印制：储志伟

中国纺织出版社出版发行

地址：北京市朝阳区百子湾东里A407号楼　邮政编码：100124

销售电话：010—67004422　传真：010—87155801

http：//www.c-textilep.com

中国纺织出版社天猫旗舰店

官方微博 http://weibo.com/2119887771

永清县晔盛亚胶印有限公司印刷　各地新华书店经销

2020年7月第1版　2024年1月第2次印刷

开本：710×1000　1/16　印张：20

字数：367千字　定价：68.00元

前言

《国语》又名《春秋》外传。相传《国语》为春秋末鲁国左丘明所撰，但现代有的学者从内容判断，认为《国语》是战国时期的学者依据春秋时期各国史官记录的原始材料整理编辑而成的。对于这部著作的作者所存在的争议暂且不去评说，但我们必须肯定的是，它无疑是我国最早的一部国别史。它记载了上起西周穆王征犬戎，下至韩、赵、魏灭智伯，共约五百二十年的历史。全书共二十一卷，以“国”为例，以“语”为主，围绕历史事件，通过人物言谈、对话等形式，生动地记录了自西周穆王至东周贞定王期间，周王室与鲁、齐、晋、郑、楚、吴、越等七个诸侯国的“邦国成败、嘉言善语”，各国贵族间朝聘、宴飨、讽谏、辩说、应对之辞，以及部分历史事件与传说。

就其重要的史学价值而言，《国语》记载了西周以及春秋时期，穆、恭、厉、宣、幽、惠、襄、定、简、灵、景、敬十二位王的著名征战以及国家兴衰大事，为后人研究周王室时期各诸侯国的政治、经济、军事、外交、文化、风俗等提供了珍贵资料。我们从书中记载的先秦时期朝聘、宴飨、祭祀等方面的礼仪、典制和法规，以及当时丰富的民谚、歌谣、神话传说等，可以较好地了解当时的社会形态。同时，《国语》开创了以国分类记事的国别体编撰体例，对后世史学也产生了极大影响。

就其文学价值而言，《国语》也有着不可小视的贡献。它以简洁凝练的语言和生动传神的笔法，奠定了在先秦历史散文中比较重要的地位。全书每个篇目都是以纪实为主，注重客观描写，语言以对答形式，体现君臣之间如何以理服人，使两者观点融为一体而最终成就国家大业；相反，又一针见血地描绘了君王是如何固执己见而导致国家败亡的血的教训。因此，作者通过发生在历史上诸侯国王身上有关史实的客观描述，能让读者品味、揣摩出这本著作的深刻内涵。

之所以说《国语》是中国历史名著之一，因为它不仅翔实记载了相关历史事件，而且在此作品之中，留给了后世之人诸多名句。比如："得时无怠，时不再来；天予不取，反为之灾"；"有过必悛，有不善必惧"；"华而不实，耻也"；等等。这些无不告诫我们如何珍惜眼前的机会，因为时不再来；告诉我们为人应该有错必改，方能始终；告诉我们要注重内涵，华而不实必将是"耻"之源，更会贻误终生。

普及国学经典一直以来是不容忽视的课题，但由于《国语》一书内容繁多，篇幅较长，所以市面上出现很多单项的译本，给读者带来诸多不便。因此，我们针对这一困惑，为了让读者更顺畅地读懂国学经典，如临其境地品读春秋时代的国学作品，本书参照权威学者的研究成果，力求准确的同时，详尽地进行了原文、注释和通俗易懂的现代汉语译文分类，并且对生僻字进行了注音和注释，使您能够轻松阅读，愉快鉴赏国学经典，萃取国学精华。

解译者

2020 年 2 月

目录

卷一　周语上

卷二　周语中

卷三　周语下

卷四 鲁语上

卷五 鲁语下

卷六 齐语

卷七 晋语一

卷八 晋语二

卷九 晋语三

卷十 晋语四

卷十一 晋语五

卷十二 晋语六

卷十三 晋语七

卷十四 晋语八

卷十五 晋语九

卷十六 郑语

卷十七 楚语上

卷十八 楚语下

卷十九 吴语

卷二十 越语上

卷二十一 越语下

卷一　周语上

祭公谏穆王征犬戎

【原文】

穆王将征犬戎[①]，祭公谋父谏曰[②]："不可。先王耀德不观兵。夫兵戢而时动[③]，动则威；观则玩，玩则无震[④]。是故周文公之《颂》曰[⑤]：'载戢干戈，载櫜弓矢[⑥]，我求懿德，肆于时夏[⑦]。允王保之。'先王之于民也，茂正其德，而厚其性；阜其财求[⑧]，而利其器用；明利害之乡，以文修之，使务利而避害，怀德而畏威，故能保世以滋大。

"昔我先世后稷[⑨]，以服事虞、夏。及夏之衰也，弃稷不务，我先王不窋[⑩]，用失其官，而自窜于戎、狄之间。不敢怠业，时序其德，纂修其绪，修其训典，朝夕恪勤，守以敦笃，奉以忠信，奕世戴德，不忝前人[⑪]。至于武王，昭前之光明而加之以慈和，事神保民，莫弗欣喜。商王帝辛大恶于民[⑫]，庶民不忍，欣戴武王，以致戎于商牧。是先王非务武也，勤恤民隐而除其害也。

【注释】

①穆王：即周天子，名满。康王之孙，昭王的儿子。犬戎：我国古代西方民族名，亦称畎戎、昆夷、昆戎等。商朝和周朝时，在今陕西泾水渭水流域过游牧生活。

②祭（zhài）公谋父（fǔ）：周穆王的大臣，封于祭姓，故叫祭公。谋父是他的字。

③戢（jí）：聚集，收藏。时动：按照一定的季节行动。例如春夏务农，冬季习武练兵。

④震：震慑，惧怕。

⑤周文公：即周公。"文"是他的谥号。周公是周武王的弟弟，名旦，亦称叔旦。

⑥载：语助词，无义。干戈：兵器名。櫜（gāo）：古时收藏弓箭的袋子。这里用作动词，把弓箭收藏起来。

⑦懿（yí）德：美德。时：是，这。夏：华夏，指中国。

⑧茂：通"懋"，勉励。德：道德。阜（fù）：大，多。

⑨后稷：上古时掌管农事的官名，相传周王室的始祖曾长期担任此职。虞夏：指有虞氏之世和夏代。

⑩不窋（zhú）：古代周族部落首领。

⑪恪：恭敬、谨慎。敦：敦厚。奕世：累世、代代。忝（tiǎn）：辱，有愧于。

⑫商王帝辛：即殷商的末代国君纣王。

【译文】

周穆王将要去征伐犬戎，祭公谋父上前劝阻说："这不可以。我们的先王向来都是昭示德行而不炫耀武力。武力是平时聚积起来到一定时候动用的，一旦动用就要显示出威慑力而使人畏惧；炫耀武力就会滥用，滥用就会失去震慑力而难以使人惧怕。所以周文公的《诗经·周颂·时迈》说：'将兵器妥善收藏，将弓箭藏入皮囊，我只寻求美德，真诚地施予这华夏之邦。相信长此以往，君王定能保持天命久长。'先王对于百姓的教导，总是勉励他们端正德行，而使他们的性情更加宽厚；扩大他们满足财力需求的来源，而且积极改进他们的武器用具；指明事物利与害的方向，用礼法整顿他们，使他们能够务实利益而驱避祸害，能够感怀君王的恩德而畏惧君王的威严，所以，先王才能保证周朝王室的基业世代相承，而且能够日益壮大。

从前我们的先王世代做掌管农事之长，侍奉虞、夏两朝。直到夏朝衰落的时候，废除了农官而不再致力于农业，致使我们的先王不窋，因而失去了官职，只好独自穿行于戎狄之间居住下来。但先王仍然不敢懈怠祖业，时常称道祖先的功德，继续完成祖先留下的事业，研习祖先的训令和典章，从早到晚都不忘记恭敬地勤勉行事，并且敦厚忠实地遵守，诚恳地奉行，在立德立业上世代相承，不辱前人。到了武王时期，继续发扬前代光明磊落的德行，并且用仁慈与温和恭谨地侍奉神灵、保护百姓，神灵与人民没有不欢欣喜悦的。但是商王帝辛却施行暴政而被人民所深深憎恶，以致百姓无法忍受，因此都乐于拥戴武王去讨伐他，所以才在商朝国都郊外的牧野交战。这不是先王致力于武力，而是为了体恤百姓、解救他们的痛苦才去除掉这个祸害的。

【原文】

"夫先王之制：邦内甸服①，邦外侯服，侯、卫宾服，蛮、夷要服，戎、狄荒服。甸服者祭，侯服者祀，宾服者享，要服者贡，荒服者王。日祭，月祀，时享，岁贡，终王，先王之训也。

"有不祭，则修意；有不祀，则修言；有不享，则修文；有不贡，则修名；有不王，则修德。序成而有不至，则修刑。于是乎有刑不祭，伐不祀，征不享，让不贡，告不王。于是乎有刑罚之辟②，有攻伐之兵，有征讨之备，有威让之令，有文告之辞。布令陈辞，而又不至，则增修于德，而无勤民于远。是以近无不听，远无不服。"今自大毕、伯士之终也③，犬戎氏以其职来王，天子曰：'予必以不享征之，且观之兵。'其无乃废先王之训，而王几顿乎④？吾闻夫犬戎树，惇帅旧德，而守终纯固，其有以御我矣。”

王不听，遂征之⑤，得四白狼、四白鹿以归。自是荒服者不至。

【注释】

①甸服：据《书·禹贡》记载，古代王畿（jī）外围的地方，以五百里为率依次分为五等，由王直辖的方圆千里区域为甸服；甸服以外五百里为侯服，由王分封给诸侯；侯服以外的五百里为绥服（此处称宾服），是介于诸侯和边疆之间的区域；宾服之外为要服、荒服，是王朝影响能到达的边地。

②辟（pì）：法、条例。

③大毕、伯士：据韦昭注说，他们分别是犬戎族的首领。

④顿：破坏。

⑤遂：表示最后的结果，终于，到底。

【译文】

先王的制度：国都疆界五百里以内的地方称甸服，国都疆界五百里以外的地方称侯服，侯服以外至卫服以内的地方称宾服，宾服以外的蛮、夷地方称要服，要服以外的戎、狄地方称荒服。甸服之地的诸侯供给天子每日祭祀所用的祭品，侯服之地的诸侯供给天子每月祭祀所用的祀品，宾服之地的诸侯要供给天子每一季祭祀所用的祭品，要服之地的诸侯供给天子每一年所用的祭品，荒服之地的诸侯则必须遵守朝见天子的规定。像这样每日一次的祭品，每月一次的祀品，每季一次的用享，每年一次的进贡和终生朝见天子一次的礼仪，都是先王留传下来的训诫。

如果甸服有不履行日祭的，天子就修省内心思想；如果侯服有不履行月祀的，天子就重新检省自己的言行；如果宾服有不履行时享的，天子就修明礼仪法令；如果要服有不按时进岁贡的，天子就修明君臣之间的尊卑名分；如果荒服有不履行朝见之礼的，天子就去检省自身的德行。这几个方面依次做到而仍有不来履行朝拜供奉的，天子就去修明刑法而依法处置。这样一来，就会有惩罚不逐日进贡的，讨伐不按月进贡的，征讨不按季进贡的，谴责不进岁贡的，告诫不来朝见的。因此就有了惩治的法律，有了攻伐的军队，有了征讨的装备，有了严厉谴责的命令，有了用文字晓喻的文告。如果颁布命令，公布文告，但是还有不来进贡的，天子就要在自身的德行上增强修养了，而不是轻易劳民远征使他们受苦。正因为如此，所以近处的诸侯没有不听从命令的，远方的诸侯没有不悦服归顺的。

如今犬戎族的首领大毕、伯士寿终正寝了，新即位的犬戎国君就按照荒服的礼仪带着贡品前来朝见以尽其职，可天子却说：“我一定要以不享的罪名征讨他，并且向犬戎国君炫耀自己的武力。”这样做难道不是在废弃先王的遗训而使朝见天子之礼几近被破坏吗？我听说那犬戎国君秉性敦厚，能够遵循祖先的德行操守而终生专一不变，他们会有防御我们的准备和能力的。

可是穆王不听劝谏，到底还是去征战犬戎了，结果只得到犬戎国进贡的四只白狼、四只白鹿带了回来。然而从此以后，荒服之地的诸侯就再也不来朝见穆王了。

密康公母论小丑备物终必亡

【原文】

恭王游于泾上①，密康公从②，有三女奔之。其母曰：“必致之于王。夫兽三为群，人三为众，女三为粲③。王田不取群，公行下众，王御不参一族④。夫粲，美之物也。众以美物归女⑤，而何德以堪之？王犹不堪，况尔小丑乎？小丑备物，终必亡。”

康公不献。一年，王灭密。

【注释】

①恭王：西周国君，名伊扈，穆王之子。泾：水名，源于今宁夏六盘山，东南流入古渭水，西周国都镐京即在两水交汇处附近。

②密：西周诸侯国名，姬姓，地在今河南密县。

③粲（càn）：美，极其美好。

④参：同“叁”，三个。

⑤女：文言代词，假借为“汝”，你。

【译文】

周恭王到泾水边去游玩，密康公随从同往，随后有三个同姓的女子私自投奔密康公。康公的母亲说：“务必把她们献给君王。三只兽在一起就可以称为群，三个人在一起就可以称为众，三个女子在一起就可以称为粲。自古以来，君王田猎时从不猎取群兽，身为诸侯要对下边的民众谦恭行事，君王不能挑选三个同族的女子为妃嫔。粲，是极其美好的事物。人们把美好的事物归之于你，而你有什么德行来承受呢？君王尚且不能承受，何况你这种小人物呢？小人物得到的东西太多，就一定会灭亡。”

康公不肯把这三个女子献出去。果然，一年以后，周恭王消灭了密国。

邵公谏厉王弭谤

【原文】

厉王虐，国人谤王①。邵公告曰："民不堪命矣！"王怒，得卫巫②，使监谤者，以告，则杀之。国人莫敢言，道路以目。王喜，告召公曰："吾能弭谤矣，乃不敢言。"邵公曰："是障之也。防民之口，甚于防川。川壅而溃，伤人必多，民亦如之。是故为川者决之使导，为民者宣之使言。故天子听政，使公卿至于列士献诗，瞽献曲③，史献书④，师箴，瞍赋⑤，矇诵⑥，百工谏⑦，庶人传语，近臣尽规，亲戚补察，瞽史教诲，耆艾修之⑧，而后王斟酌焉，是以事行而不悖。民之有口，犹土之有山川也，财用于是乎出；犹其原隰衍沃也⑨，衣食于是乎生。口之宣言也，善败于是乎兴，行善而备败，其所以阜财用衣食者也。夫民虑之于心而宣之于口，成而行之，胡可壅也？若壅其口，其与能几何？"

王不听，于是国莫敢出言，三年乃流王于彘⑩。

【注释】

①国人：当时对居于国都的人的通称。谤：这里是责备、诅咒之意。

②卫巫：卫地的巫师。

③公卿：朝廷的高级官员。列士：朝廷的低级官员。瞽（gǔ）：盲人乐官。

④史：史官。献：呈献，敬献，进献。

⑤师：师氏的简称。《周礼》以之为教国子之官。瞍（sǒu）：韦昭注谓"无眸子曰瞍"。

⑥矇：韦昭注谓"有眸子而无见曰矇"。

⑦百工：主管营建制造等事务的官职。

⑧耆（qí）艾：指老年人、老臣。

⑨隰（xí）：低湿的地方。

⑩彘（zhì）：地名，故址在今山西霍县。

【译文】

周厉王非常残暴，全国上下都很气愤地指责他。邵公禀告说："百姓已经承受不了这样的命运了！"厉王知道后十分生气，便找来卫地的巫师，监视那些指责他的人，得到卫巫的报告以后就命人杀死他们。从此以后，国人再也没有谁敢说厉王坏话，路上相遇的时候就用眼色来示意。厉王非常高兴，就对邵公说："我能禁止诽谤之言散布流传了，甚至让这些人不敢再讲话了。”邵公说：“确实是阻拦住诽谤了。但你这是塞住了民众的嘴巴，这要比堵塞河流还要可怕。河流若被堵住终究会导致决口，受伤的人一定会很多，被压制的民众也是如此。所以说，治理河道的人为了防止堤坝决口首先就要排除堵塞，才能疏导水流畅通，治理民众的喧闹之言就要学会引导百姓说话。因此，天子处理政事，要让公卿列士及时呈献出民间诗歌，朝廷乐官能够呈献出民间乐曲，史官能够呈献出史书，教导国子的师氏能够进献箴言，患有眼疾的瞍者可以朗诵，矇者能够吟咏，百官能够衷心劝谏，平民的议论和建议都能够顺利上达，近臣能做到尽心规劝，宗室姻亲可以补过纠偏，乐官、史官能够积极施行教诲，元老重臣能够极其负责地进行监督修缮，然后天子再考虑如何取舍，这样一来，国家的政事才会施行顺利而不违背民心。百姓有嘴，就像土地上有高山河流一样，钱财用品都由此而产出；又像原野之上有湿润的平川沃土一样，人民生活所需的衣服和食物都由此而产出。只有让百姓把想说的话自由宣讲出来，政事的好与坏才能得以展现，才能够多做好事而防备坏事发生，这样才能使财源旺盛、生活富足。像那百姓在心里所考虑的而在口头上说出来，这是自然形成的行为，怎么能强行阻塞呢？倘若堵塞言论而不让他们说话，那么朝政还能支撑多久呢？”

厉王很生气而不听邵公劝谏，就这样，国都里再没有人敢出来说话。过了三年，国人就把厉王放逐到偏远的彘地去了。

芮良夫论荣夷公专利

【原文】

厉王说荣夷公①，芮良夫曰②：“王室其将卑乎！夫荣公好专利而不知大难。夫利，百物之所生也，天地之所载也，而或专之，其害多矣。天地百物，皆将取焉，胡可专也？所怒甚多，而不备大难，以是教王，王能久乎？夫王人者，将导利而布之上下者也，使神人百物无不得其极，犹日怵惕③，惧怨之来也。故《颂》曰④：‘思文后稷⑤，克配彼天。立我蒸民，莫匪尔极。’《大雅》曰⑥：‘陈锡载周。’是不布利而惧难乎？故能载周，以至于今。今王学专利，其可乎？匹夫专利，犹谓之盗，王而行之，其归鲜矣⑦。荣公若用，周必败。”既，荣公为卿士，诸侯不享，王流于彘⑧。

【注释】

①说：通“悦”，喜欢。这里指宠信之意。荣夷公：是西周时期诸侯国荣国的

第六任国君。他曾经是封地在荣（今陕西户县）的诸侯，“夷”是他死后的谥号，故称。

②芮（ruì）良夫：周朝的大夫，其封地在芮。

③怵惕（chù tì）：恐惧警惕。

④《颂》：下引诗句出自《诗·周颂·思文》，这是一首周人祭祀其始祖后稷的乐歌。

⑤后稷：上古时掌管农事的官名，相传周王室的始祖曾长期担任此职。

⑥《大雅》：下引诗句出自《诗·大雅·文王》，这是一首颂扬周文王功绩的诗歌。

⑦鲜：少。

⑧彘（zhì）：地名，故址在今山西霍县。

【译文】

周厉王非常宠信荣夷公，芮良夫忧心忡忡地说：“王室将要衰落了！那个荣夷公喜好独占财利却不懂得这样会有大难。利是由万物中产生出来的，是由天地所养育而成的，假如一心想要独占它，那么所带来的怨恨就会很多。天地万物，人人都可以去取用，怎么可以独占呢？长此以往，触怒的人太多而不知道去防备大难，用这样的观念去引导陛下，陛下还能长治久安吗？善于治理天下的人，应该把开通利途所得到的益处都分配给上上下下的人，使天神、百姓以及世间万物，无不得到其中最多的那一份，即使这样还要时常恐惧警惕，担心会招来民众的怨恨呢。所以《颂》诗中说：‘文德郁盛的后稷啊，功堪比天；立下基业使百姓得以生存，无不受到最大的惠恩。’《大雅》中说：‘广泛地施德赏赐，奠定了周朝。’这不正是布施恩惠仍不忘记怀有戒惧之心吗？正因如此，所以能奠定周朝王业并且能够延续至今。现在君王要效法荣夷公独占财利，您想想这样可以吗？那些普通人独占财利，尚且被称为盗贼，而身为君王却也去做同样的事，那么归附王室的人就会减少了。这个荣夷公若被君王重用，周朝就一定会败亡。”不久，荣夷公被厉王任命为卿士，引起各路诸侯极度不满而都不来朝见献享了，后来，厉王果真败落，最终被放逐到了荒远的彘地。

邵公以其子代宣王死

【原文】

彘之乱①，宣王在邵公之宫②。国人围之。邵公曰：“昔吾骤谏王，王不从，以及此难。今杀王子，王其以我为怼而怒乎！夫事君者险而不怼③，怨而不怒，况事王乎？”

乃以其子代宣王。宣王长而立之。

【注释】

①彘之乱：公元前 842 年，国人起义，周厉王逃奔到彘。

②宣王：西周国君，名靖（一作静），厉王之子。厉王出逃后，他躲藏在大臣召公的家中。邵公：亦称“召公”。

③怼（duì）：怨怼，怨恨。

【译文】

在周厉王逃奔彘地的动乱中，他的儿子宣王在邵公家避难。国人得知情况以后就包围了邵公的住处。邵公对家人说：“过去我多次劝谏厉王，厉王不听从我的劝谏，所以才罹受如此之大的祸难。现在假如厉王的儿子被杀，厉王将会以为我是因为对他有怨愤而在发怒报复啊！事奉国君的人，在遇到危险的时候不怨怼，有怨气的时候也不发怒，更何况是事奉天子呢？”

于是，邵公就用自己的儿子顶替宣王去死。宣王长大后，邵公扶持他继承了王位。

仲山父谏宣王立戏

【原文】

鲁武公以括与戏见王①，王立戏，樊仲山父谏曰②：“不可立也！不顺必犯，犯王命必诛，故出令不可不顺也。令之不行，政之不立，行而不顺，民将弃上。夫下事上、少事长，所以为顺也。今天子立诸侯而建其少，是教逆也。若鲁从之而诸侯效之，王命将有所壅[③]；若不从而诛之[④]，是自诛王命也。是事也，诛亦失，不诛亦失，天子其图之！”

王卒立之。鲁侯归而卒，及鲁人杀懿公而立伯御。

【注释】

①鲁武公：鲁国的国君，名敖。括：武公的长子，亦即后文的“伯御”。戏：括的弟弟，武公去世后他继位为鲁君，即懿公。王：此指周宣王，名静，公元前827年至前782年在位。

②樊仲山父：周朝大臣，因其封地在樊（今陕西西安市东南），故以樊为氏。父：是当时对成年男子的美称，亦作“甫”。仲：是他的排行，即次子。

③壅（yōng）：堵塞。这里指遗训得不到执行。

④诛：惩罚，治罪之意。

【译文】

鲁武公带着长子括与次子戏朝见周宣王，宣王立戏为鲁太子。樊仲山父上前劝谏说：“不能立戏为太子！不合情理的命令必然会被违犯，而违犯王命必定要被治罪，所以君王发布命令不可以不合情理啊。倘若命令得不到执行，那么政事就无法确立而得到妥善治理，就算是勉强施行但此事并不合情理，民众定将离弃高高在上的统治者。像那种位卑者能够事奉位高者，年少者能够事奉年长者，就因为这样做是合乎情理的。现如今陛下册立诸侯而却赐封其少子为太子，这是在教导人们去做违反情理的事啊。如果鲁君服从您的命令册立少子而各路诸侯也纷纷仿效的话，那么先王册立长子的遗训执行起来将会遭到阻塞；如果鲁君不服从您的命令就会被君王您治他的罪，然而这样一来，陛下就是自己破坏了先王的遗训。这件事，治罪也不恰当，不治罪也不恰当，请陛下慎重考虑以后再处置！”

宣王不听劝诫，最终还是将戏立为鲁太子。鲁武公回国后不久就去世，到后来鲁人果然杀了懿公而拥立伯御为鲁王。

穆仲论鲁侯孝

【原文】

三十二年春[①]，宣王伐鲁，立孝公[②]，诸侯从是而不睦。宣王欲得国子之能导训诸侯者[③]，樊穆仲曰[④]：“鲁侯孝。”王曰：“何以知之？”对曰：“肃恭明神而敬事耉老[⑤]，赋事行刑必问于遗训而咨于故实，不干所问，不犯所咨。”王曰：“然则能训治其民矣。”乃命鲁孝公于夷宫[⑥]。

【注释】

①三十二年：指周宣王三十二年（前796年）。

②孝公：鲁国君，名称，鲁武公的儿子、括（伯御）的弟弟。

③国子：韦昭注云“国子，同姓诸姬也，凡王子弟谓之国子”。导训诸侯：指担任诸侯的伯主（亦称“霸”）。从有关记载来看，伯主负有督率各诸侯遵奉王室、讨伐不服从王命之诸侯的责任和权力。王室势力衰微后，伯主由力量强的诸侯自任，性质与意义都有所不同。

④樊穆仲：即前一篇的樊仲山父，“穆”是他死后的谥号。

⑤耇（gǒu）：古同“者”。意为“长寿，高寿”之意。

⑥夷宫：韦昭注云：“夷宫者，宣王祖父夷王之庙。古者，爵命必于祖庙。”

【译文】

周宣王三十二年春，宣王讨伐鲁国，册立了鲁孝公，因而各路诸侯从此与宣王不再和睦亲近了。于是，宣王想找个能起到表率作用引导说服他国的诸侯来充当伯主，樊穆仲进谏说：“鲁君有恭顺的德行。”宣王说：“你怎么知道这件事的呢？”樊穆仲回答说：“鲁君诚信恭谨聪明睿智而且敬奉长老，颁布政令施行赏罚必定先去请教先王的遗训，并且仔细查询过去的成例，使它不触犯所有遗训，不违背所查询的成例。”宣王说：“既然这样，那么他便是能教导和治理那些民众的人了。”于是宣王在夷宫任命了鲁孝公。

仲山父谏宣王料民

【原文】

宣王既丧南国之师①，乃料民于太原②。仲山父谏曰③：“民不可料也！夫古者不料民而知其少多。司民协孤终，司商协民姓④，司徒协旅，司寇协奸，牧协职，工协革⑤，场协入，廪协出⑥，是则少多、死生、出入、往来者皆可知也。于是乎又审之以事，王治农于籍，搜于农隙⑦，耨获亦于籍，狝于既烝⑧，狩于毕时⑨，是皆习民数者也，又何料焉？不谓其少而大料之，是示少而恶事也。临政示少，诸侯避之；治民恶事，无以赋令。且无故而料民，天之所恶也，害于政而妨于后嗣⑩。”王卒料之，及幽王乃废灭。

【注释】

①丧南国之师：据韦昭注，这是指周宣王与“姜氏之戎”作战时，被消灭了的从南方（指今江、汉流域）征调来的军队。

②料民：清点统计百姓户口数。有的学者认为是检查民户，以加强控制；有的学者认为是改革赋税制度，增加王室收入等。

③仲山父：即前面篇章中的“樊仲山父”。

④司民：据韦昭注，是“掌登万民之数”的官员。司商：韦昭注云“掌赐族受姓之官”。

⑤牧：掌管畜牧的官员。工：掌管手工业工匠的官员。

⑥廪（lǐn）：粮仓。韦昭注云“廪人掌九谷出用之数也”。

⑦搜（sōu）：春季田猎。

⑧狝（xiǎn）：秋季田猎。既烝（zhēng）：指秋收。

⑨狩：冬季田猎。

⑩后嗣：子孙后代。

【译文】

周宣王与“姜氏之戎”大战、丧失了南方的军队以后，于是就想在太原开始清点统计百姓人口数。仲山父劝谏说：“百姓是不能如此查点的！古时候的君王不用按户籍查点就能知道百姓人数具体有多少。因为可以让司民去核计年老病死者，让司商核计出生受姓者，让司徒掌握能征调的兵员，让司寇掌握受惩罚的罪犯，让牧人管理从事畜牧的牧民人数，让百工之官管理从事手工业的人数，让场人敛藏收获的谷物，让掌管粮仓的廪人计量出纳需用的物资数量，所以，关于百姓人数的多少、死生，物资的出入、往来就都可以清楚地知道了。同时，还可以在日常政务中审察，天子在藉田上督促农耕，春闲时田猎，锄草与收获之时仍去藉田督促，秋季粮食收割以及冬季农事完毕之后都要举行大规模的狩猎，这些都是在熟悉了解百姓的数目，何必还要刻意去查点呢？虽然没有明说百姓减少，但是如此大张旗鼓地去查点百姓人数，反而显示了国家百姓减少而且政事败坏了。如果君王掌管国政而百姓却在减少，诸侯就会躲避疏远他；治理民众不当而政事逐步败坏，国家法令就无法推行。况且无故去查点百姓人数，这是上天所憎恶的，既危害政事又不利于教导子孙后代。”宣王不听劝谏，最终还是查点了百姓人数，所以到周幽王时西周便灭亡了。

西周三川皆震伯阳父论周将亡

【原文】

幽王二年①，西周三川皆震②。伯阳父曰③：“周将亡矣！夫天地之气，不失其序；若过其序，民乱之也。阳伏而不能出，阴迫而不能烝[④]，于是有地震。今三川实震，是阳失其所而镇阴也。阳失而在阴，川源必塞，源塞，国必亡。夫水土演而民用也。水土无所演，民乏财用，不亡何待？昔伊、洛竭而夏亡[⑤]，河竭而商亡[⑥]。今周德若二代之季矣，其川源又塞，塞必竭。夫国必依山川，山崩川竭，亡之征也。川竭，山必崩。若国亡不过十年，数之纪也[⑦]。夫天之所弃，不过其纪。"

是岁也，三川竭，岐山崩[⑧]。十一年，幽王乃灭，周乃东迁[⑨]。

【注释】

①幽王二年：公元前 780 年。

②三川：韦昭注云"三川，泾、渭、洛，出于岐山也"。这三条河流是当时关中地区的主要水道。

③伯阳父：周大臣。

④烝（zhēng）：同"蒸"，蒸发，热气上升。

⑤伊、洛：韦昭注云"伊出熊耳，洛出冢岭。禹都阳城，伊、洛所近"。这两条河流即今河南境内的洛河和伊河。

⑥河：指黄河。韦昭注云"商人都卫，河水所经"。

⑦纪：极限；法则，规律。

⑧岐山：在今陕西岐山县东北。

⑨东迁：西周于公元前 770 年被犬戎攻灭后，幽王之子宜臼在大臣和诸侯的拥立下继位（即周平王），并将国都东迁洛邑（今河南洛阳），史称东周。

【译文】

周幽王二年，泾水、渭水、洛水之地都发生了地震。伯阳父说："周朝将要灭亡了。天地之气，不能错失自己的次序，如果错失了应有的位置，也是民众打乱了它原有的次序了。阳气沉伏在其中而不能释放出来，阴气压制它而使热气无法上升蒸发出来，这样一来就会发生地震。现在三条流域都发生了地震，就是阳气离开自己的位置而被阴气压制。阳气失位而处于阴气的压制之下，那么河流的源头一定会阻塞，源头被堵塞，国家必定会灭亡。因为水流畅通无阻，才能保持土地湿润，才能生长万物为民取用。水流不畅，土地就会干枯，如此造成百姓缺乏财用，那么国家不灭亡还能等来什么？想当年伊水、洛水流域枯竭而夏朝灭亡，黄河枯竭而商朝灭亡。如今周朝的国运如同夏、商两代的末世一样了，那些河川的源头重又被堵塞，而源头堵塞水流必定枯竭。像那立国就一定要依山傍水，而倘若山崩水竭，那便是败亡的征兆啊。河流枯竭，山一定会崩塌。像这样的国家不超过十年便会灭亡，这是劫数的极限。凡是被上天所厌弃的，是不会超过这个极限的。"

就在这一年，泾水、洛水、渭水的水流枯竭，岐山崩塌。周幽王十一年，幽王被杀而使西周灭亡，于是幽王之子被迫东迁洛邑建立东周。

郑厉公与虢叔杀子颓纳惠王

【原文】

惠王三年[①]，边伯、石遬、蔿国出王而立子颓[②]。王处于郑三年[③]。子颓饮三大夫酒，子国为客，乐及遍儛[④]。郑厉公见虢叔[⑤]，曰："吾闻之，司寇行戮，君为之不举，而况敢乐祸乎！今吾闻子颓歌舞不息，乐祸也。夫出王而代其位，祸孰大焉！临祸忘忧，是谓乐祸。祸必及之，盍纳王乎[⑥]？"虢叔许诺。

郑伯将王自圉门入[⑦]，虢叔自北门入，杀子颓及三大夫，王乃入也。

【注释】

①惠王：东周国君，名阆（一作毋凉）。

②边伯、石遬、蔿国：皆为周朝大臣。其中，蔿国曾担任过子颓的师（辅弼国子的官员），后文的"子国"亦指他。子颓：惠王的叔父。

③郑：周王室的同姓诸侯国，是春秋初年的强国。

④遍儛（wǔ）：指黄帝、尧、舜、禹、殷、周六代的乐舞。儛：古同"舞"，舞蹈，乐舞。韦昭注云："一曰诸侯、大夫遍儛"。

⑤郑厉公：郑国君，名突。虢（guó）叔：据韦昭注，此指周大臣虢林父。

⑥盍（hé）：何不，表示反问或疑问。

⑦圉（yǔ）门：南门。

【译文】

周惠王三年，边伯、石遬，蔿国驱逐惠王而拥立子颓为天子。惠王被迫客居于郑国三年。王子颓摆设酒宴招待边伯、石遬、蔿国三位大夫，尊蔿国为上宾，宴席奏乐时遍及了黄帝、尧、舜、禹、商、周六代的舞乐。郑厉公见到虢叔时说："我听说司寇行刑之时，国君就要停止娱乐，更何况是敢以祸为乐呢！如今我听说子颓整日歌舞不息，这便是以祸为乐啊。驱逐君主而公然取代其位，有谁听说过还有比这更大的灾祸吗！面临灾祸而忘记忧患意识，这就叫以祸为乐。灾祸一定会降临到他们头上的，何不把惠王送进宫去复位呢？"虢叔同意了他的建议。

于是郑伯送惠王从南门入城，虢叔从北门入城，诛杀了子颓以及边伯、石遬、蔿国三个大夫，惠王于是恢复了王位。

内史过论神

【原文】

十五年，有神降于莘①，王问于内史过，曰②："是何故？固有之乎？"对曰："有之。国之将兴，其君齐明、衷正、精洁、惠和，其德足以昭其馨香，其惠足以同其民人。神飨而民听，民神无怨，故明神降之，观其政德而均布福焉。国之将亡，其君贪冒、辟邪、淫佚、荒怠、粗秽、暴虐；其政腥臊，馨香不登；其刑矫诬，百姓携贰，明神不蠲而民有远志③，民神怨痛，无所依怀，故神亦往焉，观其苛慝而降之祸④。是以或见神以兴，亦或以亡。昔夏之兴也，融降于崇山⑤；其亡也，回禄信于聆隧⑥。商之兴也，梼杌次于丕山⑦；其亡也，夷羊在牧⑧。周之兴也，鸑鷟鸣于岐山；其衰也，杜伯射王于鄗⑨。是皆明神之志者也。"

【注释】

①十五年：周惠王十五年（公元前662年）。莘（shēn）：在今河南陈留东北。当时在虢的境内。

②内史过：韦昭注云"内史，周大夫，过，其名也，掌爵禄废置及策命诸侯、孤、卿、大夫也"。

③蠲（juān）：显示，昭明。

④苛慝（kē tè）：意思是暴虐邪恶。

⑤融：祝融，相传是黄帝的后裔，与夏人同族。古人将之尊为南方的神祇。崇山：即嵩山。

⑥回禄：火神。信：古时作战或田猎，临时住两宿为信，两宿以上为次。此处都是停留的意思。聆（qín）隧：地名。聆隧当在夏都附近。

⑦梼杌（táo wù）：据韦昭注，此处的梼杌是指禹的父亲梼。但据《左传·文公十八年》，梼杌是上古颛顼氏的"不才子"。丕山：地名。

⑧夷羊：韦昭注云"夷羊，神兽"。鸑鷟（yuè zhuó）：凤的别名。

⑨杜伯：周大夫，其封地在杜（今陕西西安东南），故名。鄗（hào）：即西周国都镐京（今陕西西安以西）。

【译文】

周惠王十五年，有神降临在莘地。惠王问内史过："这是什么原因？曾有过这类事发生吗？"内史过回答说："有过。国家的基业想要兴旺，其国君就要明察一切、中正无邪、精诚廉洁、仁爱谦和，他的德政远播足以上达神灵昭示他的美好，他的恩惠足以团结他的民众和人心。能使神灵受礼而民众信从，人民和神灵都没有怨恨，因此英明的神灵就会降临他的国家，观察他的德政而且均匀地布施福祉。如果哪个国家将要败亡，其国君一定是贪图财利、邪僻不正、纵欲淫荡、荒业怠政、愚秽暴虐，他的政务腐朽败坏而无法上达神灵；他的刑法纵恶惩善，致使民众不睦而携有二心。因此神灵就不能昭示福佑，反而使他的民众疏远离心，以致人民和神灵都怨恨厌恶，无所归依，因此神灵也要降临，不过，却是为了观察他的暴虐邪恶而降下灾祸。正因为如此，所以有时出现神灵会使国家兴旺，有时则使国家败亡。过去夏朝兴盛之时，祝融曾降临在崇山；夏朝灭亡时，回禄出现于聆隧之地。商朝兴起时，梼杌降临在丕山；商朝灭亡时，神兽夷羊出现于牧野。周朝兴起时，凤鸟在岐山鸣叫；周朝衰落时，杜伯在镐京射死了宣王。这都是神灵降临的记载啊。

【原文】

王曰："今是何神也？"对曰："昔昭王娶于房①，曰房后，实有爽德，协于丹朱②，丹朱凭身以仪之，生穆王焉，是实临照周之子孙而祸福之。夫神壹不远徙迁，若由是观之，其丹朱之神乎。"王曰："其谁受之？"对曰："在虢土。"王曰："然则何为？"对曰："臣闻之：道而得神，是谓逢福；淫而得神，是谓贪祸。今虢少荒，其亡乎？"王曰："吾其若之何？"对曰："使太宰以祝③，史帅狸姓④，奉牺牲、粢盛⑤、玉帛往献焉，无有祈也。"

王曰："虢其几何？"对曰："昔尧临民以五⑥，今其胄见，神之见也，不过其物。若由是观之，不过五年。"王使太宰忌父⑦帅傅氏及祝、史奉牺牲、玉鬯往献焉⑧。内史过从至虢，虢公亦使祝、史请土焉。内史过归，以告王曰："虢必亡矣，不禋于神而求福焉⑨，神必祸之；不亲于民而求用焉，人必违之。精意以享，禋也；慈保庶民，亲也。今虢公动匮百姓以逞其违，离民怒神而求利焉，不亦难乎！"十九年，晋取虢。

【注释】

①昭王：西周国君，名瑕，周康王之子。房：国名，都邑在今河南遂平。

②丹朱：相传是上古时尧的不肖子。

③太宰：韦昭注云"太宰，王卿也，掌祭祀之式、玉币之事"。祝：韦昭注云"太祝也，掌祈福祥"。

④狸姓：丹朱的后代，亦即后文的"傅氏"。

⑤粢（zī）：古代供祭祀所用的谷物。

⑥尧：传说中原始社会末期的部落联盟首领，亦称陶唐氏、唐尧。

⑦忌父：周公的后代。

⑧鬯（chàng）：古代祭祀用的酒，用郁金草酿黑黍而成，亦称香酒。

⑨禋（yīn）：祭名；诚心祭祀。

【译文】

惠王问道："现在降临的是什么神呢？"内史过回答说："往昔的昭王娶了房国的房姓女子，称为房后，事实上她的德行却有所缺失，与丹朱相好，丹朱凭借相貌取悦于她，并且二人相配而生了穆王。这是降临于周室子孙而主宰他们祸福的神。那神一心依附于人就不会远迁，倘若以此来看，大概是丹朱之神降临了吧。"惠王问："那将由谁来承受这一切呢？"内史过回答说："那神会降临在虢国的土地上。"惠王问："那究竟是祸还是福呢？"内史过回答说："我听说：秉承正直仁道而遇到神，叫作迎福；施行淫邪而遇到神，叫作遭祸。如今虢政逐渐荒淫无度，恐怕是要灭亡了吧？"惠王说："那么我应该怎么办呢？"内史过回答说："您可以遣使太宰带着太祝、太史率领丹朱的后代，捧着祭祀所用的牲畜、谷物、玉帛等祭品去进献给神灵，但不要有所祈求了。"

惠王问："虢国还能存在多久？"内史过回答说："以前尧帝每五年到各地巡查一次，如今他的后代出现，那么神灵的显现就不会超过这个时限而指日可待了。因此倘若依此来看，虢国的灭亡不会超过五年。"于是惠王派太宰忌父带领丹朱的后裔傅氏和太祝、太史捧着祭品去进献给神灵。内史过跟着到了虢国，虢君也派了太祝、太史去请求土地赐福。内史过回来以后，把这件事告诉惠王说："虢国一定要灭亡了，他们不诚心祭祀而向神求福，神一定会降祸；就像不对子民亲近而过度使用民力，民众一定会背离他。诚心诚意地祭神，是禋祭；仁慈和善地真心护佑民众，是亲善。如今虢君过度动用民力而使民力匮乏，却以此来满足自己的私欲，自然就会离弃民众，如此离弃民心而激怒神灵却想祈福求利，这不是太难了吗！"果真，周惠王十九年，晋吞并了虢国使其灭亡。

内史过论晋惠公必无后

【原文】

襄王使邵公过及内史过赐晋惠公命①，吕甥、郤芮相晋侯不敬②，晋侯执玉卑③，拜不稽首④。内史过归，以告王曰："晋不亡，其君必无后，且吕、郤将不免。"王曰："何故？"对曰："《夏书》有之曰⑤：'众非元后'何戴⑥？后非众，无与守邦。'在《汤誓》曰⑦：'余一人有罪，无以万夫；万夫有罪，在余一人。'在

《盘庚》曰：'国之臧，则惟女众[8]。国之不臧，则惟余一人，是有逸罚。'如是则长众使民，不可不慎也。民之所急在大事，先王知大事之必以众济也，是故祓除[9]其心以和惠民，考中度衷以莅之，昭明物则以训之，制义庶孚[10]以行之。祓除其心，精也；考中度衷，忠也；昭明物则，礼也；制义庶孚，信也。然则长众使民之道，非精不和，非忠不立，非礼不顺，非信不行。今晋侯即位而背外内之赂，虐其处者，弃其信也；不敬王命，弃其礼也；施其所恶，弃其忠也；以恶实心，弃其精也。四者皆弃，则远不至而近不和矣，将何以守国？

【注释】

①襄王：东周国君，名郑，公元前651年至前619年在位。邵公过：周大臣，即西周厉王时大臣，邵公的后裔，名过。晋惠公：晋国君，名夷吾。

②吕甥：亦作“吕省”，晋大夫。后文的“子金”亦指他，郤（xì）芮：亦作“冀芮”，晋大夫。后文的“子公”亦指他。其祖辈的封地在郤（今山西沁水下游一带），而本人的封地在冀（今山西稷山），故名。

③执玉卑：玉：指诸侯行礼时所执的玉圭。卑：低下，据当时礼节，执礼器应平正适中。

④稽首：跪拜时头触地，这是古人最尊敬的礼节。

⑤《夏书》：它与后文引述的《汤誓》《盘庚》等都是古代的政要文书，其中一部分被后人编为《尚书》，后来列为儒家经典。此处所引的《夏书》不见于今本《尚书》。

⑥后：指君王。戴：拥戴。

⑦《汤誓》：商王成汤讨伐夏桀时的誓师词。

⑧臧（zāng）：善，好。女众：你们大家。女：同“汝”，你。文言代词。

⑨祓（fú）除：古代用斋戒沐浴等方法除灾求福，亦泛指扫除。

⑩庶孚（shù fú）：为众人所信服。

【译文】

周襄王派遣邵公过与内史过向晋惠公颁赐任命旨意，吕甥、郤芮随从晋惠公接受任命行礼时明显不恭敬，而且晋惠公把礼器拿得很低，跪拜时头也不触地。内史过回来，把这件事告诉襄王说：“即使晋国不灭亡，他的国君也一定会绝后，而且吕甥、郤芮都将不能免于灾祸。”襄王问：“为什么呢？”内史过回答道：“因为《夏书》上说：'如果民众没有好君王，拥戴谁呢？而君王没有民众拥戴，就没有人同他一起守护基业。'在《汤誓》中这样说：'君王我一人有罪，不连累百姓；而百姓有罪，责任则在我君王一人。'在《盘庚》中则这样说：'国家好，全是大家的功劳。国家不好，只是我一人的过失，我有不可逃避的罪责。'如此看来，要想做万民之主长久役使百姓，不能不谨慎啊。民众所关心的是祭祀、战争之类的大事，先王懂得这样的大事必须靠民众才能办到，因此清除自己心中的邪念来团结民众，将心比心地考量审度后再去处理政务，以明确的准则来教诲他们，制定并施行众人所拥护的事情。清除自身的邪念，是精；将心比心地考量审度，是忠；明确准则，是礼；行为法制为众人所拥护，是信。如此能持久做万民之主而役使百姓的道理在于：不清除邪念就不能团结民众，不将心比心就不能妥善处理政务，行为准则不明确就不能施行顺畅，不被众人所拥护就无法顺利行事。现在的晋侯刚继位就违背了曾经对外以及对本国大臣贿赂时许下的诺言，像这样食言而杀害与自己共事的人，就是背离了信；不尊重王命，就是背离了礼；把自己所厌恶的事施加于人，就是背离了忠；心中充满了邪念，就是背离了精。倘若这四条都违背了，那么就会使关系远的不再交往，关系近的也不能和睦相处了，如此将凭什么来保全国家呢？

【原文】

“古者，先王既有天下，又崇立上帝、明神而敬事之，于是乎有朝日、夕月以教民事君①。诸侯春秋受职于王以临其民，大夫、士日恪位著以儆其官②，庶人、工、商各守其业以共其上。犹恐其有坠失也，故为车服、旗章以旌之③，为贽币、瑞节以镇之④，为班爵、贵贱以列之，为令闻嘉誉以声之。犹有散、迁、懈慢而著在刑辟、流在裔土，于是乎有蛮夷之国⑤，有斧钺、刀墨之民⑥，而况可以淫纵其身乎？

“夫晋侯非嗣也⑦，而得其位，亹亹怵惕⑧，保任戒惧，犹曰未也。若将广其心而远其邻，陵其民而卑其上，将何以固守？夫执玉卑，替其贽也；拜不稽首，诬其王也。替贽无镇，诬王无民。夫天事恒象，任重享大者必速及。故晋侯诬王，人亦将诬之；欲替其镇，人亦将替之。大臣享其禄，弗谏而阿之，亦必及焉。”襄王三年而立晋侯，八年而陨于韩，十六年而晋人杀怀公⑨。怀公无胄⑩，秦人杀子金、子公。

【注释】

①朝日、夕月：早晨祭祀日，晚上祭祀月。

②恪：恭敬，谨慎。位著：韦昭注云“中廷之左右曰位，门屏之间曰著也。”儆（jǐng）：使人警醒，不犯过错。

③为车服、旗章以旌之：在车辆、服饰和旗帜上区分上下贵贱的等级。旌，泛指旗帜。

④贽（zhì）币、瑞节：贽币是古人见面时所送礼品；瑞节是有官爵者所执的礼器，这两种物品对于不同身份等级的人各有不同。

⑤裔（yì）土：荒瘠边远的地方。蛮夷之国：泛指边远地区的少数民族和周边的邻国。

⑥斧钺（yuè）、刀墨：泛指古代用以罚罪的刑罚，如大辟（斩首）、墨刑（用刀刻划皮肤涂黑）等。

⑦非嗣：不是继承王位之人。重耳比晋惠公年长，根据古人“无嫡立长”的原则，在献公去世、太子申生被逼自杀后，应该由重耳继任国君。

⑧亹亹（wěi wěi）：勤勉不倦貌。怵惕：恐惧警惕。

⑨八年而陨于韩：指晋惠公在公元前645年秦晋韩原之战中战败被秦军俘虏。十六年而晋人杀怀公：晋惠公去世后，由其子子圉继位（即怀公），晋人杀死怀公迎纳重耳归国继位。

⑩胄（zhòu）：帝王或贵族的子孙。

【译文】

“古时候，先王获得了天下以后，依然还会去尊崇上帝、神灵并且敬奉他们，所以就有了早晨祭祀日，晚上祭祀月这样的仪式以此来教导民众事奉君王。诸侯要在春、秋两季受命于天子来治理百姓，大夫与士则天天在自己的官位上谨慎地尽职，时刻警醒自己不犯过错，庶人、工、商各守其业来为君王效劳。即便这样，还是担心有所疏漏，所以制定了车驾与服饰以及各种旗帜来区分官职大小，规定了贽币、瑞节昭示身份等级的制度来维持安定，定下了爵位、贵贱来确立级别秩序，制定律令以此来宣扬美名、荣誉以至表彰功臣。但仍然还有散慢、失职、懈怠、懒惰而受到刑法惩处、流放到荒瘠边地的人，于是就有了蛮、夷这样边远的国家，有了受到刑罚被制裁的罪民，而作为诸侯，又怎么可以过分放纵自己呢？

“晋侯本不该继位而得以当上了国君，所以他非常勤勉地做事、时刻恐惧警惕，处处小心谨慎地处理国事，这样还担心做得不好呢。假如放纵自己而疏远邻国，欺压人民而不敬天子，那么将如何固守王室基业？像那种接受赐封时竟然把礼器拿得很低，是在废弃执贽之礼；跪拜不稽首，是在欺诓君王。而废弃执贽之礼就是失去制约而无法维持安定，欺诓君王就会失去百姓。行事往往象征了上天降下的吉凶，责任重大而贪图享受必定会很快遭到报应。所以晋侯欺诓君王，人民也将欺诓他；他想废弃制约，人民也将废弃他。众位朝臣享受君王的俸禄，不出面劝谏反而阿谀附从，也一定会遭到报应。”果然，在周襄王三年晋侯即位，襄王八年的时候，他就在韩原之战中战败而被俘虏，襄王十六年时，晋人杀了他的儿子怀公。而晋怀公真的没有子孙后代，后来秦人也杀死了吕甥和郤芮。

内史兴论晋文公必霸

【原文】

襄王使太宰文公及内史兴赐晋文公命①，上卿逆于境，晋侯郊劳②，馆诸宗庙③，馈九牢④，设庭燎⑤。及期，命于武宫，设桑主⑥，布几筵，太宰莅之，晋侯端委以入⑦。太宰以王命命冕服，内史赞之，三命而后即冕服⑧。既毕，宾、飨、赠、饯如公命侯伯之礼而加之以宴好。内史兴归，以告王曰："晋不可不善也，其君必霸。逆王命敬，奉礼义成。敬王命，顺之道也；成礼义，德之则也。则德以导诸侯，诸侯必归之。且礼所以观忠、信、仁、义也，忠所以分也，仁所以行也，信所以守也，义所以节也。忠分则均，仁行则报，信守则固，义节则度。分均无怨，行报无匮，守固不偷，节度不携。若民不怨而财不匮，令不偷而动不携，其何事不济！中能应外，忠也；施三服义，仁也；守节不淫，信也；行礼不疚，义也。臣入晋境，四者不失，臣故曰：'晋侯其能礼矣，王其善之。'树于有礼，艾人必丰。"王从之，使于晋者道相逮也。及惠后之难，王出在郑，晋侯纳之。襄王十六年立晋文公，二十一年以诸侯朝王于衡雍且献楚捷⑨，遂为践土之盟⑩，于是乎始霸。

【注释】

①太宰文公：韦昭注云"王卿士王子虎也。"命：诏命，任命。

②郊劳：到郊外迎接慰劳。

③宗庙：国君祭祀祖先的地方。韦昭注云"舍于宗庙，尊王命也"。

④九牢：韦昭注云"牛羊豕为一牢，上公饔饩九牢"。

⑤庭燎：厅堂上照明的大火把。这是当时表示隆重的礼节之一。《周礼·秋官·司烜氏》云："凡邦之大事，共坟烛、庭燎。"

⑥武宫：韦昭注云"文公之祖武公庙也"。武公亦称曲沃武公，公元前716年至前677年在位，是晋献公的父亲。桑主：桑木做的神主牌位，古代用于死者已葬之后的祭祀。

⑦端委：玄色的礼服为端，礼帽为委。这是当时无爵位的士人所穿的服饰，晋文公因未受天子的任命，所以穿戴这样的服饰来接受王命。

⑧冕服：有爵位者的礼服。

⑨二十一年：周襄王二十一年。衡雍：在今河南原阳以西。楚捷：指晋在城

濮之战中战胜楚国。

⑩践土：地名，在今河南原阳西南。

【译文】

周襄王派遣太宰文公与内史兴向晋文公颁赐任命诏书，晋国的上大夫在边境迎接，晋文公亲自到郊外迎接慰劳，将他们的住处安排在宗庙，馈赠丰盛的九牢宴席来招待，而且还在厅堂上安设了照明的大火把，显得非常隆重。到了接受赐封吉日那天，晋文公在祖庙武宫接受任命，郑重地设立了晋献公的神主牌位，安排了丰盛的筵席，由太宰莅临主持仪式，晋文公穿戴着隆重的端委进入祖庙武宫。太宰代表周襄王赐给晋文公冕服，内史兴赞唱仪礼之词，晋文公恭谨地经过三次辞让后接受了冕服。仪礼结束以后，晋文公对太宰和内史的酬谢、飨食、馈赠、郊送等礼仪也都按照诸侯的等级进行，而且宴请的态度相当谦和融洽。内史兴回来，把这件事告诉襄王时说："晋国是不能不善待啊，它的国君一定会称霸诸侯。他们恭敬地接受王命，执行礼仪得当。尊敬王命，便是顺从上下之分的行为准则；行礼得当，就是具有美好德行的表现。以美好德行来作为诸侯的表率，其他诸侯一定会争相归附于他。况且礼仪就是用来观察忠、信、仁、义的，忠是用于分析判断的，仁是用于施行的，信是用于维护的，义是用于节制的。以忠去判断才公平公正，以仁去施行才能生效，以信去维护才能稳固，以义去节制才会适度。分配均匀公正了就没有怨恨，施行生效就没有困乏，维护稳固就不会出现苟且偷安之事，节制适度就不会离心离德。如果民众没有怨恨而且财用不困乏，命令不走样而且执行不离心，那么还有什么事办不成的呢！能够表里相应，是忠；三番施礼辞让受命，是仁；守节不越，是信；行礼完美而没有缺陷，是义。微臣我自从进入晋国以来，以上这四项都不见他有疏漏，所以臣认为晋侯是非常知礼的，陛下要善待他。册立知礼者，他的回报一定会丰厚。"襄王接受了内史兴的建议，此后派往晋国的使者更是接连不断。后来到了惠后之难时，襄王逃奔郑国，晋文公接纳了襄王。周襄王十六年任命了晋文公，襄王二十一年晋文公率诸侯在衡雍朝见周天子并呈献所得的楚国战利品，接着主持了践土的会盟，从此开始称霸诸侯。

卷二　周语中

富辰谏襄王以狄伐郑及以狄女为后

【原文】

襄王十三年，郑人伐滑。王使游孙伯请滑[1]，郑人执之。王怒，将以狄伐郑[2]。富辰谏曰[3]："不可。古人有言曰：'兄弟谗阋、侮人百里[4]。'周文公之诗曰：'兄弟阋于墙，外御其侮。'若是则阋乃内侮，而虽阋不败亲也。郑在天子，兄弟也[5]。郑武、庄有大勋力于平、桓[6]；我周之东迁，晋、郑是依；子颓之乱，又郑之由定。今以小忿弃之，是以小怨置大德也，无乃不可乎[7]？且夫兄弟之怨，不征于他，征于他，利乃外矣。章怨外利，不义；弃亲即狄，不祥；以怨报德，不仁。夫义所以生利也，祥所以事神也，仁所以保民也。不义则利不阜[8]，不祥则福不降，不仁则民不至。古之明王不失此三德者，故能光有天下而和宁百姓，令闻不忘。王其不可以弃之。"王不听。

【注释】

①游孙伯：周大夫。滑：周同姓诸侯国，其都邑在今河南偃师之南的缑氏城。

②狄：此指当时活动在陕西东北部的隗氏之狄（属赤狄别种）。晋文公重耳从晋国出奔时曾到该部族避难。

③富辰：周大夫。

④阋（xì）：意为争吵；争斗。

⑤兄弟也：郑始封于周宣王时，其国君是周宣王之弟姬友，因此富辰说郑是周的兄弟之国。

⑥郑武、庄：指郑武公、郑庄公。平、桓：指周平王、周桓王。

⑦无乃：比较委婉地表示对某事或问题的估计与看法，相当于"恐怕""只怕"等。

⑧阜：盛，丰厚，大。

【译文】

周襄王十三年，郑国讨伐滑国。襄王派大夫游孙伯替滑国说情，却被郑人扣留。襄王被激怒，准备派遣狄军前去讨伐郑国。大夫富辰劝阻说："不能这样做。古人有言道：'兄弟之间虽然受谗言挑拨而发生争执，但仍然会一致抗御外侮。'周文公在诗中说：'兄弟相争在家中，但能一致对外抗欺侮。'如此看来，兄弟不和是内部的冲突，虽有争执但不影响手足之情。郑君与天子有兄弟之亲。郑武公、郑庄公曾为周平王、周桓王立过大功，我们王室的东迁也依靠过晋国、郑国的帮助，当年子颓作乱又是郑国帮助平定的。如今因为这一点点忿恨就遗弃郑国，就是因小怨而忘记大德啊，恐怕不行吧？况且，兄弟之间的纠纷不必牵扯外人插手，否则，利益就会外泄。暴露内部恩怨而让外人得利，是不义；疏远亲族而和狄人来往，是不祥；以怨报德，是不仁。之所以能蕴生利益那是因为义，之所以祥和是因为诚心奉侍神祇，之所以能够养护民众不离心那是因为仁。施行不义则利不丰厚；不祥和则福不降临；君王不仁则民不归顺。古代英明的君王没有失去这三种德行，所以能拥有广大的疆域，能使百姓和睦安宁，而且美好的名声至今使人不能忘怀。君王您也不能背弃这些德行啊！”然而襄王并不听从他的劝阻。

【原文】

十七年，王降狄师以伐郑。王德狄人，将以其女为后，富辰谏曰：“不可。夫婚姻，祸福之阶也。由之利内则福，利外则取祸。今王外利矣，其无乃阶祸乎？昔挚、畴之国也由大任①，杞、缯由大姒②，齐、许、申、吕由大姜，陈由大姬③，是皆能内利亲亲者也。昔鄢之亡也由仲任，密须由伯姞④，郐由叔妘，聃由郑姬，息由陈妫⑤，邓由楚曼，罗由季姬，卢由荆妫，是皆外利离亲者也。”王曰：“利何如而内，何如而外？”对曰：“尊贵、明贤、庸勋、长老、爱亲、礼新、亲旧。然则民莫不审固其心力以役上令，官不易方而财不匮竭，求无不至，动无不济。百姓兆民，夫人奉利而归诸上，是利之内也。若七德离判，民乃携贰，各以利退，上求不暨，是其外利也。夫狄无列于王室，郑伯南边，王而卑之，是不尊贵也。狄，豺狼之德也，郑未失周典，王而蔑之，是不明贤也。平、桓、庄、惠皆受郑劳，王而弃之，是不庸勋也。郑伯捷之齿长矣⑥，王而弱之，是不长老也。狄，隗姓也⑦，郑出自宣王，王而虐之，是不爱亲也。夫礼，新不间旧，王以狄女间姜、任，非礼且弃旧也。王一举而弃七德，臣故曰利外矣。《书》有之曰：‘必有忍也，若能有济也。’王不忍小忿而弃郑，又登叔隗以阶狄。狄，封豕豺狼也，不可厌也。”王不听。

十八年，王黜狄后⑧。狄人来诛杀谭伯。富辰曰：“昔吾骤谏王，王弗从，以及此难。若我不出，王其以我为怼乎！”乃以其属死之。初，惠后欲立王子带⑨，故以其党启狄人。狄人遂入周，王乃出居于郑，晋文公纳之。

【注释】

①挚、畴：任姓诸侯国。挚之都邑在今河南汝南，畴之都邑在今河南平顶山市西南。大任：周文王之母。

②杞、缯（zēng）：姒姓诸侯国。相传为夏禹后裔。大姒（sì）：周武王之母。

③齐、许、申、吕：姜姓诸侯国。大姜：周先王王季（即周文王的父亲）之

母。陈：妫姓诸侯国，其都邑在今河南淮阳。大姬：周武王的长女。

④鄢：疑为作“鄢”，妘姓诸侯国，其都邑在今河南鄢陵西北。东周初年为郑武公所灭。仲任：鄢君的夫人。密须：亦称密，商时姞（jí）姓诸侯国，商末为周文王所攻灭。伯姞（jí）：密须国的女子。

⑤郐（kuài）：妘姓诸侯国，都邑在今河南新郑西北。叔妘（yún）：韦昭注云“同姓之女为郐夫人”。聃（dān）：姬姓诸侯国，都邑在今河南平舆北。郑姬：韦昭注云“郑女，为聃夫人”。息：姬姓诸侯国，都邑在今河南息县西。陈妫（guī）：韦昭注云“陈女，为息侯夫人”。

⑥庸勋：酬赏有功之人。郑伯捷：指郑文公。

⑦隗（wěi）：姓；亦是古国名。地在今湖北省秭归县东。

⑧黜狄后：韦昭注云“狄后既立而通王子带，故王废之也”。

⑨惠后：周惠王王后，襄王的继母。王子带：惠后所生的儿子，周襄王的异母弟弟。

【译文】

十七年，襄王用狄人的军队去讨伐郑国。襄王为了感激狄人，打算娶狄人的女子为王后，大夫富辰急忙劝谏说：“不可以这样做。婚姻是滋生祸福的土壤啊。因为婚姻而有利于自己的是福，而让外人得益则自己就得祸。现在您这样做就是使外人得益，这不是招引祸害吗？从前挚、畴之国因为大任而得福，杞、缯之国因为大姒而得福，齐、许、申、吕之姜姓诸侯国因为大姜而得福，陈国因为大姬而得福，这些都是能使自己获利而和睦亲族的例子。过去鄢国因仲任而亡，密须国因伯姞而亡，郐国因叔妘而亡，聃国因郑姬而亡，息国因陈妫而亡，邓国因楚曼而亡，罗因季姬而亡，卢因荆妫而亡，这些都是使外人得益却离弃亲族的例子。”襄王问：“那么怎样才是使自己获利，怎样才是让外人得益呢？”富辰回答说：“尊重贵族，彰明贤人，酬赏有功之人，恭敬长者，友爱亲族，礼待宾客，亲近故旧。这样，百姓没有不齐心协力听从上面指挥的，官府不用变更治理百姓的方法就能使财用不致匮乏，要求没有达不到的，办事没有不成功的。平民百姓人人都甘愿将利益奉献给王室，这就是使自己获利。如果以上七件事做得不周到，民众就会对君王怀有二心，大家都退而为自己谋利，国家的所求无法达到，这就是让外人得益。狄族没有被列为王室的封侯，而郑侯却位在男服，陛下却瞧不起他，这是不尊重贵族。狄人的所为向来都是表现出豺狼之德啊，如今郑国并没有违背周室的典制，陛下却蔑视它，这是不彰明贤人。平王、桓王、庄王、惠王都受过郑国的鼎力帮助，陛下却要离弃他们，这是不起用功臣。郑文公年纪已经大了，陛下却把他作为年轻人那样来对待，这是不恭敬长者。狄是隗姓，而郑才是宣王的后裔，可陛下却苛待它，这是不友爱亲族。根据礼制，新的不可以取代旧的，陛下以狄人之女取代姜氏、任氏而为王后，这不仅不符合礼制，而且是抛弃故旧的行为。陛下的这一个举措就使七德都丢弃，所以臣认为这是利为外人所得了。《尚书》中说：‘有所忍耐才能有所成功。’陛下不能容忍小忿怒而离弃郑国，还要娶叔隗为王后而招引狄人。狄人像野猪豺狼一样贪婪凶狠，是永远都不会满足的。”襄王不听。

襄王十八年，襄王因故废黜了狄后。狄人便借此兴师问罪，杀了大夫谭伯。富辰说：“以前我屡次劝谏，陛下不听从，所以才遭此祸难。如果我不去抵御狄人，陛下可能认为我有怨气了。”于是他率领自己的部属出战狄人，却不幸战死。原先，周惠王的王后就想立自己的儿子叔带为王，所以叔带让他的党羽借襄王废黜狄后之机引来了狄人。狄人攻入了周都以后，襄王不得不逃到郑国住了下来，后来由晋文公接纳护送回国。

襄王拒晋文公请隧

【原文】

晋文公既定襄王于郏[①]，王劳之以地，辞，请隧焉[②]。王许，曰：“昔我先王之有天下也，规方千里以为甸服，以供上帝山川百神之祀，以备百姓兆民之用，以待不庭不虞之患。其余以均分公侯伯子男[③]，使各有宁宇，以顺及天地，无逢其灾害，先王岂有赖焉。内官不过九御[④]，外官不过九品[⑤]，足以供给神祇而已，岂敢厌纵其耳目心腹以乱百度？亦唯是死生之服物采章，以临长百姓而轻重布之，王何异之有？今天降祸灾于周室，余一人仅亦守府，又不佞以勤叔父[⑥]，而班先王之大物以赏私德，其叔父实应且憎，以非余一人，余一人岂敢有爱？先民有言曰：‘改玉改行[⑦]。’叔父若能光裕大德，更姓改物，以创制天下，自显庸也，而缩取备物以镇抚百姓，余一人其流辟旅于裔土，何辞之有与？若由是姬姓也，尚将列为公侯以复先王之职，大物其未可改也。叔父其懋昭明德[⑧]，物将自至，余何敢以私劳变前之大章以忝天下[⑨]，其若先王与百姓何？何政令之为也？若不然，叔父有地而隧焉，余安能知之？”文公遂不敢请，受地而还。

【注释】

①郏（jiá）：姓氏，出自春秋时期的郏国，以地名为氏。在今河南洛阳附近。

②隧：指墓道。古代天子死后灵柩从墓道入葬，诸侯不得用此葬礼。

③公侯伯子男：周代的封爵等级。

④内官：宫中的女官。九御：指九嫔，指天子的妃子。

⑤九品：即九卿，指少师、少傅、少保、冢宰、司徒、宗伯、司马、司寇、司空等官员。

⑥不佞（nìng）：没有才智。襄王对自己的谦称。叔父：指晋文公，韦昭注云“天子称九州之长同姓曰叔父也”。

⑦改玉改行：玉指当时贵族佩带的玉饰。

⑧懋（mào）：勤奋努力。

⑨忝（tiǎn）：辱，有愧于，常用作谦辞。

【译文】

晋文公帮助周襄王在郏地重新登上王位，襄王很感激他便以土地作为酬劳，晋文公辞谢，要求死后用天子的隧礼安葬。襄王不同意，说：“过去我们先王拥有天下，划出方圆千里的土地作为甸服，以便供给天帝以及山川百神的祭品，以备百姓万民生活所需的用度，以此应付变乱和无法预料的灾患。然后将其余的土地按规定分配给公、侯、伯、子、男，使他们各有安居的处所，以此顺从天地尊卑的等级，才不至于遭到灾害，先王哪里敢有自己的私利呢？他宫内的女官不过九御，治理朝中事物的外官也不超过九卿，用这些官员去供奉神灵、主持祭祀就足够了，哪里敢尽情满足自己的声色口腹之欲而破坏各种法规制度呢？也只有生前死后服饰器物的色彩和纹饰，因为地位高于百姓而在使用布帛的优劣上有所区别，是为了以此来区分尊卑贵贱的等级，除此之外，天子与其他人还有什么两样呢？如今上天将灾难降临到周室，我也只能独自守护住王室的财产而已，又因为我没有才智以致劳动了叔父您，但是如果我擅自改变先王重要的制度来酬谢我个人所受的恩惠，那么叔父您必将受到人们的憎恶，因为这不是我个人的财物，我又哪敢独自吝惜呢？前人有言道：‘变换佩玉就要改变步伐。’叔父如果能光扬美德，改姓易朝统治天下，以此开创新的制度来显示自己的功业，而且采用天子的礼法来统治安抚百姓，那么我一人即使被流放到边远荒地，又有什么可说的呢？如果仍是姬姓掌有天下，叔父依然将被列为诸侯，来把恢复先王的规制作为自己的职责，那么葬礼这样重大的体制还是不可更改。如果叔父继续勤奋努力地光扬美德，那么尊贵的礼仪自然会得到，而我如何敢为了私情就改变先世的体制，以至于有愧天下，倘若如此，又把先王和百姓放到哪儿去了呢？又如何制定政令去实施呢？如若此时不应允您的请求，但叔父自己拥有了土地而自行隧葬，我怎么能知道呢？”于是晋文公不再冒昧地请求隧葬，接受赐地以后就回国了。

阳人不服晋侯

【原文】

王至自郑，以阳樊赐晋文公①。阳人不服，晋侯围之。仓葛呼曰②："王以晋君为能德，故劳之以阳樊，阳樊怀我王德，是以未从于晋。谓君其何德之布以怀柔之，使无有远志？今将大泯其宗祊而蔑杀其民人③，宜吾不敢服也！夫三军之所寻④，将蛮、夷、戎、狄之骄逸不虔，于是乎致武。此羸者阳也，未狎君政，故未承命。君若惠及之，唯官是征，其敢逆命，何足以辱师！君之武震，无乃玩而顿乎⑤？臣闻之曰：'武不可觌⑥，文不可匿。觌武无烈，匿文不昭。'阳不承获甸而只以觌武，臣是以惧。不然，其敢自爱也？且夫阳岂有裔民哉⑦，夫亦皆天子之父兄甥舅也，若之何其虐之也？"晋侯闻之，曰："是君子之言也。"乃出阳民。

【注释】

①阳樊：在今河南济源以南。

②仓葛：人名，阳樊人。

③宗祊（bēng）：韦昭注云"庙门谓之祊，宗祊，犹宗庙也"。

④宜：当然，无怪乎。三军：指晋的上、中、下三军。

⑤无乃：岂不是。

⑥觌（dí）：显示，炫耀，显现。

⑦裔民：指被流放到边远地方的凶民。

【译文】

周襄王从郑国回到都城，便将阳樊赐给了晋文公。阳樊人不肯归附晋国，于是晋文公就派兵包围了阳樊。仓葛大声喊道："周王因为晋君能布施恩德，所以才把阳樊作为犒赏赐给晋君，如今阳樊人怀念周王的恩德，所以才不肯归附晋国。大家都以为晋君将布施德惠来感化我们，使我们不生叛离之心。可如今却派兵要大肆拆毁我们的宗庙，还要杀戮我们的百姓，无怪乎我们不服从啊。晋国三军将士所征讨的是蛮、夷、戎、狄那些骄奢淫逸而大不恭的行为，因而才需要动用武力。而我们这些弱小的阳樊人，尚未驯习君王您的政令，所以不敢承命称臣。倘若晋君能够施给我们恩惠，只要派遣官吏前来告知我们就可以了，还能有谁敢违抗命令，何必调动大军！君王到这里如此运用武力来震慑弱民，岂不是滥用武力而使三军将士困顿吗？我听有人说：'武力不可炫耀，文德不可藏匿。炫耀武力就会丧失威严，藏匿文德就无法彰显而发扬光大。'阳樊人不但失去了承担为周王王室甸服供奉神祇的事物，还遇到了炫耀武力的新君主，臣民因此而惊惧又寒心。否则，谁敢只顾爱惜自己而不服从王命呢？况且阳樊并无被放逐的恶民，都是周天子的父兄甥舅，君主对他们怎么能如此苛待呢？"晋文公听了这些话，说："这是君子所能说出的话啊！"于是准许阳樊民众可以自由迁出。

襄王拒杀卫成公

【原文】

温之会①，晋人执卫成公归之于周②。晋侯请杀之，王曰："不可。夫政自上下者也，上作政而下行之不逆，故上下无怨。今叔父作政而不行③，无乃不可乎？"夫君臣无狱，今元咺虽直④，不可听也。君臣皆狱，父子将狱，是无上下也。而叔父听之，一逆矣。又为臣杀其君，其安庸刑⑤？布刑而不庸，再逆矣。一合诸侯而有再逆政，余惧其无后。不然，余何私于卫侯？"晋人乃归卫侯。

【注释】

①温：在今河南温县以西。周襄王二十年（公元前632年），晋在此与诸侯会盟。

②卫成公：卫国君，名郑，公元前634年至前600年在位。

③叔父：指晋文公。

④元咺（xuān）：人名。是卫国的大臣。

⑤庸（yōng）：用，使用。

【译文】

在温地的盟会上，晋人扣押了卫成公并送回到周都。晋文公请求杀死卫成公，周襄王说："这不可以。政事的施行应从上而下，在上者制定政令，臣下能够乐于遵行而不违背礼义，所以君臣都无怨言。如今叔父主持诸侯事务却使政令不利于施行，那怎么可以呢？君臣之间应该没有狱讼官司，现在元咺虽然道理充足，但不能听取。倘若君臣都对簿公堂，那父子之间也将产生诉讼，这就没有尊卑上下了。可是叔父却听取元咺的申辩，这已经违背礼义了。另外，为了臣下而杀了他的国君，这怎能使用刑法？颁布刑法而不能使用，这又再次违背了礼义。刚刚与诸侯会盟却有两处违背礼义，恐怕我今后难以号令诸侯了。否则，我又何必私下对卫侯特别照顾呢？"晋人于是放回了卫成公。

王孙满观秦师

【原文】

二十四年①，秦师将袭郑，过周北门。左右皆免胄而下拜②，超乘者三百乘③。王孙满观之，言于王曰："秦师必有谪④。"王曰："何故？"对曰："师轻而骄，轻则寡谋，骄则无礼。无礼则脱，寡谋自陷。入险而脱，能无败乎？秦师无谪，是道废也。"是行也，秦师还，晋人败诸崤⑤，获其三帅丙、术、视⑥。

【注释】

①二十四年：周襄王二十四年（前628年）。

②左右：指车左、车右。古代兵车上的乘员共三人，除车左、车右外，还有站在中间驾车的御史。免胄：脱下头盔。这是古代穿戴甲胄的武士行礼的方式。

③超乘：韦昭注云"超乘，跳跃上车，无威仪"。

④谪（zhé）：变异。这里指打败仗。

⑤崤（xiáo）：山名，在今河南三门峡市以东，是秦至郑的必经之路。

⑥丙、术、视：指秦将白乙丙、西乞术、孟明视。

【译文】

周襄王二十四年，秦国的军队要去袭击郑国，经过周都北门。这时，车上的武士都脱下头盔而下车行礼参拜，然后跳跃着上车的士兵，前后能有三百辆之多。士大夫王孙满看到这种场面以后对襄王说："秦军肯定会打败仗。"襄王说："那是什么原因呢？"王孙满回答说："秦军轻佻而骄横，轻佻就少谋，骄横就会无礼。无礼就会轻漫放任，少谋就容易失算而自陷险境。既入险境又轻漫放任，这样能不失败吗？假如此番秦军不吃败仗，世上就没有天理了。"果然，这次出师，秦军在归途中于崤山被晋人打败，三员大将白乙丙、西乞术、孟明视被俘。

定王论不用全烝之故

【原文】

晋侯使随会聘于周①，定王享之肴烝②，原公相礼。范子私于原公，曰："吾闻王室之礼无毁折，今此何礼也？"王见其语，召原公而问之，原公以告。王召士季，曰："子弗闻乎，禘郊之事则有全烝[③]，王公立饫则有房烝[④]，亲戚宴飨则有肴烝。今女非他也，而叔父使士季实来修旧德，以奖王室。唯是先王之宴礼，欲以贻女。余一人敢设饫禘焉，忠非亲礼，而干旧职，以乱前好？且唯戎狄则有体荐。夫戎、狄，冒没轻儳[⑤]，贪而不让。其血气不治，若禽兽焉。其适来班贡，不俟馨香嘉味，故坐诸门外而使舌人体委与之[⑥]。女今我王室之一二兄弟，以时相见，将和协典礼，以示民训则，无亦择其柔嘉，选其馨香，洁其酒醴，品其百笾，修其簠簋，奉其牺象[⑦]，出其樽彝，陈其鼎俎，净其巾幂[⑧]，敬其祓除，体解节折而共饮食之。于是乎折俎加豆，酬币宴货，以示容合好，胡有孑然其郊戎狄也？夫王公诸侯之有饫也，将以讲事成章，建大德、昭大物也，故立成礼烝而已。饫以显物，宴以合好，故岁饫不倦，时宴不淫，月会、旬修、日完不忘。服物昭庸，采饰显明，文章比象，周旋序顺，容貌有崇，威仪有则，五味实气，五色精心，五声昭德，五义纪宜，饮食可飨，和同可观，财用可嘉，则顺而德建。古之善礼者，将焉用全烝？"武子遂不敢对而退。归乃讲聚三代之典礼，于是乎修执秩以为晋法[⑨]。

【注释】

①晋侯：指晋景公，名獳。随会：即士季武子，晋大夫，因其封邑在随，故称随会、士会、范会。

②定王：东周国君，名瑜。肴烝（zhēng）：古代的一种宴席。当时，凡将烹熟的牲肉切成两半上席者，称"房烝"；全部切成小块，称"肴烝"，牲体越完整，表示礼仪等级越高。

③禘（dì）郊：指祭祀天地祖宗的大典。全烝（zhēng）：用不加烹煮的完整牲体献祭。

④王公立饫（yù）：天子与诸侯设宴。饫，古代家庭私宴的名称。

⑤轻儳（chán）：没有长幼尊卑之分。

⑥舌人：担任翻译、接待远方使者的官员。

⑦笾（biān）：古代祭祀宴飨礼器的一种。簠簋（fǔ guǐ）：两种盛黍稷稻粱之礼器。牺象：韦昭注云"牺，牺樽，饰以牺牛；象，象樽，以象骨为饰也"。

⑧樽彝：酒器。鼎：煮牲的食器。俎（zǔ）：进食时切熟肉的砧板。巾幂：覆盖樽彝等食器的巾。

【译文】

晋景公派遣随会出使周王室，周定王摆设肴烝宴招待他，大臣原公以礼相陪。随会私下对原公说："我听说王室的礼宴是不毁折牲体的，现在这是什么礼节呢？"定王看到他们在交谈，便叫来原公询问，原公把随会的话告诉了定王。定王叫来随会，对他说：“你没有听说过吧，祭祀天地祖宗的大典才用全烝，天子与诸侯宴享用房烝，宴请亲戚享用美食则用肴烝。今天您不是外人，是晋侯派来重申晋与王室旧日友好，是来辅助我们周室的。所以使用先王的宴饮之礼，作为对您的款待。我怎么敢设全烝、房烝呢？它虽然丰厚却不是亲戚宴享之礼，而且还违背了成例，损害了过去的友好关系。王室只有招待戎狄之人时才用全牲。戎狄之人轻率而不修边幅，贪心而不讲礼让。这种人的素质若不加调教，就像禽兽一样。他们来献纳贡赋时，不必用精致的酒食，所以让他们坐在门外而由使者把全牲拿给他们食用。现在你们晋国是我王室的兄弟，按规定来朝见天子，所以要用适宜的典礼来招待你们，以此将先王的训导展示给人们，因而择取了鲜美的牲肉，选用了芬香的配料，精制了甜醇的酒醴，宴飨礼器装满了佐餐的果品，备下了簠簋，捧来了牺象，抬出了精美的酒器，摆放好鼎俎，洗净了巾幂，恭敬地清扫了殿堂，切好了牲肉而一起来宴饮享用。于是就有了待客的礼仪，酬宾的礼物，用以表示亲近友好，怎么能像对待戎狄那样把全牲端出来食用呢？宴请王公诸侯用以房烝，是要解决军国大事，建立大功勋、表彰大事物，所以站着享用半牲则已。宴飨用以半牲表示礼仪，宴饮表示亲密融洽，所以每年设宴一次不觉厌倦，每季一次宴饮不觉过度，每月的统计、每旬的事务、每天的事务也不致荒废。服饰可以表明功绩，色彩可以显示德行，纹饰可以比拟物象，仪节可以表现序次尊卑，礼容具有尊严，威仪具有法度，肴食的五味充实气志，器物的五色净化心灵，乐舞的五声昭示道德，礼仪的五义彰显纲纪行为，宴饮与美食可以共享，情谊和睦同心可见，酬礼可嘉，法度得以推行而道德得以建立。所以说，古代懂得礼仪的人，哪有想要食

用全牲的呢？”听了这些话语，随会便不敢对答而告退。回国后开始讲习汇编夏、殷、周三代的典礼，于是就将晋文公所制订的执秩之法作为了晋国的法度。

刘康公论鲁大夫俭与侈

【原文】

定王八年，使刘康公聘于鲁[①]，发币于大夫。季文子、孟献子皆俭[②]，叔孙宣子、东门子家皆侈[③]。归，王问鲁大夫孰贤。对曰：“季、孟其长处鲁乎！叔孙、东门其亡乎！若家不亡，身必不免。”王曰：“何故？”对曰：“臣闻之：为臣必臣，为君必君。宽肃宣惠，君也；敬恪恭俭，臣也。宽所以保本也，肃所以济时也，宣所以教施也，惠所以和民也。本有保则必固，时动而济则无败功，教施而宣则遍，惠以和民则阜[④]。若本固而功成，施遍而民阜，乃可以长保民矣，其何事不彻？敬所以承命也，恪所以守业也，恭所以给事也，俭所以足用也。以敬承命则不违，以恪守业则不懈，以恭给事则宽于死，以俭足用则远于忧。若承命不违，守业不懈，宽于死而远于忧，则可以上下无隙矣，其何任不堪？上任事而彻，下能堪其任，所以为令闻长世也。今夫二子者俭，其能足用矣，用足则族可以庇。二子者侈，侈则不恤匮，匮而不恤，忧必及之，若是则必广其身。且夫人臣而侈，国家弗堪，亡之道也。”

王曰：“几何？”对曰：“东门之位不若叔孙而泰侈焉，不可以事二君，叔孙之位不若季、孟，而泰侈焉，不可以事三君。若皆蚤世犹可，若登年以载其毒，必亡。”

十六年，鲁宣公卒[⑤]。赴者未及，东门氏来告乱，子家奔齐。简王十一年，鲁叔孙宣伯亦奔齐，成公未殁二年[⑥]。

【注释】

①刘康公：周大夫，因其封邑在刘（今河南偃师以南），死后之谥为康，故名。

②季文子：韦昭注云“季友之孙，齐仲无佚之子季孙行父”。孟献子：韦昭注云“仲庆父之曾孙。公孙敖之孙、孟文伯歇之子仲孙蔑”。

③叔孙宣子：韦昭注云“叔牙之曾孙、庄叔得臣之子叔孙侨如也”。后文的“叔孙宣伯”亦指他。东门子家：韦昭注云“庄公之孙、东门襄仲之子公孙归父也”。

④阜：多，富足。

⑤鲁宣公：鲁国君，名倭。

⑥成公：指鲁成公。殁：死，去世。

【译文】

周定王八年，定王派遣刘康公出使鲁国，并向鲁国的大夫分送礼物。他发现季文子、孟献子都很俭朴，而叔孙宣子、东门子家却很奢侈。回来后，定王询问他鲁国的大夫哪位贤德，刘康公回答说：“季文子、孟献子可以在鲁国长期保持地位，而叔孙、东门可能会败亡。即使家族不亡，他们本人也一定不能免于祸患。”定王说：“那是什么原因呢？”刘康公答道：“我听说，为臣者必须遵行臣道，为君者必须恪守君道。能够待人宽厚、严整、公正、仁爱，这是为君之道；忠敬、谨慎、谦恭、俭朴，是为臣之道。待人宽厚用以维护基业，严整用以完成政务，公正用以施行教化，仁爱能用以团结民众。基业得到维护就必然稳固，看准时机再行动并能严整地完成政务而政权一定会稳固，教化的施行保持施恩宽大就能得到遍布流传，用仁爱来团结民众就能使全民富足。如果基业稳固而且政务大有成就，施惠普遍而又使民众富足，就能够长久地保有百姓不离心，那么还有什么事不能彻底完成呢？忠敬用以承受君命，谨慎用以守护基业，谦恭用以执行公务，俭朴用以丰足财用。以忠敬来承受君命就不会违抗，以谨慎来守护基业就不会荒废懈怠，以谦恭来执行政事就会前途宽广而不会走上死路，以俭朴来丰足财用就会远离忧患。如果臣子承受君命不违抗，守护家业不懈怠，不触犯刑法而又远离忧愁，君臣上下就能够和谐而没有嫌隙了，这样一来还有什么事胜任不了的呢？在上者施行政务能够通达彻底，在下者能胜任上边所交办的事务，因此国家才能长治久安。如今季孙、仲孙生活俭朴，所以他们将会财用丰足，因而家族能够得到庇护。叔孙、东门的生活奢侈，而奢侈就不会体恤贫困，贫困者得不到体恤，那么忧患必然会降临，如果是这样必然会危及自身。况且作为人臣却追求奢侈，国家就会不堪重负，这是在走向败亡之路啊。”定王问：“如此说来，他们还能维持多久呢？”刘康公回答说：“东门子家的地位不如叔孙宣子，但却比叔孙宣子奢侈，所以不可能连续两朝享有俸禄；叔孙宣子的地位不如季孙、仲孙，但却比他们奢侈，所以不可能连续三朝享有俸禄。如果他们死得早倒还罢了，假若他们年寿高却去持续毒害国家，他们的家族一定会败亡。”

果然，周定王十六年，鲁宣公去世。告丧的使者还没有抵达王都，东门家的人就来报告家中发生变乱，东门子家也被迫逃往齐国。周简王十一年，叔孙宣子也逃奔齐国，这正好是鲁成公去世前两年。

王孙说请勿赐叔孙侨如

【原文】

简王八年，鲁成公来朝，使叔孙侨如先聘且告①。见王孙说②，与之语。说言于王曰："鲁叔孙之来也，必有异焉。其享觐之币薄而言谄③，殆请之也④；若请之，必欲赐也。鲁执政唯强，故不欢焉而后遣之；且其状方上而锐下，宜触冒人。王其勿赐。若贪陵之人来而盈其愿，是不赏善也，且财不给。故圣人之施舍也议之，其喜怒取与亦议之。是以不主宽惠，亦不主猛毅，主德义而已。"王曰："诺。"使私问诸鲁，请之也。王遂不赐，礼如行人⑤。及鲁侯至，仲孙蔑为介⑥，王孙说与之语，说让。说以语王，王厚贿之。

【注释】

①叔孙侨如：即上一篇中的叔孙宣子。

②王孙说：周大夫。

③觐（jìn）：泛指诸侯朝见天子。进见，访谒。谄：谄媚奉承。

④殆：表推测，相当于大概，几乎。

⑤行人：负责朝觐聘问的官员。

⑥仲孙蔑：即上一篇中的季文子。

【译文】

周简王八年，鲁成公将要来朝见周王，于是派叔孙宣子先来访谒并向简王禀告这个消息。叔孙宣子拜见了王孙说，和他进行了交谈。王孙说回禀简王说："鲁国的叔孙宣子这次来访，一定另有企图。他觐见所进献的聘礼菲薄而言谈阿谀奉承，大概是他自己要求来的吧；如果是他自己要求来，一定是想得到赏赐。鲁国的当政者中唯有他强横，所以尽管不乐意也只得派他前来；况且他的相貌上宽下尖，这相貌很容易触犯他人。因此陛下不要赏赐他。如果贪婪强横的人来朝见而满足了愿望，这就不是鼓励善行了，而且财物也满足不了他的欲望。所以圣人在是否给予的问题上也是有所选择的，在喜怒取予上也是要衡量考虑的。所以既不主张施以宽惠，也不主张过度苛严，只主张赏罚得当就可以了。"简王说："好的。"于是便派人私下向鲁国打听，果然是叔孙宣子自己要求来的。因此简王就没给他赏赐，如同对待一般觐见的使节那样接待了他。到了鲁成公来朝见时，是由季文子陪同的，王孙说与他交谈，他很谦和礼让。王孙说将此事告诉了简王，简王便将厚礼赐给了季文子。

单襄公论郤至佻天之功

【原文】

晋既克楚于鄢[①]，使郤至告庆于周。未将事，王叔简公饮之酒[②]，交酬好货皆厚，饮酒宴语相说也。明日，王叔子誉诸朝。

郤至见邵桓公[③]，与之语。邵公以告单襄公曰："王叔子誉温季，以为必相晋国，相晋国必大得诸侯，劝二三君子必先导焉，可以树。今夫子见我，以晋国之克也，为己实谋之，曰：'微我，晋不战矣！楚有五败，晋不知乘，我则强之。背宋之盟[④]，一也；德薄而以地赂诸侯，二也；弃壮之良而用幼弱，三也；建立卿士而不用其言[⑤]，四也；夷、郑从之，三陈而不整，五也。罪不由晋，晋得其民，四军之帅[⑥]，旅力方刚，卒伍治整[⑦]，诸侯与之。是有五胜也：有辞，一也，得民，二也；军帅强御，三也；行列治整，四也；诸侯辑睦，五也。有一胜犹足用也，有五胜以伐五败，而避之者，非人也。不可以不战。栾、范不欲[⑧]，我则强之。战而胜，是吾力也。且夫战也微谋，吾有三伐：勇而有礼，反之以仁。吾三逐楚军之卒，勇也；见其君必下而趋，礼也；能获郑伯而赦之，仁也。若是而知晋国之政，楚、越必朝。'

【注释】

①鄢（yān）：周代诸侯国名，在今河南省鄢陵县一带。

②王叔简公：韦昭注云"周大夫王叔陈生也"。

③郤（xì）至：晋大夫，在鄢陵之战中是晋新军的副统帅。后文的"温季"亦指他。邵桓公：周大夫，疑是西周末大夫邵公的后裔。

④背宋之盟：鲁成公十二年，宋、晋、楚会盟和好，鲁成公十六年，楚联合郑国背盟伐宋。

⑤不用其言：指交战之前，楚内部的主和派曾劝阻楚背盟行为，楚王没有采纳。

⑥四军：晋当时有上、中、下三军与新军，每军设将（统帅）、佐（副统帅）。

⑦卒伍：泛指军队，行伍。

⑧栾、范不欲：在决战前，中军统帅栾书、副统帅士燮（xiè）曾对作战方案提出过不同意见。

【译文】

晋国军队在鄢陵打败楚国后，便派遣郤至向周王告捷。还没有朝见周王之前，王叔简公便设酒席宴请郤至，宾主互赠了厚礼，席间相谈甚欢。第二天，王叔简公在朝堂上称赞郤至。郤至又会见了邵桓公，与他交谈。邵桓公把谈话的内容告诉单襄公说："王叔简公称赞郤至，认为他一定能在晋国掌权为相，而且为相掌权后定能得到诸侯的大力拥护，因此王叔简公劝各位大臣为郤至多说好话，以便今后在晋国能有所照应。今天郤至来见我，认为晋国这次打败楚国，实际是由于他的谋划，他说：'如果不是我，晋国就不会打赢这场战争了。楚国有五个失败的因素，晋国却不知道乘机利用它，是我强烈坚持主张开战的。楚国违背与宋国的盟约，这是其一；楚王德行欠缺却以土地贿赂诸侯，这是其二；抛弃强壮优秀的将领而用司马子反那样幼稚懦弱的人，这是其三；组建辅臣谋士却不采纳他们的意见，这是其四；集结了蛮夷、郑国跟从参战，然而三方军阵庞大却不严整，这是其五。挑起战端的一方不是晋国，所以晋国就会得到民众大力拥护，四支军队的将帅气盛势强，军队行伍严整，各路诸侯都站在晋国这一边。因此说，晋国有以下这五个取胜的因素：与楚开战有正当的理由，这是其一；深得民心，这是其二；士卒将帅十分精悍，这是其三；军队行伍严整号令严明，这是其四；与各路诸侯关系和睦，这是其五。其实晋国使用任何一个取胜因素就足以胜楚了，如今以五胜之势去攻伐五败却还要躲躲闪闪，那不是有作为之人的表现。所以说这一仗非打不可。栾书、士燮不愿开战，是我强使他们下达作战命令的。结果获胜了，这是我的功劳啊！他们在战斗中没有一点谋略，而我有三大功劳：不但勇而有礼，而且还以仁爱为本。我三次追逐楚军，这是勇；遇上楚君必定下车快步上前，这是礼；俘获了郑伯又放了他，这是仁。如果让我主持晋国政事的话，楚、越等国一定会甘愿前来朝拜称臣。'

【原文】

"吾曰：'子则贤矣。抑晋国之举也，不失其次，吾惧政之未及子也。'谓我曰：'夫何次之有？昔先大夫荀伯自下军之佐以政①，赵宣子未有军行而以政②，今栾伯自下军往。是三子也，吾又过于四之无不及。若佐新军而升为政，不亦可乎？将必求之。’是其言也，君以为奚若[3]？”

襄公曰：“人有言曰‘兵在其颈’，其郤至之谓乎！君子不自称也，非以让也，恶其盖人也。夫人性，陵上者也，不可盖也。求盖人，其抑下滋甚，故圣人贵让。且谚曰：‘兽恶其网，民恶其上。’《书》曰：‘民可近也，而不可上也。’《诗》曰：‘恺悌君子[4]，求福不回。’在礼，敌必三让，是则圣人知民之不可加也。故王天下者必先诸民，然后庇焉，则能长利。今郤至在七人之下而欲上之[5]，是求盖七人也，其亦有七怨。怨在小丑，犹不可堪，而况在侈卿乎？其何以待之？

“晋之克也，天有恶于楚也，故儆之以晋[6]。而郤至佻天之功以为己力，不亦难乎？佻天不祥[7]，乘人不义，不祥则天弃之，不义则民叛之。且郤至何三伐之有？夫仁、礼、勇，皆民之为也。以义死用谓之勇，奉义顺则谓之礼，畜义丰功谓之仁。奸仁为佻，奸礼为羞，奸勇为贼。夫战，尽敌为上，守和同顺义为上。故制戎以果毅，制朝以序成。叛战而擅舍郑君，贼也；弃毅行容，羞也；叛国即仇，佻也。有三奸以求替其上，远于得政矣。以吾观之，兵在其颈，不可久也，虽吾王叔未能违难。在《太誓》曰：‘民之所欲，天必从之。’王叔欲郤至，能勿从乎？”郤至归，明年死难。及伯舆之狱[8]，王叔陈生奔晋。

【译文】

①荀伯自下军之佐以政：指荀林父从下军副帅升任中军统帅。

②赵宣子：即赵盾，在晋襄公七年任中军统帅。

③奚若：犹奚如，何如，意为怎么样。

④恺悌（kǎi tì）君子：释义泛指品德优良、平易近人的人。

⑤七人之下：晋四军的次序是中、上、下、新，每军有将、佐。郤至是新军佐，位居最末，所以说他“在七人之下”。

⑥儆（jǐng）：告诫、警告。

⑦佻（tiāo）：轻薄，不庄重，轻佻。

⑧伯舆之狱：周灵王九年，王叔陈生与周大夫伯舆争政，灵王偏向伯舆，王叔陈生因而逃奔晋国。死难：指郤至被晋厉公所杀。

【译文】

“我对郤至说：‘你确实有才干。然而晋国提拔官员不会不论位次，所以我以为晋国的政务恐怕还轮不到你来主持。’他对我说：‘有什么位次？已经去世的荀伯是从下军副帅升任中军统帅的，赵宣子没有军功也升任中军统帅而主持政事了，如今栾伯又从下军之佐升为中军主帅。就这三个人来说，我的才能只有超过他们而没有所不及的。我如果以新军之副将升为正卿而主持政事，不也可以吗？我一定想办法达到目的。’这都是他所说的话，您认为如何呢？”

单襄公说：“有人说‘刀架在脖子上’，恐怕说的就是郤至这种人吧！常言道，君子不自我吹嘘，其实并不是为了谦让，而是厌恶这种行为凌驾于他人之上罢了。人的本性，都想超越在自己之上的人，但是又苦于无法凌驾。总想凌驾他人，反而会被抑制得更厉害，所以圣人崇尚礼让。况且有谚语说：‘野兽厌恶捕捉它们的罗网，百姓仇视高高在上的官员。’《尚书》中说：‘百姓可以亲近，但不能凌驾于他们之上。’《诗》中说：‘品德优良温文尔雅的君子，以礼能求得万福。’按照礼仪，地位相等应再三谦让，这正是圣人深知百姓是不可凌驾其上的道理。所以想要统治天下的王者必须先得到民心，然后全力庇佑他们才能安稳，才能因此而长保福禄。如今郤至位在七人之下却想超越他们，这是要凌驾于七人之上啊，因此就会引起那七人的怨恨。被小人物所怨恨，尚且还很难以忍受呢，更何况那七人都是有地位的大臣呢？郤至将凭什么来应付他们？

“晋国的这次胜利，是上天憎恶楚国，因此让晋国来警诫他们。然而郤至却轻薄上天之功而据为己有，这不也是太危险了吗？轻薄上天之功不祥，凌驾他人之上不义，不祥将被上天遗弃，不义就会遭到百姓叛离。况且郤至哪里有三件功劳可炫耀的呢？他所说的仁、礼、勇，都是百姓所为。为正义而舍身的行为才可以称为勇，遵奉道义而守法的行为称为礼，积累义举而建立功勋才能称为仁。玷污了仁是佻，玷污了礼是羞，玷污了勇便是贼。作战是以消灭敌人为准则，以不开战就能使敌人顺从正义为上策。所以要用刚毅勇敢来治军，要用爵位尊卑来治理朝政。违背作战的准则而擅自释放郑君，这是贼；放弃奋勇的机会而下车去向敌国楚君行礼，这是羞；背叛了国家的利益而去亲近仇敌，这是佻。郤至有这三种耻辱的行为却想替代在他之上的大臣，这恐怕距离掌权还远着呢。依我看来，刀已经架在他的脖子之上，他不会长久了，恐怕我们的王叔简公也难以避免灾难。《泰誓》上说：‘百姓所希求的，上天必定依从。’王叔简公想要举荐郤至，怎能不跟着一起遭难呢？”果然，郤至回国后，第二年就被晋厉公杀掉了。后来王叔简公与伯舆争权夺利，终因失败而逃奔到晋国。

卷三　周语下

单襄公论晋将有乱

【原文】

柯陵之会①，单襄公见晋厉公视远步高，晋郤锜②，见其语犯；郤犨③，见其语迂；郤至，见其语伐；齐国佐④，见其语尽。鲁成公见，言及晋难及郤犨之谮⑤。单子曰："君何患焉！晋将有乱，其君与三郤其当之乎！"鲁侯曰："寡人惧不免于晋，今君曰'将有乱'，敢问天道乎，抑人故也？"对曰："吾非瞽史⑥，焉知天道？吾见晋君之容而听三郤之语矣，殆必祸者也。夫君子目以定体，足以从之，是以观其容而知其心矣。目以处义，足以步目，今晋侯视远而足高，目不在体而足不步目，其心必异矣。目体不相从，何以能久？夫合诸侯，民之大事也，于是乎观存亡。故国将无咎，其君在会，步言视听，必皆无谪，则可以知德矣。视远，日绝其义；足高，日弃其德；言爽，日反其信，听淫，日离其名。夫目以处义，足以践德，口以庇信，耳以听名者也，故不可不慎也。偏丧有咎，既丧则国从之。晋侯爽二，吾是以云。

"夫郤氏，晋之宠人也，三卿而五大夫，可以戒惧矣。高位实疾颠，厚味实腊毒。今郤伯之语犯，叔迂、季伐。犯则陵人，迂则诬人，伐则掩人，有是宠也而益之以三怨，其谁能忍之！虽齐国子亦将与焉。立于淫乱之国，而好尽言，以招人过，怨之本也。唯善人能受尽言，齐其有乎？吾闻之，国德而邻于不修，必受其福。今君逼于晋而邻于齐，齐、晋有祸，可以取伯，无德之患，何忧于晋？且夫长翟之人利而不义⑦，其利淫矣，流之若何？"

鲁侯归，乃逐叔孙侨如。简王十一年，诸侯会于柯陵。十二年，晋杀三郤。十三年，晋侯弑，于翼东门葬⑧，以车一乘⑨。齐人杀国武子。

【注释】

①柯陵之会：周简王十一年，各诸侯在柯陵（今河南新郑以西）盟会。

②郤锜（xì qí）：晋国大夫，韦昭注云"郤克之子驹伯也"。他与下文提及的郤犨、郤至是晋国有名的"三郤。"

③郤犨（chōu）：晋国大夫，韦昭注云"郤锜之族父"。

④国佐：齐大夫国武子，下文的"齐国子"亦指他。

⑤晋难及郤犨之谮（zèn）：在盟会之前，晋曾纠集诸侯伐郑，鲁国因内政纠纷未能按期与诸侯会师，遭到晋君的责备。郤犨又接受鲁大夫叔孙宣子的贿赂，

在晋侯面前说鲁成公的坏话。谮，说别人的坏话，诬陷中伤。

⑥瞽（gǔ）：瞎，盲人，这里指古代乐师。

⑦长翟主人：指鲁大夫叔孙侨如（亦称叔孙宣子）。他的父亲曾战败狄人（翟，通“狄”），俘虏了长翟侨如，于是就为儿子取名“侨如”。

⑧翼：在今山西沁水以西，是晋的别都。葬于别都是指不能和先君同葬。

⑨车一乘：指没有按诸侯的等级（车七乘）下葬。

【译文】

在柯陵盟会上，单襄公看到晋厉公走路时眼望远处，脚步抬得很高。又见到晋国的大夫郤锜语多冒犯，郤犨谈吐隐晦善于绕弯子，郤至则喜欢自吹自擂，齐国的大臣国佐说话毫无忌讳。鲁成公会见单襄公时，谈到晋对鲁的责备以及郤犨在晋侯面前诬陷自己的事。单襄公说：“您有什么可担心的呢？晋国很快就要发生内乱，而且晋国君王和三郤恐怕都要大难临头了。”鲁成公说：“我担心躲不过晋王的问罪，如今你却说‘晋国将有内乱’，请问这是从占卜得知的天意，还是根据人事推测得来的呢？”单襄公答道：“我不是盲乐师和太史，怎么会知道天意呢？我看到晋君走路的神态，听到三郤的言谈，觉得他们必将会惹来灾祸的。君子向来都是以目光确定行动的方向，脚步随之配合，所以观察他的神态就可以知道他的内心。用目光来观察怎样行动合适，再用脚步与目光相配合，如今晋侯眼望远处而脚步抬得很高，目光不支配自己的行动而脚步又不与之配合，那么他的内心一定在另想其他了。目光和举止不相配合，怎么能长久呢？与诸侯会盟，是国家的大事，由此可以观察兴亡。所以说，国家没有灾祸，它的国君在盟会上的一举一动、一言一行必定都无可指责，由此也就可以知道他的德行了。眼望远处，常常看不到合适的地方；脚步高抬，常常会失去应有的德行；言谈反复无常往往会丧失信用；听闻淫侈之事，常常会削弱离析自己的名声。目光是用来关注礼仪的，行为是用来践行道德的，言谈是用来恪守信用的，耳朵是用来辨听是非和名声的，所以不能不谨慎小心啊。这四者疏忽了一个就会带来灾祸，国家也跟着遭殃。晋侯疏失了两个方面，所以我才说他将有祸患。

“郤氏是晋国的宠臣，同时有三人为卿而且还有五人为大夫，君王就应该自我警惕了。位置太高就容易垮台，享禄过重容易遭祸。如今郤锜言语冒犯，郤犨言谈不直率而郤至则自我炫耀吹嘘。言语冒犯就容易伤害别人，谈吐绕弯子就容易诬妄别人，自我炫耀吹嘘则会掠人之美，郤氏有如此的宠信，再加上这三者结怨于人，还有谁能容忍他们呢！即便是尊为齐国的国佐也一样会受到牵累的。他处在淫乱的国家，却喜欢毫无顾忌地言谈，指出他人的过失，这是引来怨恨的根源。只有善良的人才能接受别人随意的指责，齐国有这样的人吗？我听说，修德的国家与无德的国家为邻，一定能得到他们的好处。现在你的国家迫近晋国而与齐国为邻，齐、晋一旦有难，君王你就可以称霸了，问题的关键在于有无德行，强国无德我们就没有什么可忧患之处了，所以说，对于晋国还有什么好担心的呢？那叔孙侨如好利而不施仁义，喜好骄奢淫逸，先把他放逐出去如何？”

鲁成公回国后，于是就放逐了叔孙侨如。周简王十一年，诸侯在柯陵会盟。而在简王十二年，晋厉公就诛杀了三郤。简王十三年，晋厉公被栾书等人所杀，葬于翼城东门外，葬礼只用一车四马。同年，齐灵公杀了国佐。

单襄公论晋周将得晋国

【原文】

晋孙谈之子周适周[①]，事单襄公[②]，立无跛，视无还，听无耸，言无远；言敬必及天，言忠必及意，言信必及身，言仁必及人，言义必及利，言智必及事，言勇必及制，言教必及辩，言孝必及神，言惠必及和，言让必及敌；晋国有忧未尝不戚，有庆未尝不怡。襄公有疾，召顷公而告之[③]曰：“必善晋周，将得晋国。其行也文，能文则得天地。天地所胙[④]，小而后国。夫敬，文之恭也；忠，文之实也；信，文之孚也；仁，文之爱也；义，文之制也；智，文之舆也；勇，文之帅也；教，文之施也；孝，文之本也；惠，文之慈也；让，文之材也。象天能敬，帅意能忠，思身能信，爱人能仁，利制能义，事建能智，帅义能勇，施辩能教，昭神能孝，慈和能惠，推敌能让。此十一者，夫子皆有焉。

“天六地五，数之常也。经之以天，纬之以地，经纬不爽，文之象也。文王质文，故天胙之以天下。夫子被之矣，其昭穆又近[⑤]，可以得国。且夫立无跛，正也，视无还，端也；听无耸，成也；言无远，慎也。夫正，德之道也；端，德之信也；成，德之终也；慎，德之守也。守终纯固，道正事信，明令德矣。慎成端正，德之相也。为晋休戚，不背本也。被文相德，非国何取！

“成公之归也，吾闻晋之筮之也[⑥]，遇《乾》之《否》[⑦]，曰：‘配而不终，君三出焉。’一既往矣，后之不知，其次必此。且吾闻成公之生也，其母梦神规其臀以墨，曰：‘使有晋国，三而畀驩之孙[⑧]。’故名之曰‘黑臀’，于今再矣。襄公曰驩，此其孙也。而令德孝恭，非此其谁？且其梦曰：‘必驩之孙，实有晋国。’其卦曰：‘必三取君于周。’其德又可以君国，三袭焉。吾闻之《大誓》，故曰：‘朕梦协朕卜，袭于休祥，戎商必克。’以三袭也。晋仍无道而鲜胄，其将失之矣。必早善晋子，其当之也。”顷公许诺。及厉公之乱，召周子而立之，是为悼公。

【注释】

①晋孙谈：晋襄公的孙子，名谈。周：亦称公子周、公子纠。他在晋厉公死后，被晋大臣拥戴为君，即晋悼公，公元前573年至前558年在位。

②事单襄公：韦昭注云“晋自献公用骊姬之谗诅，不畜群公子，故孙周适周事单襄公”。

③顷公：单襄公的儿子。

④胙（zuò）：福佑，赐福，赐予。

⑤昭穆：古代宗庙中的血缘位序名称，韦昭注云“父昭子穆，孙复为昭”。

⑥成公之归：晋灵公去世后，晋大臣从周迎还襄公的弟弟黑臀（tún）为君，即晋成公。筮（shì）：古代用蓍草占卦。

⑦遇《乾》之《否》：得《乾》卦，变卦为《否》卦。

⑧畀（bì）：给与，付与。驩（huān）：晋文公之子，晋襄公的名字。

【译文】

晋国孙谈之子公子周来到周室，侍奉单襄公。他站不歪身，目不斜视，听不侧耳，言不高声；谈到敬必定连及上天，谈到忠必定连及心意，谈到信必定连及自身，谈到仁必定连及他人，谈到义必定连及利益，谈到智必定连及为人处事，谈到勇必定连及制约，谈到教必定连及明辨，谈到孝必定连及神灵，谈到惠必定连及和睦，谈到让必定连及同僚；每当晋国遭遇忧患他总是为之悲戚，有喜庆之事他也怡然自乐。单襄公病重之时，叫来儿子顷公并告诉他说：“你一定要好好对待公子周，他将来会成为晋

国的国君。他的品行可以称得上‘文德’，具有文德就会得到天地的护佑。有了天地的福佑，至少可以成为国君。敬，是文德中恭谦的美德；忠，是诚实的美德；信，是信用的美德；仁，是慈爱的美德；义，是节制的美德；智，是德行的寄托；勇，是德行的表率；教，是德行的施教；孝，是德行的源泉；惠，是德行之中的慈恩；让，是德行之中的才智能力。效法上天才能称为敬，遵循心意才能称为忠，反躬自省才能称为信，爱护他人才能称为仁，处处利人符合规制才能称为义，善于处事树立美德才能称为智，循义而行才能称为勇，能够明辨事非才算完成教化，尊奉神灵才能称为孝，待人慈爱和睦才能做到惠，谦待同僚才能称为让。这十一种美德，公子周都具备了。

“这十一条美德正合天六、地五的常数。以天之六为经，以地之五为纬，十一与之毫不相差，这正是具备文德的表现啊。周文王具有文德，所以上天赐予他整个天下。公子周也具备了这样的德行，同时他与晋君的血缘位序又很接近，所以他能凭借这些继承君位。况且他站不歪身，是正；目不斜视，是端；听不侧耳，是成；言不高声，是慎。那所谓的正，是德行的道路；端，是德行的凭据；成，是德行的归宿；慎，是德行的守护。守护牢固而归宿不偏，根本端正而行事有据，是彰明律令美德的表现。慎、成、端、正，是美好德行的辅助。能够替晋国高兴与悲戚，说明他不背弃本源啊。具备了美德又有善行辅助，他若不拥有国家还能是何人呢！

“晋成公回国继位时，我听说晋国用蓍草占卦，得遇《乾》卦而变卦为《否》卦，卦辞上说：‘德虽配先君而不能长久保有，将有三个国君从周朝归国继位。’第一个已经当了国君，那就是成公，第三个是谁还无法得知，而这第二个一定是公子周了。我听说晋成公出生时，他的母亲梦见天神在他的臀上画了个黑痣，说：‘让他拥有晋国而成为晋君，三传之后把君位给与驩的曾孙。’所以给他取名为‘黑臀’，成公传下的君位已经历了两代。晋襄公名为驩，公子周就是他的曾孙。而且他具有谦恭孝敬的美德，不是他又能是谁呢？况且那梦中所说：‘务必是驩的曾孙，才能真正得到晋国。’那个卦辞说：‘必须是三次从周朝迎还国君。’公子周的德行又能够治理国家，这样一来，梦、卦、德三者就都契合了。我听说周武王伐商的《大誓》中说：‘我的梦既与我的卦相符，又与吉祥的预兆相合，所以讨伐殷商必定能取胜。’周武王是以梦、卦、兆三者都相契合为依据。晋厉公屡行不道而子孙稀少，看来他将要失去君位了。你一定要趁早善待公子周，他必将应验预言而继承晋君之位了。”顷公应允了父王的告诫。到了晋厉公被弑杀以后，晋人迎回了公子周并拥立他为国君，也就是后来的晋悼公。

单穆公谏景王铸大钱

【原文】

景王二十一年，将铸大钱[①]。单穆公曰[②]："不可。古者，天灾降戾[③]，于是乎量资币，权轻重，以振救民。民患轻，则为作重币以行之，于是乎有母权子而行，民皆得焉。若不堪重，则多作轻而行之，亦不废重，于是乎有子权母而行，小大利之。

"今王废轻而作重，民失其资，能无匮乎？若匮，王用将有所乏，乏则将厚取于民。民不给，将有远志，是离民也。且夫备有未至而设之，有至而后救之，是不相入也。可先而不备，谓之怠；可后而先之，谓之召灾。周固羸国也，天未厌祸焉，而又离民以佐灾，无乃不可乎？将民之与处而离之，将灾是备御而召之，则何以经国？国无经，何以出令？令之不从，上之患也，故圣人树德于民以除之。

"《夏书》有之曰：'关石和钧[④]，王府则有。'《诗》亦有之曰：'瞻彼旱麓，榛楛济济[⑤]。恺悌君子，干禄恺悌[⑥]。'夫旱麓之榛楛殖，故君子得以易乐干禄焉。若夫山林匮竭，林麓散亡，薮泽肆既，民力雕尽，田畴荒芜，资用乏匮，君子将险哀之不暇，而何易乐之有焉？且绝民用以实王府，犹塞川原而为潢汙也，其竭也无日矣。若民离而财匮，灾至而备亡，王其若之何？吾周官之于灾备也，其所怠弃者多矣，而又夺之资，以益其灾，是去其藏而翳其人也[⑦]。王其图之！"王弗听，卒铸大钱。

【注释】

①景王二十一年：周景王二十一年（前524年）。大钱：面值大的铸币。

②单穆公：周大夫，单靖公的曾孙。

③降戾（lì）：降临。

④关石：指称量的衡器。韦昭注云"言征赋调钧，则王之府藏常有也"。

⑤榛楛（hù）：榛树与楛树。韦昭注云"榛，似栗而小。楛，木名"。

⑥恺悌（kǎi tì）：泛指品德优良、平易近人的人。

【译文】

周景王二十一年，准备铸造大钱。单穆公说："不能这样做。古时候，天灾降临，所以才开始统计财货，权衡钱币的轻重，以便赈济百姓。倘若百姓担心钱轻而物重，便铸造了大钱来发行通用，有大钱辅助小钱流通，使百姓都能从中得益。

若百姓担心钱重而物轻，就多铸小钱来通用，同时也不废止大钱，于是就有了小钱铺助大钱流通。这样一来，无论是小钱、大钱，百姓都得到便利使用。

“如今陛下废除小钱而铸造大钱，那么百姓手中原有的小钱就成了无用之物，如此能不感到困窘吗？如果百姓困窘，那么陛下的财用将因此而缺乏，而财用缺乏了就会设法加重敛收于民。民众没有能力供给，将会萌生逃亡远离之心，这是在离散民心啊。况且国家应该有事先防备灾患的措施，也有灾患来临进行援救的措施，但这是不能互相替代的。原本可以预先防范而不事先去准备，这是疏忽懈怠；原本用于事后应急的措施却在灾害前采用了，这就叫招灾。周王朝已经变成弱国了，皆因上天接连不断地降灾，而陛下此时又要离散民心来助长灾难，这样做恐怕不行吧？原本应该与民众和睦相处却要离散他们，原本可以预防的灾害却要把它招来，这样下去还怎么治国？倘若治国无方，凭什么下达政令？颁布政令而不被听从，正是君王的忧患啊，所以圣人施予百姓恩德以此来消除不服从政令的隐患。

“《夏书》中说：‘赋税均平，王室的库藏才会充盈。’《诗经》上也说：‘看那旱山脚下，长满了茂盛的榛楛林木。品德优良的君子，平和欢愉地收获。’那旱山脚下的榛楛林木茂盛，所以君子才能平和欢愉地得到禄米。如果山林匮乏枯竭，林木山麓散亡，沼泽湖泊干涸，民力凋蔽，农田荒芜，财用缺乏，君子就连忧虑危亡都来不及，哪还有什么安祥欢乐可言呢？况且，利用搜刮民众的财产来充实王室的财产，就如同堵塞河流的源头来蓄积水池一样，很快就会导致干涸。如果百姓离散而财用匮乏，灾害降临又无防备，到那时陛下该怎么办呢？我们周室的官员对于预防灾害方面，所疏于管理的地方已经很多了，而如今又要侵夺民众的资财来助长灾祸，这是抛弃善政而置民于死地啊。恳请君王仔细酌斟这件事！”然而周景王不听劝阻，结果还是铸了大钱。

单穆公谏景王铸大钟

【原文】

二十三年，王将铸无射而为之大林[①]。单穆公曰：“不可。作重币以绝民资，又铸大钟以鲜其继。若积聚既丧，又鲜其继，生何以殖？且夫钟不过以动声，若无射有林，耳弗及也。夫钟声以为耳也，耳所不及，非钟声也。犹目所不见，不可以为目也。夫目之察度也，不过步武尺寸之间[②]；其察色也，不过墨丈寻常之间[③]。耳之察和也，在清浊之间[④]；其察清浊也，不过一人之所胜。是故先王之制钟也，大不出钧，重不过石[5]。律度量衡于是乎生，小大器用于是乎出，故圣人慎之。今王作钟也，听之弗及，比之不度，钟声不可以知和，制度不可以出节，无益于乐而鲜民财，将焉用之！

"夫乐不过以听耳，而美不过以观目。若听乐而震，观美而眩，患莫甚焉。夫耳目，心之枢机也，故必听和而视正。听和则聪，视正则明。聪则言听，明则德昭。听言昭德，则能思虑纯固。以言德于民，民歆而德之[6]，则归心焉。上得民心以殖义方，是以作无不济，求无不获。然则能乐。夫耳内和声，而口出美言，以为宪令而布诸民，正之以度量，民以心力，从之不倦，成事不贰，乐之至也。口内味而耳内声，声味生气。气在口为言，在目为明。言以信名，明以时动。名以成政，动以殖生。政成生殖，乐之至也。若视听不和，而有震眩，则味入不精，不精则气佚，气佚则不和。于是乎有狂悖之言，有眩惑之明，有转易之名，有过慝之度[7]。出令不信，刑政放纷，动不顺时，民无据依，不知所力，各有离心。上失其民，作则不济，求则不获，其何以能乐？三年之中，而有离民之器二焉，国其危哉！"

【注释】

①无射：古代十二音律之一，此指能发出这一声音的乐钟。大林：指低音的林钟乐钟。

②步武：古代称半步为武，此指距离不远。

③墨丈寻常：古代称半丈为墨，两寻（八尺为寻）为常。

④清浊：此指音声的高低。

⑤钧：指乐音的标准。石：古代以120斤为一石。

⑥歆（xīn）：悦服，欣喜。

⑦慝（tè）：奸邪，邪恶。

【译文】

周景王二十三年，景王为了铸造无射乐钟而打算先铸造一个大的低音林钟。单穆公说："这可不行啊。铸造大钱已经夺去了民众的资财，如今又要铸造大钟来加重民众新的负担。如果民众的积蓄又被夺走，又要加重他们的负担，他们如何生存下去呢？乐钟不过是用来奏乐的，如果无射按大林钟那样铸造，耳朵就无法听到美妙的乐声。钟声是为了让耳朵来听的，耳朵听不见，就不算钟声了。犹如用眼睛去看东西却看不清楚，就不能硬让眼睛去看。眼睛所能观察清楚的范围，不过几尺之间；眼睛所能分辨的颜色，也不过一两丈的距离。耳朵所能察明的和声，在清音与浊音之间；其所能分辨的清、浊之音，不超过个人的能力所及。所以先王铸造乐钟，大小不超过乐音的标准，重量不超过一百二十斤。音律、长度、容量、重量都因此而确定，锱铢分寸、斤两丈尺的单位都由此产生。所以，圣人对此十分慎重。如今陛下所铸造的钟，耳朵无法听到声音，大小也不符合规制，耳朵无法听到和声，大小不符合标准，既然无益于奏乐又浪费民众财力，那有什么用处呢！

“乐音不过是为了让耳朵能听见，美物不过是为了让眼睛能看到。如果乐音听起来震耳欲聋，美物看起来眼花缭乱，还有什么比这更糟的呢？耳朵和眼睛是心灵的枢纽，所以必须听和谐之音而看正当之物。能听到和谐之音才能耳聪，能看到正当之物才能目明。耳聪才能言语动听，目明才能德行磊落。言语动听而德行磊落，才能思虑纯正而稳固。用这些来对待民众，民众才能心悦诚服地感恩戴德，就能一心归附于君王了。君王深得民心而以此来建功立业，所以才能事无不成，求无不得，这种情况下才能讲求音乐。耳听和谐之音并且口说动听之言，以此来制订法令而颁布于民众，并用度、量去严正规范，民众就会忘我劳作，不怠惰地服从，不走样地完成所有事务，这是音乐所起的最大作用。口中品尝美味同时耳听声音，声音和味道就会产生精气。精气在口则为言语，在眼则为视觉。言语用来申明号令，视觉用来观时导行。用号令来修明政事，用行动来增加财富。政治清明又能增加财富，这是音乐所起的最大作用。如果视听不和谐，出现耳鸣眼花，那么味入于口也不会精美，味不精美则精气涣散，精气涣散则无法和谐。于是就会有狂乱背理的言论，有糊涂混乱的看法，有错乱不定的号令，有谬误邪恶的准则。发布的政令失掉信用，刑法政事混乱不堪，行动违背季节，百姓失去依据而不知该如何出力，各自都有离散之心。如此一来，君王失去了民众，想要做的却完不成，所求取的却得不到，这又如何能愉悦快乐呢？陛下在这三年之中就做了两件使民众离心的事，如此国家可就危险了。”

【原文】

王弗听，问之伶州鸠[①]。对曰：“臣之守官弗及也。臣闻之，琴瑟尚宫[②]，钟尚羽，石尚角，匏竹利制[③]，大不逾宫，细不过羽。夫宫，音之主也，第以及羽。圣人保乐而爱财，财以备器，乐以殖财，故乐器重者从细，轻者从大。是以金尚羽，石尚角，瓦丝尚宫，匏竹尚议，革木一声。

“夫政象乐，乐从和，和从平。声以和乐，律以平声。金石以动之，丝竹以行之，诗以道之，歌以咏之，匏以宣之，瓦以赞之，革木以节之。物得其常曰乐极，极之所集曰声，声应相保曰和，细大不逾曰平。如是，而铸之金，磨之石，系之丝木，越之匏竹，节之鼓而行之，以遂八风。于是乎气无滞阴，亦无散阳，阴阳序次，风雨时至，嘉生繁祉，人民和利，物备而乐成，上下不罢，故曰乐正。今细过其主妨于正，用物过度妨于财，正害财匮妨于乐。细抑大陵，不容于耳，非和也。听声越远，非平也。妨正匮财，声不和平，非宗官之所司也。

“夫有和平之声，则有蕃殖之财。于是乎道之以中德，咏之以中音，德音不愆以合神人[④]，神是以宁，民是以听。若夫匮财用、罢民力以逞淫心，听之不和，比之不度，无益于教而离民怒神，非臣之所闻也。”王不听，卒铸大钟。二十四年，钟成，伶人告和[⑤]。王谓伶州鸠曰：“钟果和矣。”对曰：“未可知也。”王曰：“何故？”对曰：“上作器，民备乐之，则为和。今财亡民罢，莫不怨恨，臣不知其和也。且民所曹好，鲜其不济也。其所曹恶，鲜其不废也。故谚曰：‘众心成城，众口铄金。’三年之中而害金再兴焉，惧一之废也。”王曰：“尔老耄矣，何知？”二十五年，王崩，钟不和。

【注释】

①伶州鸠：伶是乐官名，古时以官职为氏，州鸠是人名。

②宫：古代五声音阶之一。

③匏（páo）：此指笙、竽、箫、笛一类的乐器。

④愆（qiān）：罪过，过失，差错。

⑤伶人：乐工。

【译文】

景王不听劝阻，去问乐官伶州鸠。伶州鸠回答说："以臣的职责范围无法知道这些。臣只听说，琴瑟宜于演奏宫调，乐钟宜于演奏羽调，磬石宜于演奏角调，笙箫是取其音声悠扬，乐音低弘而不逾越宫声，即便是尖细之处也不超过羽声。宫声，是乐音的主音，由它依次到羽声。圣人保有音乐而又珍惜资财，资财用来置备器用，音乐用来增殖财富，故而质重的乐器演奏尖细的音声，质轻的乐器演奏低弘的音声。所以说，乐钟宜于演奏羽调，磬石宜于演奏角调，埙缶琴瑟宜于演奏宫调，笙箫取其音声悠扬，革木则音声不变。

"施政就像奏乐，奏乐要求和谐，和谐要求均平。五音用来和谐乐调，十二律用来均平音声。钟磬奏出乐音，琴瑟笙箫衍成曲调，诗句用以表达，歌声用以咏唱，笙竽发出和声，埙缶加以装饰，革木之声用以规范节拍。各种乐器都能发挥常规作用可称为乐极，所发出的声响汇集在一起称为乐音，乐音和谐相应称为和，高低音声不相干扰称为平。就像这样，用金属铸成钟，把石磨成磬，组合丝木为琴瑟，穿凿匏竹为笙箫，用鼓声调节律音而配合演奏起来，就可以与八方之风相应。于是，阴气不郁积，阳气不散乱，从而阴阳有次序，风雨适时而来，福祉频频降临，民众和睦多利，品物齐备而乐音和谐，上下逸乐，这就叫乐正。现在尖细的音声越过了主音而干扰了乐律，耗费物资过度而损害了财用，乐律受到干扰而财用感到缺乏就有害于音乐。无射尖细的音声被大林钟低弘的音声所抑制掩盖，不能动听入耳，就不是和谐的音律了。听起来低沉迂远，就不是均平了。既干扰乐律使财用缺乏，其音声又不和谐均平，那就不是乐官所能管辖的了。

"有和谐均平的音声，便有繁衍增殖的财物。因此表达它的诗句就会符合道德，咏唱它的歌声符合音律，道德和音律都没有差池，就可以用来沟通神人，所以神灵因此而安宁，百姓因此而顺从。如果以耗费财物、疲惫民众来放纵个人的淫欲之心，入耳之音既不和谐，所奏之乐也不合法度，不仅无益于教化，而且离散民心、激怒神灵，这就不是臣所能得知的事了。"景王不听劝谏，于是催促匠人铸造大钟。景王二十四年，大钟铸成，乐工报告说乐音和谐。景王告诉伶州鸠说："钟声不是很和谐啊。"伶州鸠答道："不见得啊，陛下不明了其中的缘故。"景王说："是什么缘故呢？"伶州鸠说："君王制作乐器，百姓非常高兴，这才是和谐。现在耗费了财物而民众疲惫，没有不怨恨的，臣不认为这是和谐。百姓都喜好的事情，很少有不成功的；百姓都厌恶的事情，很少有不失败的。所以，谚语说：'众志成城，众口铄金'。三年之中耗费钱财的事情做了两件，恐怕至少有一件是要失败的。"景王说："你老糊涂了，懂得什么？"周景王二十五年，景王驾崩，大钟所奏的音声不和谐。

宾孟见雄鸡自断其尾

【原文】

景王既杀下门子[①]。宾孟适郊[②]，见雄鸡自断其尾，问之，侍者曰："惮其牺也[③]。"遽归告王[④]，曰："吾见雄鸡自断其尾，而人曰'惮其牺也'，吾以为信畜矣。人牺实难，己牺何害？抑其恶为人用也乎，则可也。人异于是。牺者，实用人也。"王弗应。田于巩[⑤]，使公卿皆从，将杀单子[⑥]，未克而崩。

【注释】

①下门子：周景王之子子猛的师傅。景王之嫡子早亡，遂立庶出长子子猛为太子，此时想改立另一个庶子子朝为太子，故先杀了子猛的师傅。

②宾孟：子朝的师傅，亦称宾起。

③惮（dàn）：惧怕。牺：祭祀时所杀的牲畜，亦称牺牲。用作牺牲的牲畜必须毛羽完具。

④遽（jù）：急忙。

⑤巩：在今河南巩县西南。

⑥单子：指单穆公。

【译文】

周景王处死下门子后。宾孟来到城郊，看见公鸡啄断自己的尾羽，便询问这是怎么回事，仆役说："那是害怕自己被尊为牺牲。"于是宾孟急忙回去告诉景王，说："臣看见公鸡啄断自己的尾羽，人们说是'那是害怕自己被尊为牺牲'，臣认为那是牲畜的本性罢了。把外人像牺牲那样尊宠确实有祸患，但把自己人像牺牲那样尊宠能有什么祸害呢？牲畜忧闷而残害自己大概是讨厌为人所用才那么做的，那倒也罢了。但人在这一点上与牲畜是有所不同的。所谓像牺牲那样去尊宠，就是要起用自己人啊。"景王没有应声。他到巩地去田猎时，让大臣们都跟他一起去，打算杀了单穆公，但还没动手自己就先死了。

刘文公与苌弘欲城周

【原文】

敬王十年，刘文公与苌弘欲城周①，为之告晋。魏献子为政②，说苌弘而与之，将合诸侯。卫彪傒适周③，闻之，见单穆公曰：“苌、刘其不殁乎？《周诗》有之曰：‘天之所支，不可坏也。其所坏，亦不可支也。’昔武王克殷而作此诗也，以为饫歌，名之曰《支》，以遗后之人，使永监焉。夫礼之立成者为饫④，昭明大节而已，少典与焉。是以为之日惕，其欲教民戒也。然则夫《支》之所道者，必尽知天地之为也，不然不足以遗后之人。今苌、刘欲支天之所坏，不亦难乎？自幽王而天夺之明，使迷乱弃德，而即慆淫⑤，以亡其百姓，其坏之也久矣。而又将补之，殆不可矣！水火之所犯犹不可救，而况天乎？谚曰：‘从善如登，从恶如崩。’昔孔甲乱夏，四世而陨；玄王勤商⑥，十有四世而兴；帝甲乱之，七世而陨⑦；后稷勤周，十有五世而兴。幽王乱之十有四世矣，守府之谓多，胡可兴也？夫周，高山、广川、大薮也，故能生是良材，而幽王荡以为魅陵、粪土、沟渎，其有悛乎⑧？”

单子曰：“其咎孰多？”曰：“苌叔必速及，将天以道补者也。夫天道导可而省否，苌叔反是，以诳刘子，必有三殃：违天，一也；反道，二也；诳人⑨，三也。周若无咎，苌叔必为戮，虽晋魏子亦将及焉。若得天福，其当身乎？若刘氏，则必子孙实有祸。夫子而弃常法，以从其私欲，用巧变以崇天灾，勤百姓以为己名，其殃大矣。”

是岁也，魏献子合诸侯之大夫于狄泉，遂田于大陆⑩，焚而死。及范、中行之难，苌弘与之，晋人以为讨，二十八年，杀苌弘。及定王，刘氏亡。

【注释】

①刘文公：周大夫，名卷。苌弘（cháng hóng）：周大夫。城周：东周的王都是周公所营建的洛邑，亦称”王城”。王子朝叛乱时，敬王避居王城东郊，至此打算为避居处修建城墙。

②魏献子：晋国大夫魏舒。

③彪傒（xī）：卫国大夫。

④饫（yù）：饫礼，站立行礼。

⑤慆淫：享乐过度；怠慢放纵。

⑥孔甲：夏代国君。玄王：传说中商族的始祖契。

⑦帝甲：商代国君。陨（yǔn）：古同“殒”，死亡，灭亡。

⑧沟渎：水沟；河川。悛（quān）：本义停止；改变。

⑨诳（kuáng）人：欺瞒、诳惑他人。

⑩大陆：晋的一处湖泊，在今河北隆尧、巨鹿、任县三县之间，今已淤为平地。

【译文】

周敬王十年，刘文公与苌弘打算为周王的居处筑建城墙，为此求助于晋国。当时晋国由魏献子主管国家政事，他对苌弘很有好感就答应了他的要求，准备集合诸侯共同营筑。卫国的彪傒来到周，听说了这件事，谒见单穆公说：“苌弘和刘文公岂不是将要被杀死了吗？《诗》上说：‘上天所支持的，谁也破坏不了；上天想毁坏的，谁也支持不住。’过去武王消灭商朝时而作了这首诗，并把它作为王公宴飨时的乐歌，名为‘支’，以此留传给后世之人，使他们永远记住这个道理。王公们宴饮时站立行礼的礼仪为饫，主要为了显扬隆重的礼节而已，故而所配的乐曲不多。因此为之天天戒惧，这是在教育民众要警惕。可见，《支》这首诗所说的，就是一定要完全领会天地的意图，否则不足以留传给后世之人。现在苌弘、刘文公要支持上天所破坏的，不是很困难吗？自从周幽王被上天剥夺了辨别是非的能力，使他迷惑淫乱而毁弃德行，过度享乐，丧失了自己的百姓，王室遭到毁坏已经很久了。此时他们再来补救，恐怕是不行了。水火所造成的灾祸尚且不能挽救，何况是上天所降的灾祸呢？谚语说：‘行善如登山，作恶似土崩。’过去孔甲扰乱夏代国政，传袭四代就灭亡了；玄王振兴商朝，传了十四代还很兴旺；帝甲扰乱殷政，传了七代就灭亡了；后稷振兴周族，传了十五代还很兴旺。幽王扰乱周政已经十四代了，能守住现有的家当已属幸甚，怎么可能兴盛

呢？周室犹如高山、长河和大泽，所以能产生那些优秀的人才，而幽王把它破坏成秃陵、水沟和浅潭，还会培养出俊杰吗？”

单穆公说：“他俩谁的罪过多？”彪傒说：“苌弘必定会很快遭殃，因为他要修补上天所毁坏的东西。天道是引导可行而排斥不可行的，苌弘的行为与此相反，而且还诳惑刘文公，因而必定会遭到三方面的灾殃：违背上天，这是其一；逆转常度，这是其二；诳惑他人，这是其三。周若想没有灾难，苌弘必定要被处罚，即使是晋国的魏献子也将受牵累。如果有幸得到天降福祉，恐怕他自身仍不能幸免。至于刘文公，一定是他的子孙来承当灾祸。作为王公大夫而抛弃常法，以此来顺从自己的私欲，耍小手腕来加重天灾，劳顿百姓为自己树立名望，这罪过可就大了。”

这一年，魏献子在狄泉召集各诸侯的大夫，就在大陆泽田猎，不幸遭遇大火而被烧死。到范氏、中行氏作乱之时，苌弘参与此事，晋人以此为借口向周兴师问罪。周敬王二十八年，苌弘被杀。到了周定王时，刘氏被灭族。

卷四　鲁语上

曹刿问战

【原文】

长勺之役①，曹刿问所以战于庄公②。公曰："余不爱衣食于民，不爱牲玉于神。"对曰："夫惠本而后民归之志，民和而后神降之福。若布德于民而平均其政事，君子务治而小人务力；动不违时，财不过用，财用不匮，莫不能使共祀。是以用民无不听，求福无不丰。今将惠以小赐，祀以独恭。小赐不咸，独恭不优。不咸，民不归也；不优，神弗福也。将何以战？夫民求不匮于财，而神求优裕于享者也，故不可以不本。"公曰："余听狱虽不能察，必以情断之。"对曰："是则可矣。知夫苟中心图民，智虽弗及，必将至焉。"

【注释】

①长勺：地名。今山东省曲阜县境内。

②曹刿（guì）：鲁国武士，又名曹翙。庄公：鲁庄公。公元前 693 年至前 662 年在位。

【译文】

鲁国将与齐国的军队在长勺交锋，曹刿问鲁庄公凭借什么力量来作战。庄公说："我对百姓从不吝啬衣服和食物，对神灵从不吝啬牛羊和玉器"。曹刿回答说："只有从根本上树德施惠百姓才会对君王有归附之心，百姓齐心和睦然后神灵才会降临福祉。如果您能向百姓广施恩德并公平地处理政事，就能使君子甘愿致力于协助治国而平民甘愿致力于贡献力量；君王的举动不违背时令，财用不去过度耗费，那么百姓的财用就不会匮乏，大家才有能力共同供奉神灵。所以，君王需要百姓效力时就没有不听从的，求神降福就没有不丰厚的。现在您只是到了临战关头才给百姓施以小惠，独自恭敬地向神灵供奉祭品。而小惠不可能遍及民众，独自供奉也不可能丰裕。不遍施恩德，百姓就不会一心归附；供奉不丰，神灵就不会降福，这样一来，您还凭什么去作战呢？百姓所祈求的是财用不感到匮乏，神灵所需求的是祭品丰裕，所以不可以不从根本上着眼。"庄公说："我处理百姓的狱讼之时虽然不能做到体察一切，但一定会依据情理断案。"曹刿回答说："这就可以了。假如您内心确实为百姓考虑，智慧即使有所不及，也一定接近正确的治国之道了。"

曹刿谏庄公如齐观社

【原文】

庄公如齐观社①。曹刿谏曰："不可。夫礼，所以正民也。是故先王制诸侯，使五年四王、一相朝。终则讲于会，以正班爵之义，帅长幼之序，训上下之则，制财用之节，其间无由荒怠。夫齐弃太公之法而观民于社②，君为是举而往观之，非故业也，何以训民？土发而社，助时也。收攟而蒸③，纳要也。今齐社而往观旅，非先王之训也。天子祀上帝，诸侯会之受命焉。诸侯祀先王、先公，卿大夫佐之受事焉。臣不闻诸侯相会祀也，祀又不法，君举必书，书而不法，后嗣何观？"公不听，遂如齐。

【注释】

①社：祭祀土地神的节日。公元前671年，齐国借社祭为名举行阅兵，以炫耀国威。

②太公：齐国的始祖太公望，以吕为氏，姜姓。

③攟（jùn）：古同"捃"，拾取，摘取。

【译文】

鲁庄公要到齐国去观看社祭。曹刿劝谏说："不能去。礼，是用来端正百姓的。所以先王制定条例约束诸侯，规定诸侯每五年要派遣使臣聘见天子四次，诸侯亲自朝见天子一次。朝见完毕后就集中在一起讲习礼仪，用以匡正爵位的尊卑，引导他们遵循长幼的次序，讲求上下的法度，确定纳贡以及日常财用的标准，在这期间不能缺席或怠慢。现在齐国废弃始祖太公望的法制而让大家去观看社祭，您为这事也举步前去观看，以前是没有这个先例的，倘若前去，那么您今后怎么再去训导百姓呢？春天举行社祭，是祈求农事得到上天的赐福；秋天收获以后举行社祭，是为了向土神供纳五谷。如今齐国组织社祭让大家去观看阅兵，这不是先王的法度啊。天子祭祀上帝，诸侯要参加助祭以听受政令。诸侯祭祀先王先公，卿大夫要辅助料理并接受任务。我没有听说过诸侯之间可以互相观看祭祀的，这种祭祀显然不合法度。国君的一举一动都要被记载下来的，记载不合法度的事，后世子孙们将会怎么看呢？"庄公不听劝阻，还是执意去了齐国。

匠师庆谏庄公丹楹刻桷

【原文】

庄公丹桓宫之楹[①]，而刻其桷[②]。匠师庆言于公曰[③]："臣闻圣王公之先封者，遗后之人法，使无陷于恶。其为后世昭前之令闻也，使长监于世，故能摄固不解以久。今先君俭而君侈，令德替矣。"公曰："吾属欲美之。"对曰："无益于君，而替前之令德，臣故曰庶可已矣。"公弗听。

【注释】

①桓宫：鲁庄公父亲鲁桓公的宗庙。

②桷（jué）：方形的椽子。

③匠师庆：即鲁国掌管工匠事务的大夫御孙，名庆。

【译文】

鲁庄公要把先父桓公宗庙的楹柱涂上红漆，并在方形的椽子上雕刻图案。匠师庆对庄公说："我听说先王国公中那些率先创立基业的圣人，给后代人遗留下典法，使他们不致陷于邪恶，为的是让后代光大前人的美名，并能永远流传在世上引以为鉴，故而他们的业绩才能保持牢固不懈而绵延久远。如今，先君桓公节俭而您却如此奢侈，看来美德就要泯灭了。"庄公说："我现在所做之事正是想美化先君啊。"匠师庆回答说："这对你没有益处，反而会泯没了先君的美德，所以我说，这件事应该停下来了。"庄公不听。

夏父展谏宗妇觌哀姜用币

【原文】

哀姜至[①]，公使大夫宗妇觌用币[②]。宗人夏父展曰[③]："非故也。"公曰："君作故。"对曰："君作而顺则故之，逆则亦书其逆也。臣从有司，惧逆之书于后也，故不敢不告。夫妇贽不过枣栗[④]，以告虔也。男则玉、帛、禽、鸟，以章物也。今妇贽币，是男女无别也。男女之别，国之大节也，不可无也。"公弗听。

【注释】

①哀姜：鲁庄公娶自齐国的夫人。哀是谥号，姓姜。

②觌（dí）：以礼相见；拜见。币：古人相见时所拿的礼物，如玉帛之类。

③宗人：又称宗伯，周代掌管宗庙祭祀的官。夏父：复姓。展：人名。

④贽（zhì）：古时初次求见人时所送的礼物；见面礼。

【译文】

哀姜嫁到鲁国，庄公让同宗大夫的妻子们带上玉、帛之类的礼物去拜见她。宗人夏父展说："这不是先王的规矩。"庄公说："身为国君可以创制规矩。"夏父展回答说："国君所创制的合乎礼就可以成为规矩，违反礼也将在史书上记载他违礼。我服从自己的职守，生怕这违礼的事情被记载下来传于后世，所以不敢不告诉你。女人初次进见的礼物不过是枣、栗之类的东西，用以表示诚敬。男人初次进见的礼物则有珠玉、丝帛、禽鸟之类，用以表明尊卑不同的身份和等级。现在女人也拿着玉、帛一类的礼物，这就是男女之间没有差别了。而男女之间所注重的区别，是国家的大礼节，不可以没有啊。"庄公不听。

臧文仲如齐告籴

【原文】

鲁饥，臧文仲言于庄公曰①："夫为四邻之援，结诸侯之信，重之以婚姻，申之以盟誓，固国之艰急是为。铸名器，藏宝财，固民之殄病是待②。今国病矣，君盍以名器请籴于齐！"公曰："谁使？"对曰："国有饥馑，卿出告籴，古之制也。辰也备卿，辰请如齐。"公使往。从者曰："君不命吾子，吾子请之，其为选事乎？"文仲曰："贤者急病而让夷，居官者当事不避难，在位者恤民之患，是以国家无违。今我不如齐，非急病也。在上不恤下，居官而惰，非事君也。"文仲以鬯圭与玉磬如齐告籴③，曰："天灾流行，戾于弊邑，饥馑荐降，民羸几卒，大惧乏周公、太公之命祀，职贡业事之不共而获戾。不腆先君之币器，敢告滞积，以纾执事；以救弊邑，使能共职。岂唯寡君与二三臣实受君赐，其周公、太公及百辟神祇实永飨而赖之④！"齐人归其玉而予之籴。

【注释】

①臧文仲：鲁国的卿，名辰。

②殄（tiǎn）：消灭。

③鬯（chàng）圭：祭祀宗庙时用的名贵的器具。玉磬：宫廷演奏雅乐时用的一种乐器。籴（dí）：买入米粮，求购粮食。

④周公：鲁国始祖。太公：齐国始祖。

【译文】

鲁国发生饥荒，臧文仲对鲁庄公说："与邻国结好求得援助，取得诸侯的信任，依靠婚姻关系来加强它，重申盟约誓言来加以巩固，这是为了应对国家危难。铸造钟鼎宝器，贮藏珠玉财物，乃是为消除百姓的疾苦。现在国家遇到困难了，国君为何不抵押钟鼎宝器向齐国请求买入粮食呢？"庄公说："派谁前去呢？"臧文仲回答说："国家遇到饥荒而由卿大夫外出求购粮食，是古代的制度。臣充列卿位，请派臣去齐国。"于是庄公派遣臧文仲前往齐国。臧文仲的侍从说："国君没有指派你去，你却主动请求前往，这不是自己挑选苦差事去做吗？"文仲说："贤明的人应该争先担当危难而谦让平易的事务，为官者应该敢于任事而不逃避危难，在高位者应该体恤百姓的忧患，这样国家才能安定。如今倘若我不主动请缨去齐国，就不是争当危难了。处于上位而不体恤百姓，当了官却又懒于理政事，不是侍奉国君的臣子所该做的。"臧文仲来到齐国后，用名贵的鬯圭和玉磬向齐国求购粮食，说："天灾流行，殃及敝国，饥荒又降临到人民中间，百姓瘠瘦羸弱，生命受到威胁。对周公、太公的祭祀无法保证，给王室的贡品也难以操办，我们国君很担心因此而获罪。所以不敢再珍惜先君的宝器，请求交换贵国积余的陈粮。这既可减轻贵国管粮人的负担，也能解救敝国的饥荒，使我们能担当向王室朝贡的职守。不但我们的国君和臣子能领受到贵国国君的恩惠，就是周公、太公和天地间的所有神祇也能依靠这些粮食继续得到祭祀。"齐君于是把粮食借给了鲁国，并退还了宝器。

展禽使乙喜以膏沐犒师

【原文】

齐孝公来伐鲁[①]，臧文仲欲以辞告。病焉，问于展禽[②]。对曰："获闻之，处大教小，处小事大，所以御乱也，不闻以辞。若为小而崇，以怒大国，使加己乱，乱在前矣，辞其何益？"文仲曰："国急矣！百物唯其可者，将无不趋也。愿以子之辞行赂焉，其可赂乎？"展禽使乙喜以膏沐犒师[③]，曰："寡君不佞，不能事疆场之司，使君盛怒，以暴露于弊邑之野，敢犒舆师[④]。"齐侯见使者曰："鲁国恐乎？"对曰："小人恐矣，君子则否。"公曰："室如悬磬，野无青草，何恃而不恐？"对曰："恃二先君之所职业。昔者成王命我先君周公及齐先君太公曰：'女股肱周室[⑤]，以夹辅先王。赐女土地，质之以牺牲，世世子孙无相害也。'君今来讨弊邑之罪，其亦使听从而释之，必不泯其社稷，岂其贪壤地，而弃先王之命？

其何以镇抚诸侯？恃此以不恐。”齐侯乃许为平而还。

【注释】

①齐孝公：齐桓公之子，名昭。

②展禽：即柳下惠，鲁国大夫。姓展，名获，字禽。

③乙喜：即展喜，鲁国大夫。膏沐：古代妇女润发的油脂。

④舆（yú）师：众军，军旅。

⑤股肱（gōng）：腿和胳膊，意辅弼帝王的重臣。

【译文】

齐孝公出兵讨伐鲁国，臧文仲想写一篇文辞谢罪，请求齐国退兵，但苦于找不到适当的措辞，便去求问于展禽。展禽回答说：“我听说，位居大国就要做好小国的表率，居处小国就要事奉好大国，这样才能防备祸乱，没听说用言辞就能解决问题的。倘若作为小国却自高自大，激怒大国，使它把祸乱加罪到自己身上，那么就要大难临头了，言辞又有什么用处？”文仲说：“国家已经极其危急了！各种贵重的物品，只要可以送礼的，没有舍不得割爱的。希望凭着你的说辞去给齐国送礼，能不能讲和成功呢？”展禽让乙喜带着不值钱的润发膏脂去慰劳齐国军队，并说：“我们国君不才，没有侍奉好贵国疆界上的官员，让齐君非常生气，以至发兵来到我国荒僻的郊野经受风雨，所以派我斗胆前来慰劳贵国的大军。”齐孝公接见使者时问道：“鲁国害怕了吗？”使者回答说：“小人倒是怕了，但君子并不害怕。”孝公说：“你们国库空虚，田野干旱，凭什么不害怕呢？”使者回答说：“我们凭仗着先君周公和太公的职守。从前周成王命令我们两国的始祖周公和太公说：‘你们都是辅弼大周王室的重臣，曾经全力辅佐先王。如今赐给你们土地，你们要用优质的牛羊等牲畜祭祀

天地，盟誓以为质信，世世代代、子子孙孙都不互相侵害。’现在你来讨伐我国的过失，目的也是让我们知道悔改予以宽恕了，一定不会灭亡鲁国，难道还会贪图我们的土地，而抛弃先王的遗命吗？那样还拿什么称霸诸侯呢？就凭仗这个所以君子不怕。”于是齐孝公同意讲和，退兵而还。

臧文仲说僖公请免卫成公

【原文】

温之会，晋人执卫成公归之于周[①]，使医鸩之[②]，不死，医亦不诛。臧文仲言于僖公曰[③]：“夫卫君殆无罪矣。刑五而已[④]，无有隐者，隐乃讳也。大刑用甲兵，其次用斧钺，中刑用刀锯，其次用钻笮[⑤]，薄刑用鞭扑，以威民也。故大者陈之原野，小者致之市朝，五刑三次，是无隐也。今晋人鸩卫侯不死，亦不讨其使者，讳而恶杀之也。有诸侯之请，必免之。臣闻之：班相恤也，故能有亲。夫诸侯之患，诸侯恤之，所以训民也。君盍请卫君以示亲于诸侯，且以动晋？夫晋新得诸侯，使亦曰：鲁不弃其亲，其亦不可以恶。”公说，行玉二十瑴[⑥]，乃免卫侯。自是晋聘于鲁，加于诸侯一等，爵同，厚其好货。卫侯闻其臧文仲之为也，使纳赂焉。辞曰：“外臣之言不越境，不敢及君。”

【注释】

①温之会：公元前632年，诸侯在温地盟会。卫成公：卫国国君。

②鸩（zhèn）：传说中的一种毒鸟。此指以毒酒害人。

③僖公：鲁国国君，名申。

④刑五：指古代的甲兵、斧钺、刀锯、钻笮、鞭扑等五种刑罚。

⑤钻笮（zuàn zé）：指黥刑，是在犯罪人的脸上刺字，然后涂上墨炭作为犯罪的标志。

⑥瑴（jué）：双玉。

【译文】

诸侯在温地盟会时，晋国逮捕了卫成公，并把他押送到周，指使医生在半路用毒酒暗害他，但没有成功，医生也没有受到报复。臧文仲知道后对鲁僖公说：“卫君大概没有死罪了。有道是刑不过五种，没有用毒死的方法暗害成功的，施与者就得避嫌疑了。大刑是用甲兵讨伐，其次是用斧钺杀戮，中刑是用刀锯断肢，再其次是用钻笮之刑毁容，最轻的是鞭打，以此来威吓百姓。所以用甲兵、斧钺杀人的大刑都在野外执行，用刀锯处死的就在市井、午朝门外执行，五种刑法三个场所，这些都是没有什么可隐蔽的。现在晋人毒死卫侯不成功，也没有报复医生，是想避去暗害的嫌疑。倘若有诸侯出面替卫君求情，一定会得到赦免。我听说：地位相同的人互相体恤，所以能够相互亲近。诸侯有了灾患，其他诸侯去体恤他，这样才能教育百姓互相帮助。你何不替卫君求情以在诸侯间显示你的亲善，并且以此感动晋侯呢？晋侯刚刚成为各路诸侯的盟主，让他也认为：鲁国不背弃他所亲近的诸侯，我们也不可以待他不好。”僖公听后很高兴，拿出二十对白玉送给周王和晋侯，于是卫侯得到赦免。自此以后晋国遣使到鲁国聘问，规格都要比其他诸侯高一等，送的礼物也比与鲁国同等爵位的要好。卫侯听闻臧文仲对自己被释放的作用，就派人送礼物给他。臧文仲推辞说：“国以外的臣子之间要谨守语不越境的原则，恕我不敢和你有交往。”

臧文仲请赏重馆人

【原文】

晋文公解曹地以分诸侯[①]。僖公使臧文仲往，宿于重馆[②]，重馆人告曰：“晋始伯而欲固诸侯，故解有罪之地以分诸侯。诸侯莫不望分而欲亲晋，皆将争先。晋不以固班，亦必亲先者，吾子不可以不速行。鲁之班长而又先，诸侯其谁望之？若少安，恐无及也。”从之，获地于诸侯为多。反，既复命，为之请曰：“地之多也，重馆人之力也。臣闻之曰：‘善有章，虽贱赏也；恶有衅，虽贵罚也。’今一言而辟境，其章大矣，请赏之。”乃出而爵之。

【注释】

①晋文公：晋献公之子，名重耳。

②重：鲁地，今山东省鱼台县西北。馆：候馆，公家接待宾客的房舍。

【译文】

晋文公削减曹国的封地，分给各诸侯国。鲁僖公派臧文仲前去受领，途中住宿在重邑的馆舍。看守馆舍的人对他说：“晋国刚刚称霸，想在各诸侯国之中稳固地位，所以削减得罪霸主的曹国之地分给诸侯。诸侯无不希望分到土地，一定会争先恐后地去亲近晋国。晋国未必按照诸侯间原来的等级次序进行分配，一定会给先去的人加重赏赐，您不能不火速前去受领。鲁国按等级次序本来就排在前面，又能抢先到达，诸侯谁还敢企望与鲁国相比？倘若您稍一歇息，恐怕就失去机会了。”文仲听从了看守人的建议昼夜兼程，果然在诸侯中所分得的土地最多。回到鲁国复命后，他为馆舍看守人请功说：“土地分得这么多，是重邑馆舍看守人的功劳啊。我听说：'一个人的善德彰明昭著，即使地位卑微低下，也应该给予奖赏；一个人的恶行得到证实，即使地位高贵也应该给予惩罚。'现在由于馆舍看守人的一句话而扩大了国家的疆土，他的功劳之大是再明显不过了，请国君奖赏他。"僖公于是把这个馆舍看守人从仆隶中提拔出来，赐给他大夫的爵位。

里革更书逐莒太子仆

【原文】

莒太子仆弑纪公①，以其宝来奔。宣公使仆人以书命季文子曰②："夫莒太子不惮以吾故杀其君，而以其宝来，其爱我甚矣。为我予之邑。今日必授，无逆命矣。"里革遇之而更其书曰③："夫莒太子杀其君而窃其宝来，不识穷固又求自迩，为我流之于夷。今日必通，无逆命矣。"

明日，有司复命，公诘之，仆人以里革对。公执之，曰："违君命者，女亦闻之乎？"对曰："臣以死奋笔，奚啻闻之也④！臣闻之曰：'毁则者为贼，掩贼者为藏，窃宝者为宄⑤，用宄之财者为奸。'使君为藏奸者，不可不去也。臣违君命者，亦不可不杀也。"公曰："寡人实贪，非子之罪。"乃舍之。

【注释】

①太子仆：莒（jǔ）国纪公之子。纪公先立仆为太子，后又欲立次子季而废掉仆，所以太子仆把纪公杀了。弑：杀死。

②宣公：鲁文公之子，名倭。季文子：鲁国正卿季孙行父。

③里革：名克，鲁国太史。

④啻（chì）：不止，不只，岂止。

⑤宄（guǐ）：作乱或盗窃的人。

【译文】

莒国的太子仆杀了纪公，带着宝物来投奔鲁国。鲁宣公派仆人拿着公文去命令季文子说："莒太子为了我无所顾忌地杀了他的国君，并带着他的宝物来投奔，他对我太好了。替我封给他采邑。今天必须执行，不得违抗命令。"太史里革遇见仆人，把公文的内容更改为："莒太子杀了他的国君，并偷窃了国君的宝物来投奔，他认识不到自己的穷凶顽固还想来接近我们，替我把他放逐到东夷去。今天必须执行，不得违抗命令。"

次日，执行命令的有司前来汇报执行情况，宣公责问他们，仆人便把遇到里革的事告诉了宣公。宣公把里革抓来质问说："违抗国君的命令该当何罪，你没有听说过吗？”里革回答说：“我拼死奋笔改写公文，这岂止是听说过呢！我还听说：‘破坏法纪的人被称为乱贼，而掩匿乱贼的人是窝主，窃取财宝的人是盗贼，使用盗贼财宝的人是奸邪。’使国君成为窝主、奸邪之人者，是不能不除掉的。我违抗了国君的命令，也是不能不处死的。”宣公说：“我确实太贪心了，不是你的罪过。”于是赦免了里革。

里革断宣公罟而弃之

【原文】

宣公夏滥于泗渊，里革断其罟而弃之①，曰：“古者大寒降，土蛰发，水虞于是乎讲罛罶②，取名鱼，登川禽，而尝之寝庙，行诸国，助宣气也。鸟兽孕，水虫成，兽虞于是乎禁罝罗，矠鱼鳖以为夏槁③，助生阜也。鸟兽成，水虫孕，水虞于是禁罝、罜，设阱鄂④，以实庙庖，畜功用也。且夫山不槎蘖⑤，泽不伐夭，鱼禁鲲鲕，兽长麑麋⑥，鸟翼鷇卵⑦，虫舍蚳蝝⑧，蕃庶物也，古之训也。今鱼方别孕，不教鱼长，又行网罟，贪无艺也。”

公闻之曰：“吾过而里革匡我，不亦善乎？是良罟也，为我得法。使有司藏之，使吾无忘谂⑨。”师存侍⑩，曰：“藏罟不如置里革于侧之不忘也。”

【注释】

①罟（gǔ）：鱼网。

②水虞：古代管湖、泽的官。罛罶（gū liǔ）：泛指渔具。

③矠（zé）：用叉矛刺取。兽虞：古代管山林禽兽的官。夏槁：夏天吃的干鱼。

④罝（jū）：捕捉兔子、鸟兽的网。罜（zhǔ）：小鱼网。阱鄂（jǐng è）：捕野兽的陷坑和笼子。

⑤庙庖（páo）：宗庙中的厨房。槎蘖（chá niè）：砍伐幼林。

⑥鲲鲕（kūn ér）：小鱼。麑（jǐ）：俗称麂子，鹿科动物。

⑦鷇（kòu）：须母鸟哺食的雏鸟。

⑧蚳蝝（yuán chí）：蚂蚁卵和蝗虫子。亦泛指幼虫。

⑨谂（shěn）：规谏，劝告。

⑩师：乐师。存：人名。

【译文】

鲁宣公夏天把鱼网投入泗水深处捕鱼，里革得知后割断他的鱼网扔在一旁，说：“古时候大寒降临，蛰伏在泥土中的小动物开始活动时，掌管湖、泽的官员才考虑使用鱼网和竹笼，去捕捉大鱼和爬行的鳖蜃等水中动物，用来在寝庙中祭祀祖先，而这时让国人捕鱼，是为了帮助地下的阳气宣泄出来。鸟产卵，兽怀胎时，鱼类长成，掌管山林禽兽的官员便禁止使用网捕捉鸟兽，只准用叉矛刺取鱼鳖，晒成肉干供夏天食用，这是为了促进鸟兽大量繁殖。鸟兽长大了，鱼鳖则开始繁殖，掌管湖泽的官吏便禁止张网捕鱼和鸟兽，只准设陷阱和笼子去猎获鸟兽，以供应宗庙和厨房的需用，而把小鱼放养在河里等它们长大后再取来享用。而且到山上砍柴时不能砍伐幼林，到水边割草时不能割取尚未长成的嫩草，捕鱼时禁止捕幼鱼；捕兽时要留下小麂鹿和小麋鹿，捕鸟时要保护雏鸟和鸟卵，捕虫时要避免伤害幼虫，这些都是为了使万物生长繁殖，是古人的训导啊。现在正是雌鱼和雄鱼刚刚别离而开始繁殖的时候，你却不让鱼长大，反而撒网捕捞，真是太贪心了！”

宣公听了这番话，说：“我有过错而能有里革纠正我，不也很好吗？这真是一副好鱼网啊，让我获得治理国家的方法。请有司收藏这鱼网，也好让我永远不忘这规谏。”师存正在旁边侍候宣公，说道：“与其保存这副鱼网，还不如把里革安排在您的身边，就不会忘记他的规劝了。”

子叔声伯辞邑

【原文】

子叔声伯如晋谢季文子①，郤犨欲予之邑②，弗受也。归，鲍国谓之曰③：“子何辞苦成叔之邑，欲信让耶？抑知其不可乎？”对曰：“吾闻之，不厚其栋，不能任重。重莫如国，栋莫如德。夫苦成叔家欲任两国而无大德，其不存也，亡无日矣。譬之如疾，余恐易焉。苦成氏有三亡：少德而多宠，位下而欲上政，无大功而欲大禄，皆怨府也。其君骄而多私④，胜敌而归⑤，必立新家。立新家，不因民不能去旧；因民，非多怨民无所始。为怨三府，可谓多矣。其身之不能定，焉能予人之邑！”鲍国曰：“我信不若子，若鲍氏有衅，吾不图矣。今子图远以让邑，必常立矣。”

【注释】

①子叔声伯：鲁国大夫。季文子：鲁国正卿季孙行父，当时被晋国扣押作为人质。

②郤犨（xì chōu）：即苦成叔，晋国的卿。与子叔声伯有姻亲。

③鲍国：鲁国大夫，鲍叔牙的玄孙。

④其君：指晋厉公。

⑤胜敌：指公元前575年晋国在鄢陵之战中战胜楚国。

【译文】

鲁国大夫子叔声伯去晋国谢罪并请求放回季文子，郤犨想请晋君封给子叔声伯城邑来笼络人心，但他没接受。回国后，鲍国问他说："你为什么辞让郤犨为你请封的城邑，是真的要辞让呢？还是知道他办不到？"子叔声伯回答说："我听说，不是粗大的栋梁，不能承担重压。最重的压力莫过于国家，最好的栋梁莫过于有德了。郤犨想插手晋、鲁两个国家的事务却又没有很高的德行，他的地位不会长久的，败亡就在眼前。这就好比得了疫厉，我担心他很快就会垮台了。郤犨有三个败亡的原因：缺少德行而多受晋君宠爱，地位不高却想干预国政，没有大功却想要丰厚的俸禄，这些都是怨恨的根源。晋厉公为人骄矜，而且身边多是奸佞之臣。现在他刚刚战胜楚国回来，一定会论功行赏立新大夫。立了新大夫，却不顺应民心不能除去他们所厌恶的旧官员；顺应民心，不是招怨多的官员，民众就不会首先攻击他。郤犨却在三个方面招来怨恨，可以说是够多了。他自身尚且不能保全，怎么可能请求封给别人城邑！"鲍国说："我确实不及你。倘若我的家族中有什么祸兆，我是不能算计到的，现在你考虑深远而辞让了城邑，你一定能保持稳固地位的。"

里革论君之过

【原文】

晋人杀厉公①，边人以告，成公在朝②。公曰："臣杀其君，谁之过也？"大夫莫对，里革曰："君之过也。夫君人者，其威大矣。失威而至于杀，其过多矣。且夫君也者，将牧民而正其邪者也，若君纵私回而弃民事，民旁有慝无由省之③，益邪多矣。若以邪临民，陷而不振，用善不肯专，则不能使，至于殄灭而莫之恤也④，将安用之？桀奔南巢⑤，纣踣于京⑥，厉流于彘⑦，幽灭于戏⑧，皆是术也。夫君也者，民之川泽也。行而从之，美恶皆君之由，民何能为焉。"

【注释】

①晋人杀厉公：指公元前573年正月晋国大夫栾书和中行偃派程滑杀死了晋厉公。

②成公：名黑肱（gōng），鲁国国君。

③慝（tè）：奸邪，邪恶。

④殄（tiǎn）灭：消灭，灭绝。

⑤桀（jié）：夏桀，夏代的暴君。南巢：古地名，今安徽省巢县西南。

⑥纣：商纣，商代暴君。踣（bó）：破灭，灭亡。京：指商纣王时的别都朝歌，在今河南省淇县。

⑦厉：周厉王，周代暴君。彘（zhì）：古地名，今山西省霍县境内。

⑧幽：周幽王，周代暴君。戏：戏山，今陕西省临潼市东。

【译文】

晋国人杀了晋厉公，鲁国防守边境的官吏把这个消息报告给朝堂之上的鲁成公。成公听到后说："臣子杀了他的国君，是谁的过错呢？"大夫们没有回答。太史里革回答说："这是国君的过错。统治民众的人，他的威严是极大的。丧失威严以至于被杀，那么他的过错一定太多了。况且身为国君，应该治理民众并能纠正他们的邪恶。倘若国君放纵自己的私心邪念而放弃了治理民众的事务，致使民众之中发生的邪恶没有人去省思解决，就会使邪恶越来越多。倘若用邪恶的方法治理民众，陷入其中而不能自拔。施行仁政又不肯专一到底，就不能支配民众，而使民众濒临灭绝的地步也不去体恤，这样的国君还有什么用？暴君夏桀出逃到南巢，商纣王灭亡在朝歌，周厉王被流放到彘地，周幽王在戏山身亡，这都是由于过错太多失掉威严的缘故。那君临天下的人，就好比养育民众的川泽。君行而民从，美丑善恶都由国君引领，民众怎么能无故弑君呢？"

卷五　鲁语下

叔孙穆子聘于晋

【原文】

叔孙穆子聘于晋①，晋悼公飨之②，乐及《鹿鸣》之三③，而后拜乐三。晋侯使行人问焉，曰："子以君命镇抚弊邑，不腆先君之礼④，以辱从者，不腆之乐以节之。吾子舍其大而加礼于其细，敢问何礼也？"对曰："寡君使豹来继先君之好，君以诸侯之故，贶使臣以大礼⑤。夫先乐金奏《肆夏樊》《遏》《渠》⑥，天子所以飨元侯也；夫歌《文王》《大明》《绵》⑦，则两君相见之乐也。皆昭令德以合好也，皆非使臣之所敢闻也。臣以为肄业及之⑧，故不敢拜。今伶箫詠歌及《鹿鸣》之三，君之所以贶使臣，臣敢不拜贶。夫《鹿鸣》，君之所以嘉先君之好也，敢不拜嘉；《四牡》，君之所以章使臣之勤也，敢不拜章；《皇皇者华》，君教使臣曰'每怀靡及，诹、谋、度、询⑨，必咨于周。'敢不拜教。臣闻之曰：'怀和为每怀，咨才为诹，咨事为谋，咨义为度，咨亲为询，忠信为周。'君贶使臣以大礼，重之以六德，敢不再拜。"

【注释】

①叔孙穆子：鲁国的卿。名豹，叔孙得臣之子。

②晋悼公：继晋厉公为晋国国君。飨：宴请。

③《鹿鸣》：《诗经·小雅》中的一篇。前三篇依次为《鹿鸣》《四牡》和《皇皇者华》。周代时用来作宴会群臣嘉宾时演奏的乐歌。

④行人：古官名，管朝觐聘问时的迎送宾客之礼，类似礼宾官。弊邑（bì yì）：偏僻的小城。不腆：浅薄，不丰厚。

⑤贶（kuàng）：赠，赐。

⑥《肆夏樊》《遏》《渠》：夏代的三首乐曲。《遏》又名《韶夏》，《渠》又名《纳夏》，均已失传。

⑦《文王》《大明》《绵》：《诗经·大雅》《文王》之前三篇的篇名。

⑧肄（yì）：学习，练习。

⑨诹（zōu）：征求关于祭祀、征伐或行政管理方面的意见。

【译文】

叔孙穆子到晋国作亲善访问，晋悼公用宴乐款待他。当乐师演奏到《鹿鸣》等三曲时。穆子才起身拜谢。悼公让礼宾官问他说："您奉君命来敝国访问，蔽国以先君微薄的礼仪来接待您，并以音乐为您助兴。可您置重大的乐曲不顾却为次要的乐曲拜谢，请问这是什么礼节呢？”穆子回答说：“我的国君派我来，为的是继承先君的友好关系。贵国国君出于对诸侯国的尊重，赐我以大礼。先用金钟演奏《肆夏樊》《遏》《渠》三首夏曲，这是天子用来宴请诸侯领袖的；然后歌唱《文王》《大明》《绵》，这三首曲子是两国国君相见时用来助兴的。这些都是彰明先王美德而以此加强友好的音乐，都不是像我这种身份的人敢听的。我以为是乐师练习时演奏到这些曲子，所以不敢拜谢。现在乐师吹箫演唱到《鹿鸣》等三曲，这是国君赐给使臣的乐曲，我怎么敢不拜谢这个恩赐呢。其中第一首曲子《鹿鸣》，那是国君用来赞扬先君友好关系的，我岂敢不拜谢这美好的赞许；第二首曲子《四牡》，是国君用来表彰使臣的勤勉德行，我岂敢不拜谢这种表彰；第三首曲子《皇皇者华》之中，国君教导使臣说：‘每个人都怀有私心，国事将永远不能办成功，诹、谋、度、询，一定要向忠诚的人咨询。’我岂敢不拜谢这种教导呢？我听说：‘每怀就是怀私的意思，征求关于祭祀、征伐等事务叫诹；咨问解决困难的方法叫谋；咨问相关礼义叫度；咨问亲戚状况的叫询；向忠信的人咨问叫周。’贵国国君赐我以大礼，又教导我这六德，我岂敢不再三拜谢。”

叔孙穆子谏季武子为三军

【原文】

季武子为三军①，叔孙穆子曰：“不可。天子作师，公帅之，以征不德。元侯作师，卿帅之，以承天子。诸侯有卿无军，帅教卫以赞元侯。自伯、子、男有大夫无卿②，帅赋以从诸侯。是以上能征下，下无奸慝③。今我小侯也，处大国之间，缮贡赋以共从者，犹惧有讨。若为元侯之所，以怒大国，无乃不可乎？”弗从，遂作中军。自是齐、楚代讨于鲁，襄、昭皆如楚④。

【注释】

①季武子：鲁国的卿，季文子之子季孙夙。三军：按周礼规定，天子可拥有六军，诸侯大国拥有三军，次国二军，小国一军。鲁为大国，原有三军，后来国势削弱，仅置上、下两军，中军阙如。

②无卿：按周礼规定，诸侯大国有三卿，都由周天子任命。次国也有三卿，其中二卿由周天子任命，一卿由国君任命。小国有二卿，都由国君任命。此处所指无卿，是说小国没有周天子任命的卿。

③奸慝（tè）：奸邪，邪恶。

④襄、昭：指鲁襄公和鲁昭公。

【译文】

季武子打算建立三军，叔孙穆子说："不可以。天子拥有六军，由在王室为卿的公统率，用来征讨不义之国。大诸侯国的国君拥有三军，由卿统帅，用来随从天子征讨。一般诸侯国的国君有卿而没有三军，由卿统率经过训练的卫士来辅佐大诸侯国的国君。自伯、子、男以下的小国只有大夫而没有周天子任命的卿，主要负责率领一些兵车甲士跟随诸侯作战。这样居上者才能匡正下级，下面才没有奸恶之事。现在我们鲁国只是一个小侯国，处在齐、楚等大国之间，即使整治好兵车甲士来供应大国，还是担心被讨伐。倘若建立大诸侯国才有权拥有的三军，势必会激怒大国，恐怕不行吧？"季武子没有听从穆子的劝告，于是在原有上下两军的基础上又组建了中军。自从建立中军以后，齐、楚两大诸侯国轮番攻打鲁国，鲁襄公、鲁昭公被迫先后前去楚国表示臣服。

诸侯伐秦鲁人以莒人先济

【原文】

诸侯伐秦①，及泾莫济②。晋叔向见叔孙穆子曰："诸侯谓秦不恭而讨之，及泾而止，于秦何益？"穆子曰："豹之业，及《匏有苦叶》矣③，不知其他。"叔向退，召舟虞与司马④，曰："夫苦匏不材于人，共济而已。鲁叔孙赋《匏有苦叶》，必将涉矣。具舟除隧，不共有法。"是行也，鲁人以莒人先济，诸侯从之。

【注释】

①诸侯伐秦：指公元前559年，晋侯派六卿率领诸侯大夫讨伐秦国，以报栎地战役失败之仇。

②泾：水名，渭河的支流。

③《匏有苦叶》:《诗经·邶风》篇名。匏（páo），一种有苦味的葫芦，不能食用，但浮渡深水时，可以系在腰间作浮囊。

④舟虞：军中掌船只运输的官员。司马：即军司马，主管军政的官员。

【译文】

晋国发动诸侯讨伐秦国，军队到达泾水时谁也不肯先渡河。晋国大夫叔向前去拜见鲁国的叔孙穆子说："诸侯认为秦国对盟主不恭敬而讨伐它，但到达泾水后却停止不前，这对伐秦有什么好处？"穆子说："我的事，就是诵读《匏有苦叶》，不懂得其他事情。"叔向告辞后，便召来管理船只和主管军政的司马，说："苦匏不能被人食用，只能系在腰间作浮囊渡河之用。鲁国的叔孙穆子诵读《匏有苦叶》，一定是打算过河了。你们马上准备船只，清除道路，不供给船只就要依法处置。”在这次渡河的行动中，鲁人巧使莒国的军队率先过河，诸侯们随后跟着过了河。

襄公如楚

【原文】

襄公如楚[①]，及汉，闻康王卒[②]，欲还。叔仲昭伯曰[③]：“君之来也，非为一人也，为其名与其众也。今王死，其名未改，其众未败，何为还？”诸大夫皆欲还。子服惠伯曰[④]：“不知所为，姑从君乎！”叔仲曰：“子之来也，非欲安身也，为国家之利也，故不惮勤远而听于楚，非义楚也，畏其名与众也。夫义人者，固庆其喜而吊其忧，况畏而服焉？闻畏而往，闻丧而还，苟芈姓实嗣[⑤]，其谁代之任丧？王太子又长矣，执政未改，予为先君来，死而去之，其谁曰不如先君？将为丧举，闻丧而还，其谁曰非侮也？事其君而任其政，其谁由己贰？求说其侮，而亟于前之人[⑥]，其仇不滋大乎？说侮不懦，执政不贰，帅大仇以惮小国，其谁云待之？若从君而走患，则不如违君以避难。且夫君子计成而后行，二三子计乎？有御楚之术而有守国之备，则可也；若未有，不如往也。”乃遂行。反，及方城，闻季武子袭卞[⑦]，公欲还，出楚师以伐鲁。荣成伯曰[⑧]：“不可。君之于臣，其威大矣。不能令于国，而恃诸侯，诸侯其谁暱之[⑨]？若得楚师以伐鲁，鲁既不违夙之取卞也[⑩]，必用命焉，守必固矣。若楚之克鲁，诸姬不获焉[⑪]，而况君乎？彼无亦置其同类以服东夷，而大攘诸夏，将天下是王，而何德于君，其予君也？若不克鲁，君以蛮、夷伐之，而又求入焉，必不获矣。不如予之。夙之事君也，不敢不悛。醉而怒，醒而喜，庸何伤？君其入也！”乃归。

【注释】

①襄公：鲁襄公，名午。

②康王：楚国国君，楚恭王之子，名昭。

③叔仲昭伯：鲁国大夫，名带。

④子服惠伯：鲁国大夫，仲孙它之子，名椒。

⑤芈（mǐ）：楚国的姓。嗣：接续，继承。

⑥亟（jí）：迫切。

⑦卞：属于鲁国公室的一座城。在今江苏省泗水县东，季武子欲侵削公室据为已有。

⑧荣成伯：鲁国大夫，名栾。
⑨暱（nì）：同“昵”，亲近。
⑩夙：季武子的名。
⑪诸姬：指和周同姓的诸侯，姬为周姓。

【译文】

鲁襄公去楚国，到汉水时，听说楚康王死了，打算返回。大夫叔仲昭伯说：“国君这次来楚国，不是为了楚康王一个人，而是因为它大国盟主的身份和军队的强大。如今楚康王虽然已死，但它大国身份没有改变，它强大的军队没有衰败，为什么要返回呢？”但众大夫还是希望回国。大夫子服惠伯说：“既然不知如何是好，就姑且听从国君的吧！”叔仲昭伯说：“你们这次来访楚国，不是想为了个人安身立命，而是为了国家的利益，所以才不怕辛劳远道而来向楚国表示尊崇，你们不是悦服于楚国的正义，而是畏惧楚国的威名和军事实力。悦服于别人的正义，固然要庆贺其喜而吊慰其丧，何况是畏惧而慑服于人呢？畏惧楚国而来，听说楚君死了又要返回，就算暂且楚国芈姓有子孙继承王位，又会有谁代替他主办丧事呢？楚王太子现已成年，当政的显贵尚未变动，我们为先君而来，他死了我们就回去，显然是看不起新君，谁能确保新君的德行不如先君呢？即使在国内听到楚国有丧也应前去吊慰，现在听到有丧反而回去，谁能说这不是对楚国的侮辱呢？楚国的卿大夫侍奉自己的新君而负责本国的政事，谁会因此而使他国怀有二心呢？楚国的君臣要除去那些轻侮他们的人，一定会比以前更迫切，这样楚国对我国的仇恨不就更大了吗？楚国为免去轻侮就不会示弱，君臣上下一心，怀着深仇大恨来威胁我们，谁能抵御得了它呢？倘若听从国君的话中途回国而遭致祸患，倒不如违背国君的意见以避免灾难。况且

君子凡事考虑周详然后才采取行动，你们都认真考虑了吗？如果有抵御楚国的办法和守护国家的准备，就可以回去；如果没有，不如到楚国去吊丧。”于是大家继续前行。访问完毕回国的路上，到方城山时，听说季武子袭占了卞城，襄公打算返回楚国，请求楚国出兵讨伐季武子。大夫荣成伯说：“不可以。国君对于臣子来说，他的权威是极大的。如果国君的命令不能在本国执行，却要依靠别国诸侯的力量，其他诸侯谁还会亲近你呢？倘若请到楚国的军队来攻打季武子，而鲁国人当时并未反对季武子夺取卞城的举动，他们一定会听从他的命令，防守必然会牢固。倘若楚国战胜鲁国的季武子，就是周室的王公也得不到什么好处，何况国君您呢？到那时楚国将在鲁国安置其同姓巩固统治，进而征服东夷，全力驱逐中原各国的势力，从而称王于天下，他们对国君能有什么恩德，会把鲁国白白送给您呢？倘若楚国没有打败鲁国的季武子，那么您用蛮夷的军队讨伐季武子不成，再想返回鲁国的话，一定不会获准了。与其这样，不如把卞城赐给季武子。季武子出于感恩事奉国君，也不敢不改过。一个人喝醉时常常会发怒，酒醒后也就转怒为喜了，又有什么关系呢？国君还是回国吧！”于是襄公回到了鲁国。

季冶致禄

【原文】

襄公在楚，季武子取卞，使季冶逆①，追而予之玺书②，以告曰：“卞人将畔，臣讨之，既得之矣。”公未言，荣成子曰：“子股肱鲁国③，社稷之事，子实制之。唯子所利，何必卞？卞有罪而子征之，子之隶也，又何谒焉？”子冶归，致禄而不出，曰：“使予欺君，谓予能也，能而欺其君，敢享其禄而立其朝乎？”

【注释】

①季冶：鲁国大夫。

②玺（xǐ）书：印章。春秋时卿大夫之印也称玺，秦始皇始以天子之印曰玺，成为皇帝印章的专用名词。

③股肱（gōng）：指大腿和胳膊，意辅弼帝王的重臣。

【译文】

鲁襄公出访楚国时，季武子乘机抢取了卞城，然后他派季冶去迎鲁襄公回国，刚走不久随后又追赶上季冶交给他一封盖了官印的信，让他转交给襄公。信上说：“卞城的人将要叛变，我讨伐他们，已经占领了卞城。”襄公阅信后还未说话，荣成子就让季冶转告季武子说：“你是辅弼鲁国的重臣，国家的事务，实际上可以由你裁夺。只要你认为是对国家有利的事就由你做主，何况区区一个卞城呢？卞城的人有罪过，你去讨伐他们，这是你权限之内的事，又何须来奉告呢？”季冶回去后，交还俸禄而辞官不出，说：“你遣使我去欺骗国君，认为我有才能。可有才能却欺骗自己的国君，还怎么敢享受国君的俸禄为国君做事呢？”

叔孙穆子知楚公子围有篡国之心

【原文】

虢之会①，楚公子围二人执戈先焉②。蔡公孙归生与郑罕虎见叔孙穆子③，穆子曰：“楚公子甚美，不大夫矣，抑君也。”郑子皮曰：“有执戈之前，吾惑之。”蔡子家曰：“楚，大国也；公子围，其令尹也。有执戈之前，不亦可乎？”穆子曰：“不然。天子有虎贲④，习武训也；诸侯有旅贲⑤，御灾害也；大夫有贰车，备承事也；士有陪乘⑥，告奔走也。今大夫而设诸侯之服，有其心矣。若无其心，而敢设服以见诸侯之大夫乎？将不入矣。夫服，心之文也。如龟焉，灼其中，必文于外。若楚公子不为君，必死⑦，不合诸侯矣。”公子围反，杀郏敖而代之⑧。

【注释】

①虢（guó）之会：公元前541年，楚、鲁、晋、齐、宋、蔡等国在虢地会盟。虢，古地名，今河南省郑州市北。

②公子围：楚恭王的庶子熊虔，当时是楚国的令尹。

③公孙归生：蔡国大师子朝之子，字子家。罕虎：郑国大夫，字子皮。

④虎贲：官名，王宫中卫戍部队的将领。

⑤旅贲：诸侯出行时护车的勇士。

⑥陪乘：跟车的随从人员。贰车：随从的副车。

⑦死：固执，坚持到底。

⑧郏（jiá）敖：楚康王的儿子，名麇。公元前544年至541年在楚国执政。

【译文】

在虢地举行的诸侯盟会上，楚国的公子围安排两个卫兵拿着戈在前面开道。蔡国的公孙归生和郑国的大夫罕虎遇见叔孙穆子，穆子对他们说：“楚国的公子围穿的服饰太神气了，简直不像是大夫，那架势胜过国君了。”郑国罕虎说：“有卫兵拿着戈在他前面开道，我对此也感到很奇怪。”公孙归生说：“楚国是个大国，公子围是楚国的令尹啊。有拿着戈的卫兵在前面开道，不也可以吗？”穆子说：“这话不对。天子有虎贲之将，负责教习武功以保卫王宫；诸侯有旅贲，用来防御意外的灾祸；大夫有贰车，用以预备差遣；士人有陪乘，供奔走时出力。现在身为大夫却冒用诸侯的车服规格，大有篡国之心啊。倘若没有那种心思，怎么敢用诸侯的车服规格来拜见诸侯国的大夫呢？他今后不会满足于当楚国的大夫了。车服，是内心的表露。好比龟甲，灼烧它的里面，外面一定会有裂纹显现。如果公子围不能成为国君，一定会死，不会再以大夫的身份会合诸侯了。”公子围回国后，果然杀了郏敖并夺取了他的王位。

叔孙穆子不以货私免

【原文】

虢之会，诸侯之大夫寻盟未退。季武子伐莒取郓[①]，莒人告于会，楚人将以叔孙穆子为戮。晋乐王鲋求货于穆子[②]，曰：“吾为子请于楚”。穆子不予。梁其踁谓穆子曰[③]：“有货，以卫身也。出货而可以免，子何爱焉？”穆子曰：“非女所知也。承君命以会大事，而国有罪，我以货私免，是我会吾私也。苟如是，则又可以出货而成私欲乎？虽可以免，吾其若诸侯之事何？夫必将或循之，曰：‘诸侯之卿有然者故也。’则我求安身而为诸侯法矣。君子是以患作。作而不衷，将或道之，是昭其不衷也。余非爱货，恶不衷也。且罪非我之由，为戮何害？”楚人乃赦之。穆子归，武子劳之，日中不出。其入曰：“可以出矣。”穆子曰：“吾不难为戮，养吾栋也。夫栋折而榱崩[④]，吾惧压焉。故曰虽死于外，而庇宗于内，可也。今既免大耻，而不忍小忿，可以为能乎？”乃出见之。

【注释】

①季武子：鲁国正卿，季文子的儿子。莒：古国名。属地在今山东省安丘县、诸城县、莒县和日照县一带。公元前431年为楚国所灭。郓（yùn）：古邑名。莒国的一座小城，位于今山东省沂水县北。

②乐王鲋（fù）：晋国大夫，又称乐桓子。

③梁其踁（jìng）：叔孙穆子的家臣。

④榱（cuī）崩：比喻倾覆。榱，椽子。

【译文】

在虢地召开的盟会上，各诸侯国的大夫们谋求弭兵休战的盟约还未结束，鲁国的季武子就攻伐莒国，占领了郓城。莒国向与会各诸侯国控告，楚国主张杀掉鲁国的盟使叔孙穆子。晋国的乐王鲋向叔孙穆子索取贿赂，说：“我替你向楚国说情。”叔孙穆子拒绝了。他的家臣梁其踁说：“家有财货，是用来保护自己的。拿出财货就可以免去一死，你为什么吝惜呢？”叔孙穆子说：“这个道理不是你所能懂的。我奉国君的命令来参加盟会，现在国家有罪，我却用财货私自免死，这就说明我来会盟是为了自己的私利。如果我这样做了，就可以拿财货成就自己的私欲吗？我虽然可以被免死，但今后还怎么再从事诸侯国之间的外交呢？一定会有别人仿效我的行为，并说‘某个诸侯国的卿就曾这样做过’。那么我虽求得一身之安，却为诸侯树立了一个行贿免死的榜样了。所以君子都会担忧自己的行为处事，行事不正，将会导致别人也来仿效，这就更加暴露出他的行事不正了。我不是吝惜财货，而是厌恶行事不正啊。况且罪过不是由我引起，我即便是被杀又有何害？”楚国人于是赦免了叔孙穆子。叔孙穆子回鲁国后，季武子前去慰劳，叔孙穆子到中午也不肯出门见他。家臣劝告进来说：“可以出门了。”叔孙穆子说：“我没把被杀当作难事，巧妙地保住鲁国的栋梁。而那栋梁塌了，椽子也就崩毁了，我怕被压在底下。所以说即使死在国外，但能庇护国内的宗室，也是值得的。现在已经免掉了国家灭亡的大耻，却不能忍受个人的小忿，这可以称为有能力吗？”于是穆子出门会见了季武子。

公父文伯之母对季康子问

【原文】

季康子问于公父文伯之母曰①：“主亦有以语肥也。”对曰：“吾能老而已，何以语子。”康子曰：“虽然，肥愿有闻于主。”对曰：“吾闻之先姑曰②：‘君子能劳，后世有继。’”子夏闻之③，曰：“善哉！商闻之曰：‘古之嫁者，不及舅、姑④，谓之不幸。’夫妇，学于舅、姑者也。”

【注释】

①季康子：鲁国上卿，名肥，季桓子的儿子。公父文伯：鲁国大夫名歜。母：公父穆伯之妻敬姜。

②先姑：媳妇称婆婆为姑，称已故的婆婆为先姑。

③子夏：孔子的学生，名卜商。

④舅、姑：即公公和婆婆。

【译文】

季康子请教公父文伯的母亲敬姜说：“您有什么话可以告诫我吧。”敬姜回答说：“我不过是有些年老而已，哪有什么可以告诫你的。”季康子说：“虽然是这样，但我还是愿意听到您的教诲。”敬姜回答说：“我从已故的婆婆那里听说过：‘君子能勤劳做事，他的子孙就会兴旺发达。’”子夏听到这番对话后说道：“讲得真好啊！我听说过这样的说法：‘古时候女子出嫁，而偏巧公婆早已故世的，可以称之为不幸。’嫁为人妇，是应该恭谨地向公婆学习的啊。”

公父文伯饮南宫敬叔酒

【原文】

公父文伯饮南宫敬叔酒①，以露睹父为客②。羞鳖焉③，小。睹父怒，相延食鳖，辞曰：“将使鳖长而后食之。”遂出。文伯之母闻之，怒曰：“吾闻之先子曰④：‘祭养尸⑤，飨养上宾⑥。’鳖于何有？而使夫人怒也！”遂逐之。五日，鲁大夫辞而复之。

【注释】

①南宫敬叔：鲁大夫，名说。南宫是复姓。

②露睹父：鲁国大夫。客：周礼规定，众人饮酒时，尊一人为上客，即上宾。

③羞：进献。

④先子：古时媳妇对已经故世的公公的称谓，也可叫先舅。

⑤尸：举行祭祀之礼时，应尊代死者受祭的人。

⑥飨（xiǎng）：用酒食招待客人，泛指请人享用。

【译文】

公父文伯在宴请南宫敬叔的酒席上，尊露睹父为上宾。在进献熟鳖这道菜时，看到这只鳖明显太小了些，露睹父很生气。相请吃鳖的时候，他退席告辞说：“等鳖长大以后我再来吃它吧。”于是就转身出去了。文伯的母亲听说这件事以后，非常气愤地对儿子说：“我听

已经故世的公公说过：'祭祀时要让代替死者受祭的人吃得好，宴请宾客时要让上宾吃得好。'你进献鳖这道菜时用的什么礼节？竟然使得上宾如此生气呢！"于是就把公父文伯逐出家门。过了五天后，等到鲁国的大夫们前来说情，才同意公父文伯回家。

公父文伯之母论内朝与外朝

【原文】

公父文伯之母如季氏，康子在其朝①，与之言，弗应，从之及寝门，弗应而入。康子辞于朝而入见，曰："肥也不得闻命，无乃罪乎？"曰："子弗闻乎②？天子及诸侯合民事于外朝，合神事于内朝③；自卿以下，合官职于外朝，合家事于内朝；寝门之内④，妇人治其业焉。上下同之。夫外朝，子将业君之官职焉；内朝，子将庀季氏之政焉⑤，皆非吾所敢言也。"

【注释】

①朝：卿大夫处理事务的厅堂。又分为内外两部分，外面的叫外朝，里面的叫内朝。

②弗：不，没有。闻：听到。

③神事：祭祀祖宗神灵之类的事务。

④寝门：卿大夫家属居住地与内外朝的界限。

⑤庀（pǐ）：治理，处理。

【译文】

公父文伯的母亲去季氏家拜访，季康子正在处理事务的厅堂里处理政事，季康子看见后与她打招呼，却不见她应声，于是，季康子一直跟随到居室的门外，她还是不应声就进屋去了。季康子放下尚未处理完的政事，离开厅堂进入居室拜见公父文伯的母亲说："刚才您像深有责难一样没有回应我的呼唤，敢问我没有得罪您吧？"公父文伯的母亲回答说："你没有听说过吗？天子与诸侯在外朝就要处理民众的事务，在内朝要处理祭祀神灵的事务；卿以下的官员，要在外朝处理本职范围内的事务，在内朝处理家族内的事情；卿大夫寝门以内家眷居住的地方，才是家中主事的妇人在这里操持事务和发表言论的地方。君臣上下都要遵守同一个规矩。在外朝，是你事奉国君治理国家基业职事的；内朝，你要在那里处理家族的事情，这都不是我敢与你说话的地方啊。"

公父文伯之母论劳逸

【原文】

公父文伯退朝，朝其母，其母方绩。文伯曰："以歜之家而主犹绩，惧忓季孙之怒也①，其以歜为不能事主乎！"其母叹曰："鲁其亡乎！使僮子备官而未之闻耶？居，吾语女。昔圣王之处民也，择瘠土而处之，劳其民而用之，故长王天下。夫民劳则思，思则善心生；逸则淫，淫则忘善，忘善之恶心生。沃土之民不材，逸也；瘠土之民莫不向义，劳也。是故天子大采朝日②，与三公、九卿祖识地德③；日中考政，与百官之政事，师尹维旅、牧④、相宣序民事；少采夕月⑤，与大史、司载纠虔天刑；日入监九御⑥，使洁奉禘郊之粢盛⑦，而后即安。诸侯朝修天子之业命，昼考其国职，夕省其典刑，夜儆百工，使无慆淫⑧，而后即安。卿大夫朝考其职，昼讲其庶政，夕序其业，夜庀其家事⑨，而后即安。士朝受业，昼而讲贯，夕而习复，夜而计过无憾，而后即安。自庶人以下，明而动，晦而休，无日以怠。

"王后亲织玄紞，公侯之夫人加之以纮綖，卿之内子为大带⑩，命妇成祭服，列士之妻加之以朝服⑪，自庶士以下，皆衣其夫。社而赋事，蒸而献功，男女效绩，愆则有辟⑫，古之制也。君子劳心，小人劳力，先王之训也。自上以下，谁敢淫心舍力？今我，寡也，尔又在下位，朝夕处事，犹恐忘先人之业。况有怠惰，其何以避辟！吾冀而朝夕修我曰：'必无废先人。'尔今曰：'胡不自安。'以是承君之官，余惧穆伯之绝嗣也。"仲尼闻之曰："弟子志之，季氏之妇不淫矣。"

【注释】

①歜（chù）：盛势，气盛。忓（gān）：干扰。季孙：指鲁国的上卿季康子。

②大采：五采的礼服。朝日：朝拜祭祀日神。周礼规定，天子以春分朝日。

③地德：土地上生长的五谷。

④考：考察，检查，推究。师尹：大夫官。牧：地方长官。

⑤少采：三彩的礼服。夕月：祭祀月神。

⑥大史：即太史，主管记载史书。司载：主管天文的官。九御：内宫的女官。

⑦禘（dì）郊：天子祭祀始祖和天神的大典。古代只有帝王有资格在郊外祭奠天地和祖宗的典礼。粢（zī）盛：放在祭器内供祭祀用的谷物。

⑧夕：傍晚朝见君主。百工：古代官的总称，犹言百官。慆淫：怠慢放纵。

⑨庀（pǐ）：治理。庶政：各种政务。

⑩紞（dǎn）：王冠两旁悬挂玉瑱的黑色丝带。纮綖（hóng yán）：指皇帝冕冠上的系绳，是丝绦的一种。

⑪命妇：大夫的妻。列士：周代的士等级内，又分为上士、中士、下士，上士亦称列士，下士亦称庶士。

⑫愆（qiān）：罪过，过错，过失。

【译文】

公父文伯退朝回家，拜见他的母亲，向母亲请安时，母亲敬姜正在纺麻。公父文伯说："像我们这样盛势的家族，您还要纺麻劳作，恐怕会惹季康子恼怒了，他会以为我不能侍奉好母亲呢！"他的母亲叹息说："鲁国大概要灭亡了！让你这样不懂事的孩子在朝廷做官，却没有把做官的道理告诉过你吗？坐下来，让我告诉你。过去圣王安排民众居住，总是挑选贫瘠的土地来安置他们，以便让他的百姓辛勤耕种土地，因此才长久地统治了天下。百姓勤劳就会想到节俭，想到节俭就会生有一颗善良的心；安逸则会放荡，放荡就会忘记善良，忘记善良就会产生邪恶之心。生活在肥沃土地上的百姓不能成材，就是因为太安逸了；而生活在贫瘠土地上的百姓无不向往仁义，这是因为勤劳的缘故。因此天子在每年春分时穿起五彩的礼服朝拜日神，和三公九卿一起熟习和认知五谷的生长情况；中午要考察朝政的得失和百官治理政事的勤怠，大夫官和地方长官协力辅佐天子依次全面地处理百姓的事务；每年秋分时天子穿起三彩的礼服祭祀月神，与太史、司载恭敬地观察天象所显示的征兆；日落以后监督内宫女官做事，让她们把天子祭祀始祖和天神大典所用的谷物祭品整洁地准备好，然后才能安寝。诸侯在早上就要全力处理天子下达的命令，白天考察自己国内的事务，傍晚朝见君主时检查法令典章的执行情况，夜间还要监督治理百官，使

他们不敢怠慢放纵，然后才能安寝。卿大夫在早上要考察自己的本职，白天与众大夫商议各种政务，傍晚朝见君主时检查自己经办事务的成果，夜间处理家内杂事确保没有缺憾之处，这才能安寝。士人在早上要接受早课，白天熟习所学知识，傍晚时分复习，夜间反省自己一天的言行有没有过失，这以后才能安寝。自平民百姓以下，天亮就开始劳动，天黑了才能休息，没有一天可以怠惰的。

“王后要亲自编织王冠两旁悬挂玉瑱的黑色丝带，公侯的夫人除此之外还要再加上编织系王冠的带子，卿的妻子要亲自编织束身用的黑色腰带，大夫的妻子要亲自缝制祭祀用的礼服，列士的妻子除此之外还要给丈夫做朝服，自下士以下的妻子都要给丈夫缝制所有穿戴。春祭时要分配农桑的事务，冬祭时要献上收获的果实布帛，男女都各尽其力，有了过错就要治罪，这是自古以来的制度。君子用心力操劳，小人物则用体力操劳，这是先王的训诫。从上到下，谁敢使自己放纵而不用力气？如今我是个寡妇，你也只是个卑微的大夫，从早到晚兢兢业业地劳作，还生怕败坏了祖先的成业呢，何况你有怠惰之心，又如何能够躲避罪责呢！我希望你每天早晚都提醒我说：‘一定不要毁败先人的成业。’而你刚才却说：‘为什么不自求安逸？’用这样怠惰的态度来担任国君赋予你的官职，我真担心你父亲穆伯要断绝后代啊！”孔子听闻敬姜这番话以后，说：“弟子们要牢记，季氏家的妇人那才算是不贪图安逸了。”

公父文伯之母别于男女之礼

【原文】

公父文伯之母，季康子之从祖叔母也。康子往焉，门与之言①，皆不逾阈②。祭悼子③，康子与焉，酢不受④，彻俎不宴，宗不具不绎⑤，绎不尽饫则退⑥。仲尼闻之，以为别于男女之礼矣。

【注释】

①门：开门。此处的门当指寝门。

②阈（yù）：门槛。

③悼子：季悼子，公父文伯的祖父，敬姜的公公。

④酢（zuò）：客人用酒回敬主人。

⑤俎（zǔ）：古代祭祀时放祭品的器物。宗：主祭祀之礼的宗臣。

⑥绎（yì）：指祭祀。饫（yù）：饱食。

【译文】

公父文伯的母亲，是季康子的叔祖母。季康子前去看望她，她就开着房门和季康子说话，彼此都不越过门槛。祭祀悼子的时候，季康子参加了祭礼。他用酒回敬主人时，文伯的母亲也不亲手接受，祭祀完毕撤下礼器后，也不与季康子一起宴饮。第二天又祭时，宗臣不到齐她就不参加祭祀，祭祀典礼结束后不等饱食就谢礼退下。孔子听说这些事，认为文伯母亲这是懂得男女之别的礼节。

公父文伯之母欲室文伯

【原文】

公父文伯之母欲室文伯，飨其宗老①，而为赋《绿衣》之三章②。老请守龟卜室之族③。师亥闻之曰④："善哉！男女之飨，不及宗臣⑤；宗室之谋，不过宗人⑥。谋而不犯，微而昭矣。诗所以合意，歌所以咏诗也。今诗以合室，歌以咏之，度于法矣。"

【注释】

①宗老：主管礼乐的家臣。

②《绿衣》:《诗经·邶风》的篇名。

③守龟：占卜之人。

④师亥：鲁国一流乐师的名字。

⑤宗臣：与国君同姓的臣子。

⑥宗人：古代官名，主管祭祀之礼。诸侯、大夫皆有宗人。

【译文】

公父文伯的母亲打算给文伯娶妻，宴请了主管礼乐的家臣，并为此吟诵《绿衣》第三章中的诗句。家臣于是请占卜之人卜问了女方家族的情况。师亥听说这事后说："做得好啊！为了男女婚娶的事举行宴会，不必请宗臣到场；自己家里商量娶妻的事情，只请主管礼乐的家臣参加就可以了。像这样商议婚事不违犯礼节，吟诵古人的诗句能微妙地表明对婚事的态度。诗是用来表明内心想法的，歌则是用来咏唱诗句的。现在用吟诵古人的诗句来促成婚事，用歌来咏唱它，审度都是合乎礼法的。"

公父文伯卒其母戒其妾

【原文】

公父文伯卒，其母戒其妾曰："吾闻之：好内，女死之；好外，士死之①。今吾子夭死，吾恶其以好内闻也。二三妇之辱共先者祀，请无瘠色，无洵涕，无掐膺②，无忧容，有降服，无加服③。从礼而静，是昭吾子也。"

仲尼闻之曰："女知莫若妇，男知莫若夫。公父氏之妇智也夫！欲明其子之令德。"

【注释】

①士：为春秋时最低级的贵族阶层。

②瘠色：损其容貌，容貌憔悴之意。洵（xún tì）涕：默默地流泪。掐膺：捶胸。

③服：古代照丧礼规定穿戴一定的丧服以哀悼死者。

【译文】

公父文伯病死了，他的母亲告诫他的妻妾说："我听说：宠爱内室的人，妻妾甘愿为他而死。热心国家大事的人，士甘愿为他而死。如今我儿子不幸早死，我厌恶他死后有宠爱妻妾的名声。你们在供奉亡夫的祭祀仪式上要委屈一下，请不要面露憔悴之色，不要默默地流泪，不要捶胸顿足号啕大哭，不要有忧愁的面容，穿戴丧服要降一等，不要随便提高丧服的等级。要遵守礼节静静地完成祭祀，这样才能昭明我儿子的美德。"

孔子听到这件事以后说："女孩子的见识不及妇人，男孩子的见识不及丈夫。公父家的妇人明智能胜过大丈夫！她这样做是为了显扬她儿子的美德。"

孔丘谓公父文伯之母知礼

【原文】

公父文伯之母朝哭穆伯，而暮哭文伯。仲尼闻之曰："季氏之妇可谓知礼矣。爱而无私，上下有章②。"

【注释】

①公父文伯：公父文伯，姬姓，名歜，中国春秋时期鲁国三桓季悼子的孙子，公父穆伯的儿子。

②章：章法，次序。

【译文】

公父文伯的母亲早晨哭亡夫穆伯，而在黄昏时还要哭亡子文伯。孔子听说这事以后说："季氏家的妇人可说是懂得礼节了。爱故去的亲人而没有私情，早晨哭亡夫，黄昏哭亡子，上下有序合乎章法。"

孔丘论大骨

【原文】

吴伐越，堕会稽①，获骨焉，节专车。吴子使来好聘②，且问之仲尼，曰："无以吾命。"宾发币于大夫，及仲尼，仲尼爵之。既彻俎而宴③，客执骨而问曰："敢问骨何为大？"仲尼曰："丘闻之：昔禹致群神于会稽之山，防风氏后至④，禹杀而戮之，其骨节专车。此为大矣。"客曰："敢问谁守为神？"仲尼曰："山川之灵，足以纪纲天下者，其守为神；社稷之守者，为公侯。皆属于王者。"客曰："防风何守也？"仲尼曰："汪芒氏之君也，守封嵎之山者也⑤，为漆姓。在虞、夏、商为汪芒氏，于周为长狄⑥，今为大人。"客曰："人长之极几何？"仲尼曰："僬侥氏长三尺⑦，短之至也。长者不过十之，数之极也。"

【注释】

①会稽：山名，在今浙江省绍兴县东南。

②吴子：指吴王夫差。公元前495年至前473年在位。

③俎（zǔ）：古代祭祀时盛牛羊肉的礼器。

④防风氏：相传古代汪芒氏的部落首领。

⑤封嵎（yú）：封山和嵎山。

⑥长狄：汪芒氏在周代时北迁，改称长狄。

⑦僬侥（jiāo yáo）氏：古代传说中生活在西南地区的一支矮人部落。

【译文】

吴国攻打越国，摧毁了越王勾践在会稽山上的营垒，获得一块很大的骨骼，需要用一辆车专门装载它。吴王派使者去鲁国作亲善访问，顺便让使者向孔子询问骨骼的事，并且说："不要告诉他这是我的命令。"到了鲁国后使者向大夫们分送礼币，送到孔子面前时，孔子回敬他一杯酒。当撤去礼器以后开始宴饮时，吴国使者拿着桌上吃剩下来的骨头问孔子道："请问什么骨头最大？"孔子说："我听说，从前大禹召集群神到会稽山，防风氏最后才到，所以大禹杀了他，并陈尸示众，他的骨骼一节要用一辆车装，这算是最大的骨头了。"吴国使者问："请问掌管什么才算得上神？"孔子说："山川的神灵，能够兴云降雨以利天下，所以守护山川的可以称为神；掌管社稷的可以称公侯。他们都从属于王。"吴国使者问："防风氏掌管的是什么呢？"孔子说："防风是古代汪芒氏的首领，掌管封山和嵎山，是漆姓。在虞舜、夏、商时期叫汪芒氏，到了周代时改称长狄，繁衍至今是身材高大的人。"吴国使者又问："最高的人有多高呢？"孔子答道："僬侥氏的人身高只有三尺，是最矮的了。身材高大的也不会超过十倍于他，那是倍数的最大极限了。"

孔丘论楛矢

【原文】

仲尼在陈，有隼集于陈侯之庭而死，楛矢贯之，石砮①，其长尺有咫。陈惠公使人以隼如仲尼之馆问之②。仲尼曰："隼之来也远矣！此肃慎氏之矢也③。昔武王克商，通道于九夷、百蛮④，使各以其方贿来贡，使无忘职业。于是肃慎氏贡楛矢、石砮，其长尺有咫。先王欲昭其令德之致远也，以示后人，使永监焉，故铭其栝曰'肃慎氏之贡矢'⑤，以分大姬、配虞胡公而封诸陈⑥。古者，分同姓以珍玉，展亲也；分异姓以远方之职贡，使无忘服也。故分陈以肃慎氏之贡。君若使有司求诸故府，其可得也。"使求，得之金椟⑦，如之。

【注释】

①隼（sǔn）：鹰的一种。楛（hù）矢：用楛木做杆的箭。石砮（nǔ）：石制的箭头。

②陈惠公：陈哀公之孙，名吴。

③肃慎：古代北方部落名。一作息慎、稷慎。商周时居东北地区，从事狩猎。

④九夷、百蛮：泛指南北方各少数民族。

⑤栝（guā）：箭尾扣弦的地方。

⑥大姬：周武王的长女。虞胡公：虞舜的后代，封地在陈。

⑦金椟（dú）：用金带装饰的木盒。

【译文】

孔子在陈国时，有一只鹰坠落在陈侯的庭院里死了。原来是楛木做的箭射穿了它的身体，箭头是用尖石做的，箭身有一尺八寸长。陈惠公派人带着这只鹰，来到孔子住的馆舍询问。孔子说："这只鹰来得够远的！你看它身上的箭是北方肃慎氏制造的。从前周武王打败了商，开通了去往南北方各少数民族居住地的道路，命令他们各自拿出本地的特产进贡，使他们不忘记各自所从事的职业。于是肃慎氏就向周天子进贡楛矢和石砮，箭长一尺八寸。武王为了彰明他能使远方民族归附的威德，以此来告示后人，让他们永远看到自己的权威，所以在箭尾扣弦处刻上'肃慎氏进贡之箭'的字样，把它送给大女儿，并随嫁给虞胡公而带到他的封地陈国。古时候，帝王把珍玉分赐给同姓，用来表示血缘的亲近；把远方敬献的贡品分赐给异姓，使他们不忘事奉天子。虞胡公是异姓，所以把肃慎氏敬献的贡品分给了陈国。国君如果派管事的去旧府里寻找，大概还能找到。"陈惠公于是派人寻找，果然在金饰的木盒里发现了楛矢，像孔子所说的一样。

闵马父笑子服景伯

【原文】

齐闾丘来盟①，子服景伯戒宰人曰②："陷而入于恭。"闵马父笑③，景伯问之，对曰："笑吾子之大也。昔正考父校商之名颂十二篇于周太师④，以《那》为首，其辑之乱曰：'自古在昔，先民有作。温恭朝夕，执事有恪⑤。'先圣王之传恭，犹不敢专，称曰'自古'，古曰'在昔'，昔曰'先民'。今吾子之戒吏人曰'陷而入于恭'，其满之甚也。周恭王能庇昭、穆之阙而为'恭'⑥，楚恭王能知其过而为'恭'⑦。今吾子之教官僚曰'陷而后恭'，道将何为？"

【注释】

①闾丘：名明，齐国大夫。

②子服景伯：子服惠伯之孙，名何，鲁国大夫。宰人：官名，此处指卿大夫的家臣。

③陷：缺点，过失。闵（mǐn）马父：鲁国大夫。

④正考父：宋国大夫。太师：乐官之长。

⑤恪（kè）：恭敬，谨慎。

⑥周恭王：周昭王的孙子，周穆王的儿子。

⑦楚恭王：楚庄王的儿子。

【译文】

齐国大夫闾丘明来鲁国结盟，子服景伯告诫他的属下说："如果你们在盟会中有过失，就表现得恭敬一些。"闵马父听到后笑了，景伯问他原因，他回答说："我笑你太骄傲自满了。从前正考父从周太师那里校验了商朝的名颂十二篇，首篇是《那》，它在结尾这样说：'自古在昔，先民们在祭祀的时候，每天早晚都温和而恭敬，执事者更是恭敬有加。'先圣王教人恭敬，还不敢说是自己首创呢，只称为'自古'，称古代为'在昔'，称古代的人民为'先民'。如今你告诫下属说'有过失就表现出恭敬'，真是太过自满了。周恭王能遮掩他祖父和父亲的过失，所以才谥号为'恭'，楚恭王能知道自己的过失，所以谥号也定为'恭'。现在你教属下官员说'有过失才恭敬'，那么没有过失的恭敬又是怎样的呢？"

孔丘非难季康子以田赋

【原文】

季康子欲以田赋，使冉有访诸仲尼①。仲尼不对，私于冉有曰："求来！女不闻乎？先王制土，籍田以力，而砥其远迩；赋里以入，而量其有无；任力以夫，而议其老幼。于是乎有鳏、寡、孤、疾，有军旅之出则征之，无则已。其岁，收田一井，出稯禾、秉刍、缶米②，不是过也。先王以为足。若子季孙欲其法也，则有周公之籍矣③；若欲犯法，则苟而赋，又何访焉！"

【注释】

①冉有：孔子的学生，名求，是季康子的家臣。

②稯（zōng）：计算谷物的单位，古制六百四十斛为一稯。秉：这里指计算禾把的单位。缶：古制十六斗为一缶。刍（chú）：同"刍"，指喂牲畜的草。

③籍：指籍田法，

即田赋法。

【译文】

季康子打算按田亩增收田赋，派冉有征求孔子的意见。孔子没有正式答复，私下对冉有说："冉有，你没听说吗？先王按照土地的肥瘠分配土地，按照劳力的强弱征收田赋，而且根据土地的远近来对田赋加以调整；征收商税按照商人的获利多少，而且还要估量其财产的多少来对商税加以调整；分派劳役则按照各家男丁的数目，还要照顾那些年老和幼小的男子。于是就有了鳏、寡、孤、疾的名称，只有在战事紧迫时才征召他们，无战事之时就免除。有战事的年月，每一井田要交出一稯粮、一秉禾草、一缶米，是不超过这个标准的。先王认为这样就足够用了。如果季康子要按这个律法去办，那就是遵照周公的田赋法了；如果不顾法规办事，那就随意收取赋税好了，又何必来征求我的意见呢？"

卷六 齐语

管仲对桓公以霸术

【原文】

桓公自莒反于齐，使鲍叔为宰[①]，辞曰："臣，君之庸臣也。君加惠于臣，使不冻馁[②]，则是君之赐也。若必治国家者，则非臣之所能也。若必治国家者，则其管夷吾乎[③]。臣之所不若夷吾者五：宽惠柔民，弗若也；治国家不失其柄，弗若也；忠信可结于百姓，弗若也；制礼义可法于四方，弗若也；执枹鼓立于军门[④]，使百姓皆加勇焉，弗若也。"桓公曰："夫管夷吾射寡人中钩，是以滨于死。"鲍叔对曰："夫为其君动也。君若宥而反之，失犹是也。"桓公曰："若何？"鲍子对曰："请诸鲁。"桓公曰："施伯，鲁君之谋臣也，夫知吾将用之，必不予我矣。若之何？"鲍子对曰："使人请诸鲁，曰：'寡君有不令之臣在君之国，欲以戮之于群臣，故请之。'则予我矣。"桓公使请诸鲁，如鲍叔之言。

庄公以问施伯，施伯对曰："此非欲戮之也，欲用其政也。夫管子，天下之才也。所在之国，则必得志于天下。令彼在齐，则必长为鲁国忧矣。"庄公曰："若何？"施伯对曰："杀而以其尸授之。"庄公将杀管仲，齐使者请曰："寡君欲亲以为戮，若不生得以戮于群臣，犹未得请也。请生之。"于是庄公使束缚以予齐使。齐使受之而退。

比至，三衅，三浴之。桓公亲逆之于郊，而与之坐而问焉，曰："昔吾先君襄公筑台以为高位，田狩罼弋，不听国政，卑圣侮士，而唯女是崇。九妃、六嫔，陈妾数百，食必粱肉[⑤]，衣必文绣。戎士冻馁，戎车待游车之裂，戎士待陈妾之余。优笑在前，贤材在后，是以国家不日引，不月长，恐宗庙之不扫除，社稷之不血食，敢问为此若何？"管子对曰："昔吾先王昭王、穆王，世法文、武远绩以成名。合群叟[⑥]，比校民之有道者，设象以为民纪，式权以相应，比缀以度，竱本肇末[⑦]，劝之以赏赐，纠之以刑罚，班序颠毛，以为民纪统。"桓公曰："为之若何？"管子对曰："昔者，圣王之治天下也，参其国而伍其鄙，定民之居，成民之事，陵为之终，而慎用其六柄焉[⑧]。"

【注释】

①桓公：名小白，齐襄公之弟。齐襄公被杀后，从莒国回国继承王位。鲍叔：鲍叔牙，齐国大夫。

②馁（něi）：饥饿。

③管夷吾：即管仲，夷吾是他的名。

④枹（fú）：鼓锤和鼓。

⑤田：指在原野上打猎。狩：指用围守的方法猎取禽类。罼（bì）：用长柄网猎取雉兔。弋：用带丝绳的箭射猎物。粱肉：精美的饭食。

⑥叟（sǒu）：年老的男人。

⑦竱（zhuǎn）本肇（zhào）末：均齐根本，矫正末节。

⑧六柄：据《管子·小匡》，六柄指生、杀、贫、富、贵、贱。

【译文】

齐桓公从莒国返回齐国继位后，任命鲍叔为宰相。鲍叔推辞说："我，只是君主的一个庸臣。君主加倍施以恩惠于我，使我不挨冻受饿，就已经是您对我的恩赐了。如果一定要治理国家的话，那就不是我所擅长的了。若论治国之才，那应该要数管仲了。我自知有五个方面不如管仲：以宽厚慈惠来安抚民众，我不及他；治理国家不忘根本，我不及他；为人忠实诚信，能得到百姓的信任，我不及他；制定的礼仪足以使天下各方效法，我不及他；手拿鼓槌立在军门之前击鼓指挥，使将士和百姓都能更加勇猛，我不及他。"桓公说："那管仲曾用箭射中了我的腰钩，使我险些丧命。"鲍叔解释说："那是他在为他的君主而行动啊。您若宽恕赦免而让他回来，他也会那样为你出力效忠于你的。"桓公问："怎样使他回来呢？"鲍叔说："得向鲁国提出请求。"桓公说："施伯是鲁君的谋臣，若知道我将起用管仲，一定不会放还给我的。那可怎么办？"鲍叔回答说："派人去向鲁国提出请求说：'我们国有个不遵守命令的臣子在贵国，想在群臣面前处死他，所以请交还给我国。'这样鲁国就会把他放还给我国了。"于是桓公照鲍叔说的那样，派人向鲁国提出要求。

鲁庄公询问施伯如何处置这件事。施伯回答说："这不是想处死他，而是要起用他来执政啊。管仲是天下的奇才，他所效劳的国家，一定会得到天下而称霸于诸侯。让他返回齐国，必将会成为鲁国长久的祸患。"庄公说："那怎么办呢？"施伯答道："杀了他把尸体交还给齐国。"庄公准备处死管仲，齐国使者要求说："我们国君想亲自以戮刑杀死他，如果不把他活着带回去在群臣面前施刑示众，还是不能达到要求。请让他活着回去。"于是庄公派人把管仲捆缚起来交给齐国使者。齐国使者接受之后就回国了。

管仲到达齐国后，有下人为他三次香薰身体以除秽恶，沐浴三次更换新衣，而且桓公亲自到郊外迎接，然后请他坐下并询问道："过去，我们的先君襄公修筑高台以抬高自己地位，成天到田野狩猎张网捕兽，尽情游乐而不处理国家政事，藐视圣贤，侮辱文士，只看重女色。宫中有九妃六嫔、姬妾数百，吃的必须是精美的饭食，穿的也要求务必是彩衣绣服。从不顾及将士们挨冻受饿，战车要等游玩的车子破损后才能充当军用，军中将士只能等到侍妾吃剩的粮食来维持活命。亲近那些唱歌逗乐的倡优艺伎，却把贤德的人才抛在后边。国家因此而不能日有所进、月有所长。恐怕宗庙早已到了无人清扫，社稷也到了难以得供杀牲谷物祭祀的地步。请问面对这些景况应该怎么处理呢？”管仲回答说：“过去的先王周昭王、周穆王以效法文王、武王的政绩而成就美名。召集众多年长男子，以便来考察并选择百姓中有德行的人，制定法令作为民众行为的准则，同时树立相应的榜样，通过审度比较然后把百姓维系起来，平均治国之本，矫正末节的邪僻问题，用赏赐善行来引导民众，用刑律惩罚纠正罪恶，从而使长幼班列有序，为百姓立下纲纪传统。”桓公说：“那应该怎样去做呢？”管仲回答说：“过去，圣王治理天下时，曾把都城分为三个区域，把偏远的郊野分为五区，以此固定百姓的安居住所，使百姓能够各就其业，划出陵寝作为他们死后的归宿，同时需要谨慎地运用生、杀、贫、富、贵、贱六种权力。”

【原文】

桓公曰：“成民之事若何？”管子对曰：“四民者，勿使杂处，杂处则其言哤[①]，其事易。”公曰：“处士农工商若何？”管子对曰：“昔圣王之处士也，使就闲燕；处工，就官府；处商，就市井；处农，就田野。

“令夫士，群萃而州处，闲燕则父与父言义，子与子言孝，其事君者言敬，其幼者言弟。少而习焉，其心安焉，不见异物而迁焉。是故其父兄之教不肃而成，其子弟之学不劳而能。夫是，故士之子恒为士。

“令夫工，群萃而州处，审其四时，辨其功苦，权节其用，论比协材。旦暮从事，施于四方，以饬其子弟[②]，相语以事，相示以巧，相陈以功。少而习焉，其心安焉，不见异物而迁焉。是故其父兄之教不肃而成，其子弟之学不劳而能。夫是，故工之子恒为工。

“令夫商，群萃而州处，察其四时，而监其乡之资，以知其市之贾，负、任、担、荷，服牛、轺马，以周四方，以其所有，易其所无，市贱鬻贵[③]。旦暮从事于此，以饬其子弟，相语以利，相示以赖，相陈以知贾。少而习焉，其心安焉，不见异物而迁焉。是故其父兄之教不肃而成，其子弟之学不劳而能。夫是，故商之子恒为商。

“令夫农，群萃而州处，察其四时，权节其用，耒、耜、耞、芟[④]。及寒，击菒除田，以待时耕；及耕，深耕而疾耰之[⑤]，以待时雨；时雨既至，挟其枪、刈、耨、镈[⑥]，以旦暮从事于田野。脱衣就功，首戴茅蒲，身衣袯襫[⑦]，沾体涂足，暴其发肤，尽其四支之敏，以从事于田野。少而习焉，其心安焉，不见异物而迁焉。

是故其父兄之教不肃而成，其子弟之学不劳而能。夫是，故农之子恒为农。野处而不回匿，其秀民之能为士者，必足赖也。有司见而不以告，其罪五⑧。有司已于事而竣。”

桓公曰：“定民之居若何？”管子对曰：“制国以为二十一乡。”桓公曰：“善。”管子于是制国以为二十一乡：工商之乡六；士乡十五。公帅五乡焉，国子帅五乡焉，高子帅五乡焉。参国起案，以为三官，臣立三宰，工立三族，市立三乡，泽立三虞，山立三衡。

【注释】

①哤（máng）：语言杂乱。

②饬（chì）：告诫，命令。

③轺（yáo）马：车马。鬻（yù）：卖，出售。

④耒（lěi）、耜（sì）：翻地的农具。耞（jiā）：用于脱粒的农具。芟（shān）：镰刀。

⑤耰（yōu）：古代弄碎土块、平整土地的农具。

⑥枪：掘草的工具。刈（yì）：镰刀。耨（nòu）：除草的小锄。镈（bó）：除草的农具。

⑦袯襫（fú shì）：同“袯（bó）襫”，蓑衣之类的防雨衣。

⑧罪五：指古代中国处罚犯法行为的墨（刺刻面额涂墨）、劓（割鼻）、刖（断足）、宫（破坏生殖器）、大辟（死刑）等五种刑罚。

【译文】

桓公问：“怎样使百姓各就其业呢？”管仲回答说：“士、农、工、商四类百姓，不要让他们混杂居住。混杂居住会使他们相互之间语言嘈杂，不能安心做事。”桓公问：“怎样来安排士、农、工、商的住所呢？”管仲回答说：“过去圣王把士人的住处安排在清静的地方；把工匠的住处安排在官府附近；把商人的住处安排在集市附近；把农户的住处安排在田野附近。

“让那些士人聚集在一起居住，空闲时父辈之间可以互相谈论礼义，子侄辈之间可以谈论孝道，侍奉国君的人谈论克尽职守，年幼的则谈论兄弟和睦之事。从小就受到熏陶，他们的思想就安定了，就不会见异思迁了。所以父兄的教诲不用督促就能实行，子弟的学习无须费力就能掌握。这样，士人的后代就永远都是士人。

“让那些工匠聚集在一起居住，能使他们了解不同季节的产品需要，辨别材质的优劣，权衡器材节制它们的用处，讨论比较后选用合适的材料。从早到晚做这些事，使产品适用于四面八方，用这些来告诫教诲子弟，互相交流所从事的事情，互相交流技艺，互相展示成果。从小就受到熏陶，他们的思想就安定了，也就不会见异思迁了。所以父兄的教诲不用督促就能实行，子弟的学习无须费力就能掌握。这样，工匠的后代就能恒久成为工匠。

“让那些商人聚集在一起居住，能使他们了解一年四季的不同需要，从而熟悉本地的货源，以便掌握集市的行情。或背负肩挑，或是用牛马车载着货物，环行各国销往四方，用自己有的东西来换取没有的物品，贱价买进高价卖出。从早到晚从事这些事情，用这些行动来告诫教诲自己的子弟，互相谈论生财之道，互相交流赚钱经验，互相展示经营手段。使他们从小就受到熏陶，他们的思想就安定了，也就不会见异思迁了。所以父兄的教诲不用督促就能实行，子弟的学习无须费力就能掌握。这样，商人的后代就一直是商人。

“让那些农民聚集在一起居住，能使他们了解不同季节的农事，根据不同的农事准备耒、耜、耞、镰等农具，到了寒凉季节，要除去枯草，整修田地，以等待春耕；到了耕种季节，要深翻土壤，抓紧用农具耙土平整土地，以等待春耕；春耕过后，就带着锄头、镰刀等农具从早到晚在田里劳作。农夫劳动时脱去上衣，头戴草帽，身穿防雨蓑衣，即使全身上下沾满泥土，太阳曝晒裸露的皮肤毛发，也要使出全部的力气辛勤地在田里干活。使他们从小就受到熏陶，他们的思想就安定了，也就不会见异思迁了。所以父兄的教诲不用督促就能实行，子弟的学习无须费力就能掌握。这样，农民的后代就一直是农民。他们居住在郊野而不沾染不良习气，其中能入仕做官的优秀者，一定足以信赖。如果有关官员见到这样的人才不予推荐，就要受到五刑的处罚。所以他们必须推荐贤才，才算完成职责。”

桓公问：“怎样来划定百姓的住地呢？”管仲答道：“把全国分制为二十一个乡。”桓公说：“好啊。”管仲于是把全国划分为二十一个乡：工匠和商人的乡有六个，士人和农民的乡有十五个，由国君掌管五个乡，国子掌管五个乡，高子掌管五个乡。国君与另外两大氏族起草立案，把国家各种官职也各设置三名：设三卿主管群臣，设三族主管工匠，设三乡主管商人，设三虞主管川泽，设三衡主管山林。

【原文】

桓公曰："吾欲从事于诸侯，其可乎？"管子对曰："未可，国未安。"桓公曰："安国若何？"管子对曰："修旧法，择其善者而业用之；遂滋民，与无财，而敬百姓，则国安矣。"桓公曰："诺。"遂修旧法，择其善者而业用之；遂滋民，与无财，而敬百姓。国既安矣，桓公曰："国安矣，其可乎？"管子对曰："未可。君若正卒伍，修甲兵，则大国亦将正卒伍，修甲兵，则难以速得志矣。君有攻伐之器，小国诸侯有守御之备，则难以速得志 矣。君若欲速得志于天下诸侯，则事可以隐，令可以寄政。"桓公曰："为之若何？"管子对曰："作内政而寄军令焉。"桓公曰："善。"

管子于是制国："五家为轨，轨为之长；十轨为里，里有司；四里为连，连为之长；十连为乡，乡有良人焉。以为军令：五家为轨，故五人为伍，轨长帅之；十轨为里，故五十人为小戎，里有司帅之；四里为连，故二百人为卒，连长帅之；十连为乡，故二千人为旅，乡良人帅之；五乡一帅，故万人为一军，五乡之帅帅之。三军，故有中军之鼓，有国子之鼓，有高子之鼓。春以蒐振旅[①]，秋以狝治兵[②]。是故卒伍整于里，军旅整于郊。内教既成，令勿使迁徙。伍之人祭祀同福，死丧同恤，祸灾共之。人与人相畴[③]，家与家相畴，世同居，少同游。故夜战声相闻，足以不乖；昼战目相见，足以相识。其欢欣足以相死。居同乐，行同和，死同哀。是故守则同固，战则同强。君有此士也三万人，以方行于天下，以诛无道，以屏周室，天下大国之君莫之能御。"

【注释】

①蒐（sōu）：阅兵，检阅。

②狝（xiǎn）：古代称秋天出猎。

③畴：同类，平等。

【译文】

桓公说："我想在诸侯中成就大事，能行吗？"管仲回答说："暂且不行，国家尚未安定。"桓公问："怎样来安定国家呢？"管仲说："修订以前旧有的法令，选择其中合宜的进行修订后再施行；然后号召繁衍增长人口，施与财物救济贫困，从而安抚百姓，这样一来国家就安定了。"桓公说："好，就这样办。"于是修订旧有的法令，选择其中合宜的进行修订后施行；号召繁衍增长人口，施与财物救济贫困，安抚百姓。国家就此得到安定，桓公说："国家已经安定了，这回可以行事了吧？”管仲说：“还不行。您如果整顿军队，修造盔甲兵器，那么其他大国也会整顿军队，修造盔甲兵器，如此我们就难以很快实现称霸了。君主有进攻的武器，而小国诸侯也有防御的准备，所以我们也难以很快实现称霸。您若想迅速在天下诸侯中实现称霸，就应该把要做的事情隐蔽起来，把战备命令寄寓在政令里。”桓公问：“怎样去做呢？”管仲回答说：“在整顿内政的同时寄寓军令在其中。”桓公说：“好。”

于是管仲就制定国家的政令：“五家为一轨，轨设轨长；十轨为一里，里设有司；四里为一连，连设连长；十连为一乡，乡设的良人就在这里。其中所寄寓的军令是：五家为一轨，所以五人为一伍，由轨长统率；十轨为一里，所以五十人为小戎，由里的有司统率；四里为一连，所以二百人为一卒，由连长统率；十连为一乡，所以二千人为一旅，由乡的良人统率；五个乡是一帅，所以正好是一万人，可以编成一个军，由卿来统率。全国可编为三军，所以有国君亲自统帅的中军使用的旗鼓，有国子军队专用的旗鼓，还有高子军队专用的旗鼓。春天用春猎的名义来检阅军队，秋天以秋猎的名义来操练军队。这样卒、伍一级的小队伍在里中就已经编就而成。军、旅一级的大兵团在郊野中得以组成。内政中既已包含了军事组织的组成，就得命令民众不得随意迁徙。同一个伍的人祭祀时同享酒肉，死丧时大家共同哀伤，有了灾祸共同承担。人与人之间相互平等，家与家相互平等，世代同住一地，从小一起游戏。所以夜间作战能听到熟悉的声音，就不会发生误会；白天作战能相互看见，足以认识同伙。那种相处欢乐的心情足以使他们拼死互助。在家时共同欢乐，行军时融洽无间，战死时更能引起同情与哀伤。所以，防守就能同心协力坚固不移，作战就能同心同德英勇顽强。您若能拥有三万名这样的兵士，率领他们横行天下，用以讨伐无道，保卫周王室，那么天下间大国诸侯就没有谁能与您对抗了。”

管仲佐桓公为政

【原文】

正月之朝[①]，乡长复事。君亲问焉，曰：“于子之乡，有居处好学、慈孝于父母、聪慧质仁、发闻于乡里者，有则以告。有而不以告，谓之蔽明，其罪五[②]。”有司已于事而竣。桓公又问焉，曰：“于子之乡，有拳勇股肱之力秀出于众者，有则以告。有而不以告，谓之蔽贤，其罪五。”有司已于事而竣。桓公又问焉，曰：“于子之乡，有不慈孝于父母、不长悌于乡里、骄躁淫暴、不用上令者，有则以告。有而不以告，谓之下比，其罪五。”有司已于事而竣。是故乡长退而修德进贤，桓公亲见之，遂使役官。桓公令官长期而书伐，以告且选，选其官之贤者而复用之，曰：“有人居我官，有功休德，惟慎端悫以待时[3]，使民以劝，绥谤言，足以补官之不善政。”桓公召而与之语，訾相其质[4]，足以比成事，诚可立而授之。设之以国家之患而不疚，退问之其乡，以观其所能而无大厉，升以为上卿之赞。谓之三选[5]。国子、高子退而修乡，乡退而修连，连退而修里，里退而修轨，轨退而修伍，伍退而修家。是故匹夫有善，可得而举也；匹夫有不善，可得而诛也。政既成，乡不越长，朝不越爵，罢士无伍，罢女无家。夫是，故民皆勉为善。与其为善于乡也，不如为善于里；与其为善于里也，不如为善于家。是故士莫敢言一朝之便，皆有终岁之计；莫敢以终岁之议，皆有终身之功。

桓公曰：“伍鄙若何？”管子对曰：“相地而衰征，则民不移；政不旅旧，则民不偷；山泽各致其时，则民不苟；陆、阜、陵、墐[6]、井、田、畴均，则民不憾；无夺民时，则百姓富；牺牲不略，则牛羊遂。”桓公曰：“定民之居若何？”管子对曰：“制鄙。三十家为邑，邑有司；十邑为卒，卒有卒帅；十卒为乡，乡有乡帅；三乡为县，县有县帅；十县为属，属有大夫。五属，故立五大夫，各使治一属焉；立五正，各使听一属焉。是故正之政听属，牧政听县，下政听乡。”桓公曰：“各保治尔所，无或淫怠而不听治者！”

【注释】

①正月之朝：指朝见国君。周礼规定每年正月初一，乡大夫须汇报政事，受教法于大司徒。

②罪五：五种轻重不等的刑法。即墨、劓、剕、宫、大辟。

③悫（què）：诚实，谨慎。

④訾（zī）：估量，衡量。

⑤三选：春秋时的一种选官制度。通过乡长推荐，官长选拔，国君亲自面试等三道程序确定录用与否。

⑥阜：土山。墐（jìn）：沟上的路。

【译文】

正月初一朝见的时候，乡长们汇报工作。桓公亲自咨问他们，说：“在你们的乡里，有举止稳重勤奋好学、孝敬父母、聪明仁惠、在当地有一定名声的人，发现以后就要向上级禀报。如果有这样的人却不报告，就叫埋没贤明，要判五刑之罪。”主管这方面事务的官员报告完毕后退下。桓公又对乡大夫们说：“在你们的乡里，发现勇敢强健、力气出众的人，就应向上级报告。如果有这样的人却不报告，就叫埋没贤能，要判处五刑之罪。”主管这方面事务的官员报告完毕后退下。

桓公又对乡大夫们说："在你们的乡里，发现不孝敬父母、不友爱兄弟、骄横暴戾、不服从君长命令的人，就要向上级报告。如果有这样的人却不报告，就叫包庇恶人，要判处五刑之罪。"主管这方面事务的官员报告完毕后退下。所以，乡大夫们回去以后，都能修养自身品德，推荐贤才，桓公亲自接见被推举的人，授予他们官职。桓公命令官长每年记录有功之臣，以便上报备选，然后从中遴选出贤能之人再度提拔使用。推荐时通常说："我这里有这样的官员，他功劳卓著，品德高尚，谨慎正派，诚实稳重，处事不失时机，能以劝勉的方式治理百姓，能够制止诽谤，这个人足以替补不称职的官员。"然后桓公就会召见被推荐的人，与他交谈，估量审视他的素质，看他是否可以辅助完成国事，确实可提拔重用的就委以重任。桓公还以国家可能遇到的患难诘问他，如果有问必答，就退而询问乡里的事情，以便观察他的能力，如若没有恶习，就晋升他做上卿的助手。以上由乡大夫推荐，官长选拔，国君亲自面试，就叫作三选。上卿国子、高子回去后整治乡政，乡大夫回去后整治连政，连长回去后整治里政，里有司回去后整治轨，轨长回去后整治伍，伍回去后整治家。所以百姓中凡是贤才，都能得到推举，百姓中凡是不友善的恶人，都要受到诛罚。政令定下以后，乡里没有逾越长幼次序的，朝中没有逾越爵位等级的，没有德行的男子不能入伍，没有德行的女子不能外嫁。这样，百姓因此都努力向善。与其在乡里做好事，不如回到里中做好事；与其在里中做好事，不如回到家中做好事。所以大家都不敢只图一时的便宜，而有一年的计划；都不敢满足于一年的计划，而有终身立功的打算。

桓公问："伍鄙怎样治

理？”管子回答说：“按照土地的肥瘠逐级降低赋税的标准，那么百姓就不会迁徙；执政者不抛弃先君故旧，百姓就不会苟且做事；山林河泽依照时令开放或封禁，百姓就不会随意出入砍柴捕猎；陆地、土山、丘陵、井田等分配均平，百姓就没有怨恨；不侵夺农时贻误农事生产，百姓就能富足；祭祀用的牲畜不过度屠杀，牛羊就能迅速繁殖增长。”桓公问：“怎样划定百姓的居处呢？”管仲回答说：“建立郊野之政。规定郊野三十家为一邑，邑中设有主管的人；十邑为一卒，由卒帅管理；十卒为一乡，由乡帅治理；三乡为一县，由县帅治理；十县为一属，由大夫治理。全国共分五属，所以共设五位大夫，让他们各自治理一属的政事；另外再设五位政长，让他们各自监察一属的政事。所以五位政长的职责就是监察五位大夫的治理情况，五位大夫的职责就是监察县帅的治理情况，县帅的职责就是监察乡帅的治理情况。”桓公说：“各自治理好所管辖的地方，不要有人放荡怠慢而不服从管理！”

桓公为政既成

【原文】

正月之朝，五属大夫复事①。桓公择是寡功者而谪之②，曰：“制地、分民如一，何故独寡功？教不善则政不治，一再则宥③，三则不赦。”桓公又亲问焉，曰：“于子之属，有居处为义好学、慈孝于父母、聪慧质仁、发闻于乡里者，有则以告。有而不以告，谓之蔽明，其罪五。”有司已于事而竣。桓公又问焉，曰：“于子之属，有拳勇股肱之力秀出于众者，有则以告。有而不以告，谓之蔽贤，其罪五。”有司已于事而竣。桓公又问焉，曰：“于子之属，有不慈孝于父母，不长悌于乡里、骄躁淫暴、不用上令者，有则以告。有而不以告，谓之下比，其罪五。”有司已于事而竣。五属大夫于是退而修属，属退而修县，县退而修乡，乡退而修卒，卒退而修邑，邑退而修家。是故匹夫有善，可得而举也；匹夫有不善，可得而诛也。政既成矣④，以守则固，以征则强。

【注释】

①五属大夫，参见上篇，齐国将边鄙分为五个部分后相应设立的五个地方首长。

②谪（zhé）：谴责。古代又指贬官。

③宥（yòu）：饶恕，原谅。

④政：此指鄙野之政，与上篇都城之政不同。

【译文】

正月初一朝见的时候，五属大夫奉命汇报政事。桓公挑他们中政绩差的人加以谴责，说："划定的土地和分配的百姓都是相同的，为什么只有你的功绩差？教育不善，政事就不能得到很好的治理，一次两次可以原谅，第三次就不能宽赦了。"桓公又亲自过问他们的治理情况，说："在你所管辖的属里，发现平日施行道义勤奋好学、孝敬父母、聪明仁惠、在当地有一定好名声的人，就应向上级报告。如果有这样的人却不报告，就叫埋没贤明，要判处五刑之罪。"主管这方面事务的官员报告完毕后便退下。桓公又对他们说："在你所管辖的属里，发现勇敢强健、孔武有力的人，就应向上级报告。如果有这样的人却不报告，就叫埋没贤能，要判处五刑之罪。"主管这方面事务的官员报告完毕后也退下了。桓公最后又说："在你所管辖的属里，发现不孝敬父母、不友爱兄弟、骄横暴戾、不服从君长命令的人，就应立即向上级报告。如果有这样的人却不报告，就叫包庇恶人，要判处五刑之罪。"主管这方面事务的官员报告完毕后也退下了。五属大夫于是回到各自的辖地整治属中政事，由属退下来就整治县，由县退下来就整治乡，由乡退下来就整治卒，由卒退下来就整治邑，由邑退下来就整治家。所以百姓中凡有好的，就可以得到推举；百姓中但凡不友善的恶人，就都要受到诛罚。政令确定以后，用它来守卫国家则固若金汤，用它去征伐则强大无比。

管仲教桓公亲邻国

【原文】

桓公曰："吾欲从事于诸侯，其可乎？"管子对曰："未可。邻国未吾亲也。君欲从事于天下诸侯，则亲邻国。"桓公曰："若何？"管子对曰："审吾疆场，而反其侵地；正其封疆，无受其资；而重为之皮币，以骤聘眺于诸侯①，以安四邻，则四邻之国亲我矣。为游士八十人，奉之以车马、衣裘，多其资币，使周游于四方，以号召天下之贤士。皮币玩好，使民鬻之四方②，以监其上下之所好，择其淫乱者而先征之。"

【注释】

①眺：通"覜"。诸侯国之间互相访问，人数少的叫聘，多的叫覜。

②鬻（yù）：卖。

【译文】

齐桓公说："我打算在诸侯国之中建立霸业，时机成熟了吗？"管仲回答说：

“不可以。邻国还没有亲近我们。您想在各诸侯国之中建立霸业，那么首先要和邻国亲近。”桓公说：“如何亲近呢？”管仲回答说：“审定我国的疆界，归还从邻国夺来的土地；承认邻国疆界的合法性，不侵占邻国的资财；还要多多赠给邻国皮毛礼器等财物，派遣使者经常到邻国作亲善访问，以此使周围四邻感到安定，这样周边邻国就会亲近我们了。请选派擅长外交的游说之士八十人，带着车马、衣裘和足够的钱财，让他们周游四方，用来笼络和招纳天下的贤能之士。皮毛、币帛和玩赏之物，让百姓贩卖到各地去，以此来观察各国朝野上下的不同爱好和追求，然后选择其中荒淫奢侈的国家首先征伐它。”

管仲教桓公足甲兵

【原文】

桓公问曰：“夫军令则寄诸内政矣，齐国寡甲兵，为之若何？”管子对曰：“轻过而移诸甲兵。”桓公曰：“为之若何？”管子对曰：“制重罪赎以犀甲一戟①，轻罪赎以鞼盾一戟②，小罪謫以金分，宥间罪③。索讼者三禁而不可上下，坐成以束矢。美金以铸剑戟，试诸狗马；恶金以铸鉏、夷、斤、斸④，试诸壤土。”甲兵大足。

【注释】

①犀甲：犀皮制作的铠甲。

②鞼（guì）盾：饰以革制花纹的盾牌。

③謫（zhé）：同“谪”。金分：即金钱。宥（yòu）：饶恕，原谅。

④鉏、夷、斤、斸：不同的农具名称。

【译文】

齐桓公问道：“军令已经包含在诸多政令中实施了，可是齐国缺少铠甲和武器，应该怎么筹备呢？”管仲回答说：“减轻对罪犯的惩罚，让他们用铠甲和武器来赎罪。”桓公说：“怎样实施呢？”管仲回答说：“判死刑的罪犯可以用犀皮甲和一枝戟来赎罪，犯轻罪的可以用鞼盾和一枝戟来赎罪，犯普通小罪过的，罚他金钱，有犯罪嫌疑的，予以饶恕。要求诉讼官司的就先禁闭三天，让他们把讼词考虑妥当，一经决定就要上交一束箭才给以审理。好的金属用来铸造剑戟，然后用狗马来试验是否锋利；稍差的金属用来铸造锄犁等农具，然后用土壤来试验是否合用。”桓公采纳了管仲的建议，于是齐国的铠甲和武器特别充足。

葵丘之会天子致胙于桓公

【原文】

葵丘之会①，天子使宰孔致胙于桓公②，曰："余一人之命有事于文、武，使孔致胙。"且有后命曰："以尔自卑劳，实谓尔伯舅③，无下拜。"桓公召管子而谋，管子对曰："为君不君，为臣不臣，乱之本也。"桓公惧，出见客曰："天威不违颜咫尺，小白余敢承天子之命曰'尔无下拜'，恐陨越于下，以为天子羞。"遂下拜，升受命。赏服大辂④，龙旗九旒⑤，渠门赤旗，诸侯称顺焉。

【注释】

①葵丘之会：葵丘，古地名。春秋时属宋国。公元前651年夏齐桓公在此举行诸侯盟会。

②天子：指周襄王。宰孔：周王朝的公爵。胙（zuò）：古代祭祀时供的肉。

③伯舅：因周襄王与齐桓公异姓，而与姬姜有联姻关系，故称其伯舅。

④大辂（lù）：古代的一种大车。

⑤龙旗九旒（liú）：缀有九条流苏的龙旗。

【译文】

诸侯们在葵丘之地会盟时，周襄王派宰孔送祭肉给齐桓公，说："我祭祀了文王、武王，特意让宰孔送祭肉给你享用。"接着又命令说："因为你谦卑劳苦，加上又应称你为伯舅，可不必下拜受赐。"桓公急忙召管仲商量如何处置这事，管仲回答说："为君者不讲君威，为臣者不讲臣礼，这是造成祸乱的本源啊。"桓公很惶恐，出来接见宰孔说："天子的威严离

我不到咫尺之间，小白我岂敢接受天子‘不必下拜’的命令，这样恐怕我会犯下过失，给天子带来耻辱。”于是下阶再拜稽首，然后才登堂接受胙肉。之后，周襄王又赏给他大辂车、缀有九条流苏的龙旗和渠门大旗，诸侯们都称颂齐桓公的举止顺乎礼仪。

桓公霸诸侯

【原文】

桓公忧天下诸侯。鲁有夫人、庆父之乱①，二君弑死②，国绝无嗣。桓公闻之，使高子存之。狄人攻邢，桓公筑夷仪以封之③，男女不淫，牛马选具。狄人攻卫，卫人出庐于曹，桓公城楚丘以封之。其畜散而无育，桓公与之系马三百。天下诸侯称仁焉。于是天下诸侯知桓公之非为己动也，是故诸侯归之。桓公知诸侯之归己也，故使轻其币而重其礼。故天下诸侯罢马以为币，缕綦以为奉④，鹿皮四个；诸侯之使垂橐而入，稛载而归⑤。故拘之以利，结之以信，示之以武，故天下小国诸侯既许桓公，莫之敢背，就其利而信其仁、畏其武。桓公知天下诸侯多与己也，故又大施忠焉。可为动者为之动，可为谋者为之谋，军谭、遂而不有也，诸侯称宽焉。通齐国之鱼盐于东莱，使关市几而不征，以为诸侯利，诸侯称广焉。筑葵兹、晏、负夏、领釜丘，以御戎、狄之地，所以禁暴于诸侯也；筑五鹿、中牟、盖与、牡丘，以卫诸夏之地，所以示权于中国也。教大成，定三革，隐五刃，朝服以济河而无怵惕焉⑥，文事胜矣。是故大国惭愧，小国附协。唯能用管夷吾、宁戚、隰朋、宾胥无、鲍叔牙之属而伯功立⑦。

【注释】

①鲁有夫人、庆父之乱：指鲁庄公的夫人哀姜和他的弟弟庆父私通，杀了太子般，又杀了鲁闵公，造成鲁国的动乱。

②二君：指太子般和鲁闵公。

③邢：古国名。姬姓，为周公后代所建。夷仪：邢国城邑，在今山东省聊城县。

④缕綦（qí）：青黑色的布缕。

⑤垂橐（tuó）：空着口袋。稛（kǔn）载：以绳束财物，载置车上。亦指满载。

⑥三革：指甲、胄、盾。五刃：指刀、剑、矛、戟、矢。怵惕（chù tì）：恐惧警惕。

⑦管夷吾、宁戚、隰（xí）朋、宾胥无、鲍叔牙：齐国的五位卿、大夫。

【译文】

齐桓公很关心天下诸侯的事情。鲁国发生了哀姜和庆父淫乱祸国的事件，两个国君先后被杀，君位没有人继承。桓公听说后，派高子去鲁国册立僖公为国君，才使鲁国得以保存下来。北方的狄人进攻邢国，齐桓公就在夷仪修筑城堡，让邢国人迁到那里，使邢国的百姓没有遭到狄人的奸淫掳掠，牛马牲畜如数得以留存。狄人进攻卫国，卫国的百姓被迫出走到曹邑避难，齐桓公就在楚丘建造城堡赐封给他们重建家园。他们的牲畜在战乱中散失了，无法繁殖成群，桓公就把饲养在马厩里的三百匹好马送给他们。因此天下诸侯都称赞桓公仁德。天下诸侯都知道桓公的这些举动并不是为了自己的私利，所以诸侯们都愿意归附他。齐桓公得知天下诸侯都愿意归附他，所以就允许诸侯们带着轻微的礼物来朝见，并用重礼回赠他们。所以天下诸侯朝见时用劣马做礼物，用麻织的青黑色粗布做托玉器的衬垫，送来的鹿皮也不是整张的；诸侯的使者空着口袋而来，却都满载而归。由于齐国用利笼络他们，用信结交他们，用武力威慑他们，所以天下的小诸侯国一旦与桓公缔结盟约，就没有谁敢背弃。这是因为贪图他的利处，相信他的仁义，慑服他的武力。桓公知道天下诸侯都服从自己，所以继续大力施展他的忠信，可以采取行动帮助诸侯的就去行动，可以为诸侯谋划的就去谋划。桓公派军队灭掉了不服从自己的谭和遂两个小国，但他不去占有而是把土地分封给诸侯，所以诸侯们都称颂他的宽宏大度。他取消对齐国东莱一带鱼盐的禁运，命令关市对过往的鱼盐只检查而不收税，用这个办法使诸侯得到实利，诸侯们都称颂他能广施恩惠。他下令修筑葵兹、晏、负夏、领釜丘等几个要塞，用以防御戎人和狄人对邻近各诸侯国的侵掠；他还下令修筑五鹿、中牟、盖与、牡丘等几个关隘，用以捍卫诸夏的要地，并向中原各国显示自己的权威。桓公为了霸业而从事的教化终于大见成效，于是甲胄盾等三革五刃都封存而不用，穿着朝服西渡黄河与强大的晋国会盟也丝毫不必恐惧警惕了，这是文治的成功。所以大国都自惭不及，小国纷纷归附。这一切都是因为齐桓公能重用管仲、宁戚、隰朋、宾胥无、鲍叔牙这批人才，霸业正是因此而建立起来的。

卷七　晋语一

武公伐翼止栾共子无死

【原文】

武公伐翼，杀哀侯，止栾共子曰[①]："苟无死，吾以子见天子，令子为上卿，制晋国之政。"辞曰："成闻之：'民生于三[②]；事之如一。'父生之，师教之，君食之。非父不生，非食不长，非教不知生之族也，故壹事之。唯其所在，则致死焉。报生以死，报赐以力，人之道也。臣敢以私利废人之道，君何以训矣？且君知成之从也，未知其待于曲沃也[③]。从君而贰，君焉用之？"遂斗而死。

【注释】

①栾共子：又叫共叔成，晋哀侯的大夫。

②民生于三：此处"三"系指君、师、父。

③曲沃：晋武公的封地，在今山西省闻喜县境内。

【译文】

晋武公讨伐翼城，杀死晋哀侯，劝阻晋哀侯的大夫栾共子说："假如你不为哀侯效忠而死，我将带你去进见天子，让他任命你为上卿，掌管晋国的政务。"栾共子拒绝说："我听说过：'人在世间生活靠的是国君、父亲和师长，要始终如一地事奉他们。'父亲给了我生命，师长给了我教诲，国君给我食禄。没有父亲就不会来到世间，没有国君的食禄就不会长大，没有师长的教诲就不会知道家族的历史，所以必须一心一意事奉他们。只要是他们的事，就算赴死也要尽力去办。以效死报答他们的养育，尽力报答他们的惠赐，这是做人的道理。我岂敢为了一己私利而废弃做人的道理，那样的话你又怎么教我尽忠呢？况且你只知道劝我不为哀侯效忠而死，却不知道我如苟且到曲沃事奉你，就是怀有二心。跟随国君的人却怀有二心，国君还要他干什么？"于是战斗而死。

史苏论献公伐骊戎胜而不吉

【原文】

献公卜伐骊戎[①]，史苏占之，曰："胜而不吉。"公曰："何谓也？"对曰："遇兆，挟以衔骨，齿牙为猾，戎、夏交捽。交捽，是交胜也，臣故云。且惧有口，携民[2]，国移心焉。”公曰：“何口之有！口在寡人，寡人弗受，谁敢兴之！”对曰：“苟可以携，其入也必甘受，逞而不知，胡可壅也？”公弗听，遂伐骊戎，克之。获骊姬以归[3]，有宠，立以为夫人。公饮大夫酒，令司正实爵与史苏，曰：“饮而无肴。夫骊戎之役，女曰‘胜而不吉’，故赏女以爵，罚女以无肴。克国得妃，其有吉孰大焉！”史苏卒爵，再拜稽首曰：“兆有之，臣不敢蔽。蔽兆之纪，失臣之官，有二罪焉，何以事君？大罚将及，不唯无肴。抑君亦乐其吉而备其凶，凶之无有，备之何害？若其有凶，备之为瘳[4]。臣之不信，国之福也，何敢惮罚。”

饮酒出，史苏告大夫曰：“有男戎必有女戎。若晋以男戎胜戎，而戎亦必以女戎胜晋，其若之何！”里克曰：“何如？”史苏曰：“昔夏桀伐有施[5]，有施人以妹喜女焉，妹喜有宠，于是乎与伊尹比而亡夏。殷辛伐有苏，有苏氏以妲己女焉，妲己有宠，于是乎与胶鬲比而亡殷[6]。周幽王伐有褒，褒人以褒姒女焉[7]，褒姒有宠，生伯服，于是乎与虢石甫比[8]，逐太子宜臼而立伯服。太子出奔申，申人、鄫人召西戎以伐周[9]，周于是乎亡。今晋寡德而安俘女，又增其宠，虽当三季之王[10]，不亦可乎？且其兆云：‘挟以衔骨，齿牙为猾。’我卜伐骊，龟往离散以应我。夫若是，贼之兆也，非吾宅也，离则有之。不跨其国，可谓挟乎？不得其君，能衔骨乎？若跨其国而得其君，虽逢齿牙，以猾其中，谁云不从？诸夏从戎，非败而何？从政者不可以不戒，亡无日矣！”

【注释】

①献公：晋献公，姬姓，名诡诸。骊（lí）戎：古代部族，当时居住在陕西省临潼县一带。

②猾：弄，拨弄。捽（zuó）：抵触；冲突。携：离散，叛离。

③骊姬：骊戎首领的女儿。

④瘳（chōu）：损害，减损。

⑤里克：又名里季子，晋国大夫。桀（jié）：中国夏朝末代君主，相传是暴君。有施：古国名，其所在地不详。

⑥妲己：有苏氏的美女。胶鬲：商朝的贤臣，后弃商事周，助武王灭纣。

⑦褒姒：褒国的美女。

⑧虢石甫：虢国国君石甫，又作石父。

⑨鄫（zēng）：古国名，在今河南省方城县。

⑩三季之王：即夏桀、商纣和周幽王。

【译文】

晋献公卜问讨伐骊戎的结果，史苏占卜后说：“能取胜但不吉利。”献公问：“此话怎讲？”史苏回答说：“从兆象看是齿牙互相夹持，衔着一块骨头，齿牙咬弄着它，象征骊戎和晋国的互相冲突。齿牙交对冲突，就是交替取胜之意啊，所以我才说卦象是胜而不吉。况且兆象最怕遇到口，这意味着百姓叛离，那就像是移走了国家的心脏一样啊。”献公说：“哪来什么口！口由我控制，我不接受，谁敢兴起口舌！”史苏回答说：“假如连百姓都可以叛离，那么入耳的甜言蜜语您必然会欣然接受。如此任性而不自知，又怎么能去阻止祸患呢？”献公不听，于是讨伐骊戎，最终攻克国都而获胜，并把俘获的骊姬带回晋国，骊姬因而得宠，很快被立为夫人。献公设酒宴款待大夫们，命司正官斟满酒递给史苏，说：“只饮酒不许吃菜。当初讨伐骊戎战役之前，你说‘胜而不吉’，所以现在只赏你饮酒，而罚你不许享用菜肴。我打败敌国而且又得到爱妃，哪有什么比这更大的吉利！”史苏饮完酒，低头拜谢说：“兆象上有的，我不敢隐蔽。隐蔽兆象的内容，就失了做臣子的职责，倘若有了这两宗罪过，还凭什么去事奉国君呢？如果等到大的惩罚即将临头，那就不只是没有菜肴下酒了。国君也许是喜欢吉兆而防备凶兆的，虽然凶兆没有出现，防备一下又有什么害处呢？如果其中真的有凶险，那么防备了就可以减少损害。我占卜不灵验，那是国家的福气啊，我岂敢害怕受罚。”

饮完酒出来，史苏对大夫们说：“有男兵必有女兵。如果说晋国以男人的力量战胜了骊戎，那么它也一定会用女人的力量战胜晋国的，倘若真这样那该怎么办！”大夫里克问：“这是怎么回事？”史苏说：“过去夏朝的桀讨伐有施氏，有施氏的人把妹喜进献给桀，妹喜得宠，于是就与伊尹一起制造祸乱而使夏朝灭亡。商朝的纣王讨伐有苏氏，有苏氏的人把妲己进献给纣王，妲己得宠，于是就与胶鬲一起合谋使殷商灭亡。周幽王讨伐褒国，褒国的人把褒姒进献给幽王，褒姒得宠，生了伯服，于是就联合虢石甫，设计赶走了太子宜臼而改立伯服为太子。太子宜臼出走申国，申国人、鄫国人邀集西戎一起讨伐周朝，西周由此而灭亡。现在晋君德行不高，而被那个俘虏而来的敌国女子所迷惑，还增加对她的宠幸，那么就算是把晋君比作夏、商、西周三朝的末代君王，不也是完全可以了吗？况且那兆象上说：‘上下挟持衔着骨头，齿牙咬弄着它。’我卜问的是讨伐骊戎的胜败，神龟回答我的结果却是晋国的离散，倘若真是这样，那可是败国的征兆啊。非但我们不能安居下去，国家也有分裂的危险。如果不是有人从外面入据晋国，能说是挟持吗？如果不是有人得宠于国君，可以说是衔骨吗？如果有人入据晋国而且得宠于国君，虽然是齿牙相遇，如果不是阴谋干出齿牙咬弄的事情，谁敢说不服从？诸如晋国服从骊戎的女人，不是失败又是什么？从事国家政事的人不能不戒备，否则亡国没有几天了！”

【原文】

郭偃曰[①]：“夫三季王之亡也宜。民之主也，纵惑不疚，肆侈不违，流志而行，无所不疚，是以及亡而不获追鉴。今晋国之方，偏侯也。其土又小，大国在侧，虽欲纵惑，未获专也。大家、邻国将师保之，多而骤立，不其集亡。虽骤立，不过五矣。且夫口，三五之门也。是以谗口之乱，不过三五。且夫挟，小鲠也[②]。可以小戕[③]，而不能丧国。当之者戕焉，于晋何害？虽谓之挟，而猾以齿牙，口弗堪也，其与几何？晋国惧则甚矣，亡犹未也。商之衰也，其铭有之曰：'嗛嗛之德，不足就也，不可以矜，而只取忧也。嗛嗛之食，不足狃也[④]，不能为膏，而只罹咎也[⑤]。'虽骊之乱，其罹咎而已，其何能服？吾闻以乱得聚者，非谋不卒时，非人不免难，非礼不终年，非义不尽齿，非德不及世，非天不离数。今不据其安，不可谓能谋；行之以齿牙，不可谓得人；废国而向己，不可谓礼；不度而迂求，不可谓义；以宠贾怨，不可谓德；少族而多敌，不可谓天。德义不行，礼义不则，弃人失谋，天亦不赞。吾观君夫人也，若为乱，其犹隶农也。虽获沃田而勤易之，将不克飨[⑥]，为人而已。"士蒍曰："诚莫如豫，豫而后给[⑦]。夫子诚之，抑二大夫之言其皆有焉。"

既，骊姬不克，晋正于秦，五立而后平。

【注释】

①郭偃（yǎn）：晋国大夫。

②鲠（gěng）：阻塞；堵塞。

③戕（qiāng）：伤害。

④嗛嗛（qiān qiān）之食：微小。指很少的一点食物。狃（niǔ）：贪图。

⑤罹咎（lí jiù）：遭受祸患。

⑥飨（xiǎng）：乡人相聚宴饮。

⑦豫：通"预"，预先，事先，准备。

【译文】

大夫郭偃说："夏、商和西周三个末代君王的灭亡按说也是合理的。身为百姓的君主，只知放纵惑乱却毫不知愧疚而反省，肆意奢侈而毫不忌讳，行动随心所欲，无所不用其极而不感到愧疚，所以亡了国而且无法得到后世的追念。现在晋国居处的地位，只是一个偏远的小侯国而已，土地不多，齐、秦等大国就在旁边，即使国君想放纵惑乱，也没有那个独特的条件啊。况且国内的上卿和邻国都将会教训他，经历了一次次地用新君取代荒淫的旧君，但还不至于亡国。虽说会多次改立新君，但也没有超过五次。而且因为口在星象上是纪三辰和宣五行的门户，所以由口之谗毁而引发的内乱，不过牵涉三个或者五个国君而已。至于挟，只是小阻塞而已，可以造成小的伤害，但不足以亡国。当事者虽受到伤害，但对晋国又有什么大碍呢？虽说是内外挟持，而且齿牙咬弄，然而口不能承受其重，那么它又能为害多久呢？晋国所面临的恐惧则是很严重了，但亡国还不至于。商朝衰亡的原因，在钟鼎铭文上是这样记载的：‘小小的德行，不足以让世人归心，不可以因此而自夸，那样只能是获取忧患。少少的食禄，不值得贪欲，不能肥己，那样只会遭到不幸的祸患。’就算骊姬挑起内乱，不过是她自己遭到祸患罢了，她又如何能使人顺从呢？我听说通过祸乱聚敛财富笼络人心向背的人，没有好的计谋就不能维系长久，得不到民心所向就不能自免于难，不合礼法就不能坚持到底，违反仁义就不能尽其天寿，没有德惠就不能得到永世相继，没有天命佑助就不能长盛不衰。现在骊姬不居安而处危，不能算是善谋；做齿牙咬弄的事以害人，不能算是深得民心；毁弃国家而为个人，不能算合乎礼；不去审度利害关系而冒然以邪夺正，不能算是讲究大义；自恃得宠而借此招怨国人，不能算是有德；缺少族亲朋党的辅助而广树政敌，不能算是已得天助。如此不行德义，不效礼法，背弃百姓，缺乏谋略，所以上天也不会帮助她的。依我看那国君夫人如果挑起内乱，将会像农夫奴隶一样，虽然获得一块良田并且勤于耕作，也还是不够宴请乡人宴饮的，不过是为人辛劳而已。”大夫士偃说：“与其告诫不如预先作准备，有了准备一旦出事就好应对了。您告诫的这些，以及两位大夫的话都是很有道理的。”

此后不久，骊姬的图谋果然没有得逞，晋国的内乱在秦国的干预下被匡正，而且先后立了五个国君晋国才安定下来。

史苏论骊姬必乱晋

【原文】

献公伐骊戎，克之，灭骊子[①]，获骊姬以归，立以为夫人，生奚齐。其娣生卓子。骊姬请使申生主曲沃以速悬[②]，重耳处蒲城[③]，夷吾处屈[④]，奚齐处绛[⑤]，以儆无辱之故。公许之。史苏朝，告大夫曰：“二三大夫其戒之乎，乱本生矣！日，君以骊姬为夫人，民之疾心固皆至矣。昔者之伐也，兴百姓以为百姓也，是以民能欣之，故莫不尽忠极劳以致死也。今君起百姓以自封也，民外不得其利，而内恶其贪，则上下既有判矣。然而又生男，其天道也？天强其毒，民疾其态，其乱生哉！吾闻君之好好而恶恶，乐乐而安安，是以能有常。伐木不自其本，必复生；塞水不自其源，必复流；灭祸不自其基，必复乱。今君灭其父而言其子，祸之基也。畜其子，又从其欲，子思报父之耻而信其欲。虽好色，必恶心，不可谓好。好其色，必授之情。彼得其情以厚其欲，从其恶心，必败国且深乱。乱必自女戎，三代皆然。”

骊姬果作难，杀太子而逐二公子。君子曰："知难本矣。"

【注释】

①骊子：骊戎的国君。

②申生：晋献公的太子。曲沃：晋国的别都，在今山西省闻喜县东北。

③重耳：太子申生的异母弟。蒲城：晋国古城名，在今山西省隰县西北。

④夷吾：太子申生的异母弟。屈：晋国古城名，在今山西省乡宁县北。

⑤奚齐：骊姬与晋献公生的儿子。绛：晋国的都城，在今山西省翼城县东。晋穆侯在位时从曲沃迁都到此，晋献公增筑为都城。

【译文】

晋献公讨伐骊戎，征服了这个国家，杀了国君骊子，并俘获骊姬回国，立她为夫人。后来骊姬生了奚齐，她妹妹生了卓子。骊姬请求献公派太子申生去曲沃以逼他速死，另派公子重耳去蒲城，公子夷吾去屈地，而把奚齐留在国都绛城。她说这是为了防备敌国的入侵，不让晋国受到耻辱。献公同意了她的请求。史苏上朝时对大夫们说："你们可要有所戒备了啊，晋国内乱的根子已经产生了！当年，国君立骊姬为夫人，民众的不满之心就已达到极点了。古代的明君从事征伐，是发动百姓为百姓除害，所以民众能高兴地拥戴他，无不尽忠竭力甚至不惜一死。如今国君发动百姓却是为了扩大自己的封地，民众对外攻战得不到利益，又厌恶国内君王的贪欲，因而君民上下已经离心了。然而骊姬又是生了儿子，难道这是天意吗？上天加强了晋国的祸害，民众不满这种状况，内乱就要发生了！我听说国君应该喜欢好的事物而去憎恶坏的事物，欢乐时就高兴，安定时就放心，这样的统治才能持久正常。砍伐树木不从树根开始，必定会重新萌生；堵塞河水不从源头开始，必定会重新流淌；消灭祸乱不从根本着手，必定会重生祸乱。如今国君杀了骊姬的父亲却又留下骊姬，这正是祸乱的根基啊。既留下骊姬，还要顺从她的欲望，她想雪杀父之耻就会滋张野心。虽然拥有娇美的姿色，但内心很丑恶，这不能算是真正的美。国君喜欢她的美丽外貌，必定会答应她的要求。她得到国君的宠爱定会进一步加强政治上的欲望，扩张她的野心，这样就必定会使晋国败亡并且造成深重的祸乱。祸乱一定来自女人，夏、商、西周都是这样。"

后来骊姬果然作乱，逼死了太子申生并驱逐了公子重耳和夷吾。君子说："史苏洞察到灾难的根源了。"

献公将黜太子申生而立奚齐

【原文】

骊姬生奚齐，其娣生卓子。公将黜太子申生而立奚齐。里克、丕郑、荀息相见①，里克曰：“夫史苏之言将及矣！其若之何？”荀息曰：“吾闻事君者，竭力以役事，不闻违命。君立臣从，何贰之有？”丕郑曰：“吾闻事君者，从其义，不阿其惑。惑则误民，民误失德，是弃民也。民之有君，以治义也。义以生利，利以丰民，若之何其民之与处而弃之也？必立太子。”里克曰：“我不佞，虽不识义，亦不阿惑，吾其静也。”三大夫乃别。蒸于武公②，公称疾不与，使奚齐莅事。猛足乃言于太子曰：“伯氏不出③，奚齐在庙，子盍图乎④！”太子曰：“吾闻之羊舌大夫曰⑤：‘事君以敬，事父以孝。’受命不迁为敬，敬顺所安为孝。弃命不敬，作令不孝，又何图焉？且夫间父之爱而嘉其贶，有不忠焉；废人以自成，有不贞焉。孝、敬、忠、贞，君父之所安也。弃安而图，远于孝矣，吾其止也。”

【注释】

①黜：废黜。里克、丕郑、荀息：三人均为晋国大夫。

②蒸：祭祀名。古代冬祭曰蒸。武公：即武宫，晋献公的祖庙。

③猛足：太子申生的家臣。伯氏：指晋献公的长子申生。古代兄弟排列次序为伯、仲、叔、季。

④盍（hé）：为何；什么；怎么。

⑤羊舌大夫：人名，羊舌职的父亲。

【译文】

骊姬生了奚齐，她妹妹生了卓子。后来，晋献公打算废黜太子申生而改立奚齐为太子。大夫里克、丕郑、荀息三人见面时，里克说：“史苏的预言将要应验了，这可怎么办呢？”荀息说：“我听说侍奉国君的人，应该竭尽全力为君王办事，从没听说可以违抗君命的。国君决定的事臣子理应服从，怎么可以有二心呢？”丕郑说：“我听说侍奉国君的人，只能服从正确的决定，不可阿谀而屈从国君的错误。国君的错误会影响民众，民众跟着一起犯错误而丢失德行，这是抛弃民众的行为啊。民众之所以要有国君，就是要君主确立正义的举措，正义是用来生利的，利是用来丰裕民众的。怎么可以与民众共处却有抛弃他们的行为呢？一定要让国君立申生为太子才对。”里克说：“我没有才能，虽然不懂德义，但也不会阿谀而屈从国君的错误，我将保持沉默。”三位大夫于是相互道别而去。冬天祭祀武宫祖庙时，献公称病未去参加，而派奚齐主持祭事。猛足为此对太子申生说：“不让长子出面，却由奚齐在祖庙主持，你是怎么考虑自身地位的安固呢？”太子说：“我听羊舌大夫说过：‘臣事国君要用恭敬的态度，服侍父亲则要用孝道。’接受君命而坚信不移称为恭敬，以恭敬的态度顺从父亲的意愿去行动称为孝道。违抗君命就是不敬，违抗命令而擅自行动就是不孝，我又能为自己考虑什么呢？况且离间父亲的爱却还享受他的赏赐，那就是不忠了；废了别人来成全自己，那就是不贞了。孝、敬、忠、贞，是君父肯定的好品德。抛弃这些好品德而考虑自己的地位，那就远离孝了，所以我只有静待命运的安排了。”

献公伐翟柤

【原文】

献公田，见翟柤之氛[①]，归寝不寐。郤叔虎朝[②]，公语之。对曰：“床笫之不安邪？抑骊姬之不存侧邪？”公辞焉。出遇士[③]，曰：“今夕君寝不寐，必为翟柤也。夫翟柤之君，好专利而不忌，其臣竞谄以求媚，其进者壅塞，其退者拒违。其上贪以忍，其下偷以幸，有纵君而无谏臣，有冒上而无忠下。君臣上下各餍其私[④]，以纵其回，民各有心而无所据依。以是处国，不亦难乎！君若伐之，可克也。吾不言，子必言之。”士以告，公悦，乃伐翟柤。郤叔虎将乘城，其徒曰：“弃政而役，非其任也。”郤叔虎曰：“既无老谋，而又无壮事，何以事君？”被羽先升，遂克之。

【注释】

①翟柤（zū）：古国名。

②郤叔虎：晋国大夫，名豹。

③士：晋国大夫。

④餍（yàn）：满足。

【译文】

晋献公去田猎时，看见翟柤国上空弥漫着凶气，回来后夜晚难以安睡。郤叔虎上朝时，献公告诉他这件事。郤叔虎问：“是因为床铺不安适呢？还是因为骊姬不在身旁呢？”献公没作回答。郤叔虎退朝出来遇见大夫士，说：“今晚国君睡不好觉，一定是因为翟柤国。那翟柤国的国君喜欢独占利益而且毫不顾忌，他的臣下争相奉承以求讨好他。那些升官的都是堵塞国君视听的小人，那些遭到排斥的都是进谏良言的忠臣。在上为君者贪婪而不义，臣下则苟且以求侥幸，有放纵的国君而没有直言进谏的臣子，有贪婪的君上而没有忠心耿耿的下属。君臣上下各自满足自己的私欲，放纵他们的邪恶，民众各有自己的想法却无所依靠。像这样治国，不也是很困难吗！晋君如要征伐它，准能成功。这些话我不说，你一定要向晋君说。”士把这事告诉了献公，献公很高兴，于是出兵征伐翟柤国。郤叔虎准备登上城墙杀敌，他的部下说：“丢下政务去作战，这不是你的职责啊。”郤叔虎答道：“我既没有深谋，又不去出力，凭什么事奉国君呢？”于是披着鸟羽战袍率先爬上城墙，打败了翟柤国。

优施教骊姬远太子

【原文】

公之优曰施①，通于骊姬。骊姬问焉，曰：“吾欲作大事，而难三公子之徒如何？”对曰：“早处之，使知其极。夫人知极，鲜有慢心；虽其慢，乃易残也。”骊姬曰：“吾欲为难，安始而可？”优施曰：“必于申生。其为人也，小心精洁，而大志重，又不忍人。精洁易辱，重偾可疾②，不忍人，必自忍也。辱之近行。”骊姬曰：“重，无乃难迁乎？”优施曰：“知辱可辱，可辱迁重；若不知辱，亦必不知固秉常矣。今子内固而外宠，且善否莫不信。若外殚善而内辱之，无不迁矣。且吾闻之：甚精必愚。精为易辱，愚不知避难。虽欲无迁，其得之乎？”是故先施谗于申生。骊姬赂二五③，使言于公曰：“夫曲沃，君之宗也；蒲与二屈④，君之疆也，不可以无主。宗邑无主，则民不威；疆埸无主，则启戎心。戎之生心，民慢其政，国之患也。若使太子主曲沃，而二公子主蒲与屈，乃可以威民而惧戎，且旌君伐。”使俱曰：“狄之广莫，于晋为都。晋之启土，不亦宜乎？”公悦，乃城曲沃，太子处焉；又城蒲，公子重耳处焉；又城二屈，公子夷吾处焉。骊姬既远太子，乃生之言，太子由是得罪。

【注释】

①施：人名，为晋献公乐舞逗趣的艺人。

②偾（fèn）：僵死；败坏，破坏。

③二五：均为人名，指晋国的下大夫梁五和东关五。

④二屈：地名。屈地分为南屈与北屈，故称二屈。

【译文】

晋献公有个为他乐舞逗趣的艺人叫施，与骊姬有私情。骊姬向他请教说："我想办件大事，向太子申生和公子重耳、夷吾三位公子发难，应该怎么做？"施回答说："早点把他们的地位固定下来，使他们认识到自己的地位已经到了顶点。人若知道自己的地位已经到顶，就不敢再有非分之想。即使有轻慢之心，也能很容易击败。"骊姬又问："我要发难，可以先从谁下手呢？"施回答说："必须先从太子申生开始。申生为人胆小怕事而洁身自好受不得辱，而且年长稳重，心地善良又不忍心害人。那洁身自好受不得辱的人，就很容易羞辱他；稳重而不灵活的人，就可以找他的毛病而败坏他；不忍心害人的人，必定是只能自己忍了。可以对他最近的行为进行诬蔑。"骊姬说："行事稳重的人，恐怕难以动摇他吧？"施说："懂得羞耻的人才可以羞辱他，即使性格再稳重也是可以动摇的。如果一个人不在乎羞辱，也就一定不知道固守常规了。现在夫人内得君心，外受群臣宠信，你说一个人好话或坏话，国君没有不相信的。如果你表面做出善待申生的样子，私下用不义的罪名羞辱他，那么就没有不动摇的。我还听说，过分精明的人近于愚蠢。精明的人容易受辱，甚至愚蠢得不知躲避祸难。即使他想不被撼动，他能办得到吗？"于是骊姬就先对申生施加谗言。骊姬买通梁五和东关五，叫他们向献公进言说："曲沃，是您的宗庙所在之地；蒲和南北二屈之地，是您的边疆要地，不能没有人主管。宗庙所在地没有人主管，民众就不会畏惧；边疆要地没有人主管，就会引发戎狄的侵略野心。戎狄产生野心，民众轻慢朝廷，这是国家的大患啊。如果让太子申生去主管曲沃的宗庙，让公子重耳和夷吾去主管蒲和南北二屈，就可以威服民众并使戎狄惧怕，而且也彰明了您的伟大功绩。"骊姬又指使这两个人一同对献公说："戎狄有广阔土地，让它成为晋国的下邑，使晋国开拓了疆土，不也是一件很好的事吗？"献公听了很高兴，就下令在曲沃筑城，让太子申生守卫在那里；然后又下令在蒲筑城，让公子重耳驻扎在那里；又下令在南北二屈筑城，让公子夷吾驻扎在那里。骊姬达到使太子离开国都的目的之后，就开始编造谗言陷害他们，太子申生因此而蒙受了不白之冤。

献公作二军以伐霍

【原文】

十六年[①]，公作二军，公将上军，太子申生将下军以伐霍[②]。师未出，士言于诸大夫曰："夫太子，君之贰也。恭以俟嗣，何官之有？今君分之土而官之，是左之也。吾将谏以观之。”乃言于公曰：“夫太子，君之贰也，而帅下军，无乃不可乎？”公曰：“下军，上军之贰也。寡人在上，申生在下，不亦可乎？”士对曰：“下不可以贰上。”公曰：“何故？”对曰：“贰若体焉，上下左右，以相心目，用而不倦，身之利也。上贰代举，下贰代履，周旋变动，以役心目，故能治事，以制百物。若下摄上，与上摄下，周旋不动，以违心目，其反为物用也，何事能治？故古之为军也，军有左右，阙从补之，成而不知，是以寡败。若以下贰上，阙而不变，败弗能补也。变非声章，弗能移也。声章过数则有衅，有衅则敌入，敌入而凶，救则不暇，谁能退敌？敌之如志，国之忧也。可以陵小，难以征国。君其图之！”公曰：“寡人有子而制焉，非子之忧也。”对曰：“太子，国之栋也。栋成乃制之，不亦危乎？”公曰：“轻其所在，虽危何害？”

士出语人曰：“太子不得立矣。改其制而不患其难，轻其任而不忧其危，君有异心，又焉得立？行之克也，将以害之；若其不克，其因以罪之。虽克与否，无以避罪。与其勤而不入，不如逃之。君得其欲，太子远死，且有令名，为吴太伯③，不亦可乎？”太子闻之，曰：“子舆之为我谋④，忠矣。然吾闻之：为人子者，患不从，不患无名；为人臣者，患不勤，不患无禄。今我不才而得勤与从，又何求焉？焉能及吴太伯乎？”太子遂行，克霍而反，谗言弥兴。

【注释】

①十六年：指晋献公十六年，即公元前661年。

②霍：古国名，周武王弟叔武的封国。

③吴太伯：周文王的伯父。本为太子，为了让位给弟弟而出走吴地。后周武王追封为吴伯，亦叫吴太伯。

④子舆（yú）：晋国大夫士的字。

【译文】

晋献公十六年，献公组建上、下两军。献公统领上军，太子申生统领下军去攻伐霍国。军队出发前，大夫士对诸位大夫说：“太子，是国君的继承人。恭敬地等着继承君位，怎么能拜有官位呢？现在国君分封给他土地，还给他安排了官职，这是把他当外人看待啊。我要向国君进谏来了解他的想法。”于是对献公说：“太子，是国君的继承人，而您却让他去统领下军，恐怕这不合宜吧？”献公说：“下军，就是上军的副职。我统领上军，申生统领下军，这不也是可以的吗？”士回答说：“下不可以作为上的副职。”献公问：“这是为什么？”士回答说：“正副职的关系就像人的四肢一样，分成上下和左右，用来辅助心和目，所以才能经久使用而不疲倦，同时给身体带来好处。上肢的左右手交替举物，下肢的左右脚交替行走，上下、左右轮流变换，用来服务于心和目，人所以才能处理诸多事务，用以节制百物。如果下肢去牵制上肢，或者上肢去牵制下肢，四肢不能正常地轮流变换，就会破坏心目间的协调，这样人反而会被百物牵制，什么事能做得成呢？所以古代组建的军队，有左军和右军，缺了可以及时补上，列成阵势后敌方根本没有察觉，所以很少失败。如果以下军作为上军的副职，一旦出现缺口就不能变动补充，失败了也不能补救。没有表示进退的旗鼓指挥，军队是不能移动的。旗鼓的变化超过了规定的数目就会出现队形的空隙，有了空隙敌军就会乘虚而入，敌军攻入后，形势就会不利，再想挽回败局已来不及了，谁还能击退敌军呢？敌军一旦得逞，是国家的忧患啊。所以混乱军制，只能侵凌小国，难以征服大国。请国君三思啊！”献公说：“我有儿子，并且已经为他编制了下军，不用你担心了。”士极力劝谏说：“太子，是国家的栋梁。栋梁已成，却让他带兵作战，不也是很危险吗？”献公说：“减轻他的责任，虽然有危险，会有什么害处？”

士出来告诉众人说：“太子不能继承君位了。国君改变了他的职位却不考虑他的困难，减轻了他的责任却不担心他的危险，国君既已存异心，太子又怎能继承君位呢？他此行若能伐霍成功，将会因为得民心而被陷害；若不成功，定会因战败而获罪。无论成功与否，都没有办法躲避罪责。与其勤奋卖力而得不到国君的满意，还不如逃离晋国的好。这样国君得遂其愿，太子也远远避开了死亡的危险，而且将获得美名，做吴太伯，不也很好吗？”太子听到士的议论后说：“子舆为我考虑，可谓是忠心耿耿了。但是我听说：做儿子的，怕不顺从父亲的命令，并不怕没有美名；做臣子的，怕不辛勤事奉国君，不怕得不到俸禄。如今我没有才能却得到跟随君父征伐的机会，还能要求什么呢？我又怎么能比得上吴太伯呢？”于是，太子率军出征，打败了霍国凯旋，诽谤他的谗言也随之弥漫而起。

优施教骊姬谮申生

【原文】

优施教骊姬夜半而泣谓公曰：“吾闻申生甚好仁而强，甚宽惠而慈于民，皆有所行之。今谓君惑于我，必乱国，无乃以国故而行强于君。君未终命而不殁，君其若之何？盍杀我，无以一妾乱百姓。”公曰：“夫岂惠其民而不惠于其父乎？”骊姬曰：“妾亦惧矣。吾闻之外人之言曰：为仁与为国不同。为仁者，爱亲之谓仁；为国者，利国之谓仁。故长民者无亲，众以为亲。苟利众而百姓和，岂能惮君？以众故不敢爱亲，众况厚之，彼将恶始而美终，以晚盖者也。凡民利是生，杀君而厚利众，众孰沮之？杀亲无恶于人，人孰去之？苟交利而得宠，志行而众悦，欲其甚矣，孰不惑焉？虽欲爱君，惑不释也。今夫以君为纣，若纣有良子，而先丧纣，无章其恶而厚其败。钧之死也，无必假手于武王，而其世不废，祀至于今，吾岂知纣之善否哉？君欲勿恤，其可乎？若大难至而恤之，其何及矣！"

公惧曰："若何而可？"骊姬曰："君盍老而授之政。彼得政而行其欲，得其所索，乃其释君。且君其图之，自桓叔以来[①]，孰能爱亲？唯无亲，故能兼翼。"公曰："不可与政。我以武与威，是以临诸侯。未殁而亡政，不可谓武；有子而弗胜，不可谓威。我授之政，诸侯必绝；能绝于我，必能害我。失政而害国，不可忍也。尔勿忧，吾将图之。"骊姬曰："以皋落狄之朝夕苛我边鄙[②]，使无日以牧田野，君之仓廪固不实[③]，又恐削封疆。君盍使之伐狄，以观其果于众也，与众之信辑睦焉。若不胜狄，虽济其罪，可也。若胜狄，则善用众矣，求必益广，乃可厚图也。且夫胜狄，诸侯惊惧，吾边鄙不儆，仓廪盈，四邻服，封疆信，君得其赖，又知可否，其利多矣。君其图之！"公悦，是故使申生伐东山，衣之偏裻之衣，佩之以金玦[④]。

仆人赞闻之，曰："太子殆哉！君赐之奇，奇生怪，怪生无常，无常不立。使之出征，先以观之，故告之以离心，而示之以坚忍之权，则必恶其心而害其身矣。恶其心，必内险之；害其身，必外危之。危自中起，难哉！且是衣也，狂夫阻之衣也[⑤]。其言曰：'尽敌而反。'虽尽敌，其若内谗何！"申生胜狄而反，谗言作于中。君子曰："知微。"

【注释】

①桓叔：晋献公的曾祖。

②皋落狄：狄族的一支。

③仓廪（lǐn）：储藏米谷之所。

④偏裻（dú）：指戎衣。金玦（jué）：有缺口的黄金环。

⑤狂夫：古代掌驱疫和墓葬时驱鬼的官属，又叫方相氏。

【译文】

艺人施献计让骊姬在夜里哭着对献公说："我听说申生为人很仁义而且势力强大，对百姓也很宽厚慈爱，这些都是别有用心的举动。如今他说国君被我迷惑，一定会因此而乱国，我恐怕他要以国家利益为借口对你强制施行武力。君王你还健在，准备怎样处理这件事呢？何不杀了我，不要为了一个女人而祸乱百姓。"献公问："他难道会施惠于百姓而不爱他的父亲吗？"骊姬说："我也正害怕这个啊。我听别人说：施行仁义和效忠国家不一样。施行仁义的人，把爱自己的亲人称作仁；而效忠国家的人，把安定社稷称作仁。所以能长久受百姓拥戴的人没有私亲，而以百姓为亲。倘若他认为对多数人有利又能把百姓团结在自己周围，还怕弑君吗？为了多数人的缘故而不爱私亲，大家会更加拥戴他，他开始虽有弑君的恶名，可是最终能得到忠于国家的美名，用后来的善行掩盖前面的罪恶。民众总是为追求利而生的。杀了国君而让民众得到厚利，民众有谁还会反对他呢？杀了父亲但没有施恶于他人，民众有谁还会背弃他呢？如果大家都得利而受尊宠，他的志向得以实现又使大家高兴，大家就会更拥戴他了，谁能不被他所迷惑呢？即使百姓想爱戴国君，可这种迷惑解脱不了啊。现在且把国君比作纣王，如果纣王有个好儿子，先把纣王杀了，这样就不会张扬纣的罪恶而招来周的诛伐。同样是死，就不必借周武王之手了，而且国家也不会灭亡，祖宗至今还能得到祭祀，我们岂能知道纣王其人是善还是恶呢？你想不让这类事发生，能办得到吗？等到大祸临头时才忧虑，就再也来不及了！”

献公害怕地问："怎么办才好呢？"骊姬说："你何不称老退位而把国政交给申生。申生掌握了国政，按自己心愿行事，得到了他追求的东西，就会放过你。你再考虑一下，自你的曾祖桓叔以来，谁能爱过亲人？正因为不爱私亲，所以才能把本家占有的翼地兼并了。"献公说："不能把国政交出去。我凭着武力和威势，才得以驾驭诸侯。没死就丢失国政，不能算是勇武；连儿子也制服不了，不能算有威势。我把国政交给他，诸侯必定会和我们断绝关系；能断绝关系，必定会加害于我们。丢失国政而且害了国家，这是不能容忍的。你不必担心，我会有办法对付他。"骊姬说："皋落狄不分早晚侵扰我国的边境，使那里的边民没有一天可以到田野放牧牛羊。国君的仓库本来就不充实，又担心外族削减我国的疆土。你何不派申生去讨伐狄国，以便观察他是否能带兵，与民众的关系是否确实很和睦。如果他不能战胜狄国，那就自然构成罪名，可以加罪于他；如果战胜了狄国，那就说明他善于笼络人心役使民众，他所求就会得到更多，我们就更要想办法对付他。况且战胜狄国，诸侯们将会惊恐惧怕，我们的边境即使不必戒备，国库也一样充实，四邻畏服，疆界不会有争议，你得到这些利益，又可以知道如何去对付申生，好处太多了。你何不谋划一下这件事！”献公听了很高兴，于是决定派申生讨伐东山的狄人，让他穿一件左右颜色各异的戎衣，佩戴一块有缺口的金玦。

申生的仆人赞听到后说：“太子太危险了！国君赐给他奇异的东西，奇就要生怪，怪就要出现反常，反常预示着太子将不能继位成为国君。派他出征，先以此观察他和民众的关系，用左右颜色各异的衣服象征不一致，用有缺口的金玦暗示冷淡和离心，这就必定是讨厌他的心性而想加害于他的身体了。讨厌他的心性，就必定在内部使他陷于危险；要加害于他的身体，就必定在外面使他陷于绝境。危险从内部产生，难以摆脱啊！况且那件衣服，是要让方相氏诅咒后才能穿的。方相氏的诅咒说：‘消灭敌人而返回。’即使消灭了敌人，申生又能对内部的谗言怎么样呢？”申生战胜了狄国回来以后，对他不利的谗言从宫中开始散布。有识之士说：“赞这个人知道精微的道理。”

申生伐东山

【原文】

十七年冬[①]，公使太子伐东山。里克谏曰：“臣闻皋落氏将战，君其释申生也！”公曰：“行也！”里克对曰：“非故也。君行，太子居，以监国也；君行，太子从，以抚军也。今君居，太子行，未有此也。”公曰：“非子之所知也。寡人闻之，立太子之道三：身钧以年，年同以爱，爱疑决之以卜、筮[②]。子无谋吾父子之间，吾以此观之。”公不说。里克退，见太子。太子曰：“君赐我以偏衣、金玦，何也？”里克曰：“孺子惧乎？衣躬之偏，而握金玦，令不偷矣。孺子何惧？夫为人子者，惧不孝，不惧不得。且吾闻之曰：‘敬贤于请。’孺子勉之乎！”君子曰：“善处父子之间矣。”

太子遂行，狐突御戎，先友为右[③]，衣偏衣而佩金玦。出而告先友曰：“君与我此，何也？”先友曰：“中分而金玦之权，在此行也。孺子勉之乎！”狐突叹曰：“以尨衣纯，而玦之以金铣者[④]，寒之甚矣，胡可恃也？虽勉之，狄可尽乎？”先友曰：“衣躬之偏，握兵之要，在此行也，勉之而已矣。偏躬无慝[⑤]，兵要远灾，亲以无灾，又何患焉？”

至于稷桑⑥，狄人出逆，申生欲战。狐突谏曰：“不可。突闻之：国君好艾，大夫殆；好内，适子殆，社稷危。若惠于父而远于死，惠于众而利社稷，其可以图之乎？况其危身于狄以起谗于内也？”申生曰：“不可。君之使我，非欢也，抑欲测吾心也。是故赐我奇服，而告我权。又有甘言焉。言之大甘，其中必苦。谮在中矣，君故生心。虽蝎谮⑦，焉避之？不若战也。不战而反，我罪滋厚；我战死，犹有令名焉。”果败狄于稷桑而反。谗言益起，狐突杜门不出。君子曰：“善深谋也。”

【注释】

①十七年：晋献公十七年（公元前660年）。

②卜：占卜。古人用火灼龟甲，根据龟甲的裂纹推测出行事的吉与凶。筮（shì）：占卦。古人用蓍草的茎以推测出行事的吉凶。

③狐突：狐偃之父，字伯行。先友：晋国大夫。

④金铣（xiǎn）：富有光泽的金属。

⑤慝（tè）：奸邪，邪恶。

⑥稷桑：皋落狄国境内的地名，其所在位置不详。

⑦谮（zèn）：说别人的坏话，诬陷，中伤。

【译文】

晋献公十七年冬，晋献公派太子申生讨伐东山皋落氏族。里克劝谏说：“我听说皋落氏族将拼死作战，国君还是放过申生不要去冒险吧！”献公说：“让他去！”里克回答说：“这不是过去的成例。过去国君出征，让太子留守，以监护国家；或者国君出征，让太子同行，以抚慰军心。如今您留守国都，而让太子出征，还从没有过这样的成例呢。”献公说：“这不是你所知道的。我听说，册立太子的原则有三条：德行相同时根据年龄长幼来决定，年龄相同时根据国君的喜爱程度来决定，喜爱谁尚有疑惑之时根据卜筮的结果来决定。你不必对我们父子之间的事情费心，我要通过这次出征来观察太子的能力。”献公不高兴。里克退下后，遇见太子。太子问：“父君赐给我偏衣和有缺口的金玦，这是为什么？”里克说：“你害怕了吗？国君让你穿偏衣，握金玦，是不想让你苟且偷安而能有所作为。你有什么可担忧的！做儿子的，只怕不能尽孝，不怕不能继位。况且我听说：‘恭敬胜于请求。’你还是努力孝敬国君吧。”君子都说：“里克善于处理父子之间的关系啊。”

太子于是出征，狐突掌驭兵车，先友担任车右。太子身上穿着偏衣，佩戴着金玦，离开国都后对先友说：“国君赐给我这些东西，意味着什么呢？”先友答道：“意味着在这次出征中你分得了一半君权，可以用金玦来决断大事，你好自为之吧！”狐突则叹息道：“拿杂色的戎衣让纯正的人穿，用寒冷的金属来分离人心，冷酷极了，还有什么可以依赖的？即使太子努力作战，狄人能全部消灭吗？”先友说：“穿着偏衣，执掌着军队的指挥权，太子在这次出征中，努力作战就可以了。国君给你偏衣并无恶意，让你掌握兵权可以远离灾害，既无恶意又能使你远离灾害，你还有什么可担忧的呢？”

到了稷桑，狄人出兵迎战。申生打算进攻，狐突劝告说：“不行。我听说，国君喜欢宠臣，大夫就危险；国君喜欢女色，太子就危险，国家将有危难。如果你顺从父亲的意愿让奚齐做太子就可以远离死亡，顺从民心不打仗可以有利于国家，何不考虑一下呢？再说你在狄人的国土上冒险征战，然而国内却已经出现针对你的谗言了。”申生说：“不能这样做。国君派我讨伐东山，不是喜欢我，而是想探测我的心思。所以才赐给我偏衣，又给了我金玦，临行前还说了些好话。说的话太甜，骨子里一定会苦。谗言起于宫廷，说明父君对我已生疑心。就算是遭受毒虫的伤害，我又怎能逃避它呢？不如拼死一战。倘若不战而回，我的罪就更大了。我战死的话，还可以有一个孝敬的好名声。”申生果然在稷桑打败了狄人然后回国。这时谗言更加兴起，狐突则闭门不出。有识之士说：“狐突善于深谋远虑啊。”

卷八　晋语二

骊姬谮杀太子申生

【原文】

反自稷桑，处五年，骊姬谓公曰："吾闻申生之谋愈深。日，吾固告君曰得众，众不利，焉能胜狄？今矜狄之善，其志益广。狐突不顺，故不出。吾闻之，申生甚好信而强，又失言于众矣，虽欲有退，众将责焉。言不可食，众不可弭①，是以深谋。君若不图，难将至矣！"公曰："吾不忘也，抑未有以致罪焉。"

骊姬告优施曰："君既许我杀太子而立奚齐矣，吾难里克，奈何！"优施曰："吾来里克，一日而已。子为我具特羊之飨，吾以从之饮酒。我优也，言无邮。"骊姬许诺，乃具，使优施饮里克酒。中饮，优施起舞，谓里克妻曰："主孟啖我，我教兹暇豫事君②。"乃歌曰："暇豫之吾吾，不如鸟乌。人皆集于菀，己独集于枯。"里克笑曰："何谓菀，何谓枯？"优施曰："其母为夫人，其子为君，可不谓菀乎？其母既死，其子又有谤，可不谓枯乎？枯且有伤。"

优施出，里克辟奠，不飧而寝。夜半，召优施，曰："曩而言戏乎④？抑有所闻之乎？"曰："然。君既许骊姬杀太子而立奚齐，谋既成矣。"里克曰："吾秉君以杀太子，吾不忍。通复故交，吾不敢。中立其免乎？"优施曰："免。"

旦而里克见丕郑，曰："夫史苏之言将及矣！优施告我，君谋成矣，将立奚齐。"丕郑曰："子谓何？"曰："吾对以中立。"丕郑曰："惜也！不如曰不信以疏之，亦固太子以携之，多为之故，以变其志，志少疏，乃可间也。今子曰中立，况固其谋也，彼有成矣，难以得间。"里克曰："往言不可及也，且人中心唯无忌之，何可败也！子将何如？"丕郑曰："我无心。是故事君者，君为我心，制不在我。"里克曰："弑君以为廉，长廉以骄心，因骄以制人家，吾不敢。抑挠志以从君，为废人以自利也，利方以求成人，吾不能。将伏也！"明日，称疾不朝。三旬，难乃成。

【注释】

①弭（mǐ）：止息，平息。

②啖（dàn）：吃或给人吃。暇豫：悠闲逸乐。

③菀（yù）：茂盛的样子。菀枯：常比喻人的荣辱、优劣。

④飧（sūn）：晚饭。曩（nǎng）：之前，过去。

【译文】

太子申生从稷桑回来后，过了五年，骊姬对献公说："我听说申生谋害你的谋略更成熟了。往日，我本来就告诉过你说申生颇得人心。如果他不给民众好处，又怎么能打败狄人呢？如今他夸耀征伐狄人时善于用兵，看来他的野心越来越大了。狐突因为太子处境不顺利，所以躲在家里不出来。我听说，申生特别偏好信义又自恃强大，而且他已把夺位的意图流露给众人了，即使现在想罢休，众人也要责备他的。说过的话不能食言，又不能平息众人，所以他会考虑得更加周密。国君如果不采取对策，大难就要降临了！"献公说："我不会忘记此事的，只是还没有给他加罪的理由。"

骊姬就去告诉优施说："国君已经答应我杀死太子改立奚齐了，但我感到里克很难对付，怎么办啊！"优施说："我来对付里克，只需一天就能使他就范。你为我准备一次特大的全羊宴席，我借以为由陪他喝酒。我是唱戏的优人，怎样说话也没有罪过。"骊姬答应下来，于是准备了宴席，让优施过去陪里克饮酒。喝到半醉时，优施站起来舞蹈，对里克的妻子说："夫人宴请我吃这一顿，我今天就教这位大夫如何悠闲逸乐地事奉好国君。"于是就唱起歌来："一心想悠闲逸乐事奉好国君啊，却不知如何才能愉快而又闲暇。这个人真是笨啊，他的智慧还不及鸟雀乌鸦。别人都会集到草木茂盛的地方去了，他却独自栖留在枯朽的枝丫。"里克笑着问道："什么叫草木茂盛的地方？什么叫枯朽的枝丫？"优施说："他的母亲是国君的夫人，她儿子将来就能做国君，这能不叫草木茂盛吗？他的母亲死了，她儿子又被人说坏话，能不叫枯朽的枝丫吗？这枯枝还会受伤被折断呢。"

优施走后，里克撤去酒菜，晚饭也不吃就睡下了。半夜时分，他召来优施，问道："之前你说的话是开玩笑呢？还是听到了什么风声？"优施回答说："确有其事。国君已经答应骊姬杀掉太子改立奚齐，谋划已经完成了。"里克说："如果要我顺从国君杀死太子，我不忍心。如果还和往常一样仍与太子交往，我也不敢，采取如此中立的态度大概可以免祸吧？"优施说："可免。"

早晨，里克去见丕郑，说："那史苏预言的事将要发生了！优施告诉我，国君的计划已定，将要立奚齐为太子。"丕郑问："你对优施说了些什么？"里克说："我对他说将保持中立。"丕郑说："真可惜啊！不如对他说不相信有这回事而使他们心灰意冷，这样也就加强了太子的地位而分化了他们的党羽。应该多想些办法迫使他们改变原有的意向，他们的意向减弱而变得淡薄，就可以找机会离间他们了。现在你说保持中立，恐怕越发加强了他们的阴谋，他们准备就绪以后就不容易被离间了。"里克说："我说过的话已无可挽回，况且骊姬的心思专制唯我独尊，肆无忌惮，又怎么能挫败他们呢！不知你将如何对付她呢？"丕郑说："我没有一定的想法。我是事奉国君的人，以国君的意见为我的意见，决定权不在我手里。”里克说："把弑君救太子看作是廉洁正直，夸大这种廉洁正直就会产生骄傲，凭这种骄傲之心去裁决人家父子之间的关系，我不敢这么做。但是违心地顺从国君，废了太子而给自己谋私利，或者利用手段与奚齐妥协成全他人，我也做不到。我只有准备隐退了！”第二天，里克便称病不再上朝。一个月后，骊姬策划的宫廷政变就发生了。

【原文】

骊姬以君命命申生曰："今夕君梦齐姜，必速祠而归福①。”申生许诺，乃祭于曲沃，归福于绛。公田，骊姬受福，乃寘鸩于酒，寘堇于肉②。公至，召申生献，公祭之地，地坟③。申生恐而出。骊姬与犬肉，犬毙；饮小臣酒，亦毙。公命杀杜原款。申生奔新城④。杜原款将死，使小臣圉告于申生⑤，曰："款也不才，寡智不敏，不能教导，以至于死。不能深知君之心度，弃宠求广土而窜伏焉；小心狷介⑥，不敢行也。是以言至而无所讼之也，故陷于大难，乃逮于谗。然款也不敢爱死，唯与谗人钧是恶也。吾闻君子不去情，不反谗，谗行身死可也，犹有令名焉。死不迁情，强也。守情说父，孝也。杀身以成志，仁也。死不忘君，敬也。孺子勉之！死必遗爱，死民之思，不亦可乎？”申生许诺。

人谓申生曰："非子之罪，何不去乎？”申生曰："不可。去而罪释，必归于君，是怨君也。章父之恶，取笑诸侯，吾谁乡而入？内困于父母，外困于诸侯，是重困也。弃君去罪，是逃死也。吾闻之：'仁不怨君，智不重困，勇不逃死。'若罪不释，去而必重。去而罪重，不智。逃死而怨君，不仁。有罪不死，无勇。去而厚怨，恶不可重，死不可避，吾将伏以俟命。”

骊姬见申生而哭之，曰："有父忍之，况国人乎？忍父而求好人，人孰好之？杀父以求利人，人孰利之？皆民之所恶也，难以长生！”骊姬退，申生乃雉经于新城之庙⑦。将死，乃使猛足言于狐突曰："申生有罪，不听伯氏，以至于死。申生不敢爱其死，虽然，吾君老矣，国家多难，伯氏不出，奈吾君何？伯氏苟出而图吾君，申生受赐以至于死，虽死何悔！”是以谥为共君。

骊姬既杀太子申生，又谮二公子曰⑧："重耳、夷吾与知共君之事。”公令阉楚刺重耳，重耳逃于狄；令贾华刺夷吾，夷吾逃于梁。尽逐群公子，乃立奚齐焉。始为令，国无公族焉。

【注释】

①齐姜：申生已去世的母亲。福：祭神的酒肉。

②鸩（zhèn）：古代传说中的一种鸟，其羽毛有剧毒。堇（jǐn）：草药名。又称乌头，其茎和叶、根均有毒。

③坟：地面凸起。

④新城：即曲沃，新为太子之城的意思。

⑤小臣圉（yǔ）：圉，人名。小臣，官名，掌阴事阴命。

⑥狷（juàn）介：洁身自好，性情耿直。

⑦雉经：自缢。雉，古通“缢”。

⑧谮（zèn）：诬陷，中伤。

【译文】

骊姬以国君的名义命令申生说：“昨晚国君梦见你母亲齐姜，你必须尽快去祠庙祭祀，然后把祭祀的酒肉带回来。”申生答应照办，于是到曲沃的祖庙祭祀，回来后把祭祀的酒肉送到都城宫中。献公正外出打猎，骊姬收下祭品后，便把鸩毒放入酒中，又把一种叫乌头的毒草汁液放入肉中。献公回到宫中，吩咐申生献上酒肉，献公把酒洒在地上祭地，地面马上凸起来了。申生见状惊恐地跑出去。骊姬拿起肉去喂狗，狗死了；让近侍饮下那酒，也死了。献公下令杀死申生的老师杜原款，申生决定逃往曲沃。杜原款将要为申生而死，于是吩咐一个名叫圉的小臣转告申生，说：“我没有才干，智谋少，又迟钝，没有尽到教导之责，以至于被处死。我没能洞察国君的心思，让你及早抛弃太子尊崇的地位而跑到别国隐伏下来。你洁身自好，性情耿直而我又生性拘谨守本分，不敢与你一起出走。现在因为受到他人对你的诽谤而我却没有能力为你辩解，所以才使你陷于危难，竟遭到骊姬的暗害。然而我杜原款不是贪生怕死，唯一遗憾的是跟骊姬谗害你一样都留下了恶名。我听说君子不会丢掉忠爱的感情，不会对谗言申辩，遭到谗言陷害而死并无不可，如此还有好名声留存于世。至死不改变对国君的忠爱之情，是坚强的表现。坚持忠爱的感情让父君高兴，是孝顺的表现。抛弃生命而达到自己的志向，是仁德的表现。宁死也不忘保护国君，是恭敬的表现。年轻人应以此勉励自己！死后一定会留下仁受之名，死后也会被百姓所思念，不也是值得的吗？”申生点头答应了。

有人对申生说：“不是你犯的罪过，为什么不离开晋国呢？”申生说：“不行。我逃走后虽然被诬陷的罪责能够解脱，但事情真相败露以后责任一定会落在父君身上，这是在增加对父君的怨恨。暴露父君的罪恶，让诸侯国耻笑，我还能出走到哪儿去呢？在内受困于父母，在外受困于诸侯，这是双重的困厄啊。背弃国君而去解脱罪责，只是为了逃避一死。我听说：‘仁爱的人不怨恨国君，睿智的人不内外交困，勇敢的人不逃避死亡。’假如罪名不能免除，出走必然会使它更重。出走而加重罪名，这是不明智。逃避死亡并且怨恨国君，这是不仁德。有罪名而不敢去赴死，这是不勇敢。逃离晋国增加民众的怨君情绪，我的罪名不能再增加了。

死亡既然不可避免，我将留在这里等待君主的命令。”

骊姬到曲沃去见申生进而哭闹着说：“你对父亲都忍心谋害，更何况是对待国人呢？忍心谋害父亲却还希望受到国人爱戴，如此不孝谁能对你有好感呢？想杀害父亲来为国人谋利，国人谁会相信你能带来好处呢？这些行为都是百姓所憎恶的，这样的人难以让他长久存活！”骊姬走后，申生就在曲沃的祖庙里自缢身亡了。临死前，便派猛足去告诉狐突说：“我有罪，不听伯氏的劝告，以致落到受死的地步。我不敢吝惜自己的生命，虽然这样，但是我们国君年纪大了，国家又多难，伯氏不出来辅佐，让我们国君怎么办？如果伯氏肯出来帮助我们国君谋划，算是我申生临死之前得到了您的恩赐，那么就是死了又有什么可后悔的呢！”正因如此，他后来的谥号定为共君。

骊姬谗言逼死太子申生以后，又诬陷两位公子说：“重耳和夷吾都参与并知道申生谋害父君之事。”于是献公派阉人伯楚去刺杀重耳，重耳被迫逃亡到狄国；又派大夫贾华去刺杀夷吾，夷吾只好逃亡到梁国。把其余的公子全部驱逐逃亡之后，便立奚齐做了太子。随后开始制定法令，不准诸公子再回到晋国，因此，晋国就没有其他王室公族了。

公子重耳夷吾出奔

【原文】

二十二年，公子重耳出亡，及柏谷①，卜适齐、楚。狐偃曰②：“无卜焉。夫齐、楚道远而望大，不可以困往。道远难通，望大难走，困往多悔。困且多悔，不可以走望。若以偃之虑，其狄乎！夫狄近晋而不通，愚陋而多怨，走之易达。不通可以窜恶，多怨可与共忧。今若休忧于狄，以观晋国，且以监诸侯之为，其无不成。”乃遂之狄。处一年，公子夷吾亦出奔，曰：“盍从吾兄窜于狄乎？”冀芮曰③：“不可。后出同走，不免于罪。且夫偕出偕入难，聚居异情恶，不若走梁。梁近于秦，秦亲吾君。吾君老矣，子往，骊姬惧，必援于秦。以吾存也，且必告悔，是吾免也。”乃遂之梁。居二年，骊姬使奄楚以环释言④。四年，复为君。

【注释】

①柏谷：晋国地名。其地在今河南省灵宝县西南朱阳镇。

②狐偃：狐突的儿子，重耳的舅舅，又叫子犯。

③冀芮（ruì）：晋国大夫，公子夷吾的老师。

④奄楚：人名。即前文所注的阉楚。

【译文】

晋献公二十二年，公子重耳被迫出逃。到了柏谷这个地方，占卜适合去往齐国还是楚国。狐偃说："不用占卜了。那齐、楚两个国家离晋国很遥远，而且奢望很大，不能在困厄之时投奔它们。道路遥远难以抵达，奢望太大就难以投奔，我们在困厄之时前去投奔肯定会后悔。令我们困厄而且后悔的国家，不能指望投奔后得到帮助。若依我的考虑，还是去狄国吧！狄国靠近晋国，但与晋国没有交往。这个国家愚昧而落后，和邻国结怨甚多，投奔它很容易达到安身的目的。狄国与晋国不交往我们正好可以隐蔽下来，与邻国结怨甚多我们就可以与他们共担忧患。如今我们如果能在狄国获得休整并为它分忧，在此静观晋国的政局变化，而且密切监视其他诸侯国的行动，那么成就大事就没有不成功的。"于是重耳就逃亡到了狄国。重耳到狄国一年以后，公子夷吾也被迫出逃，说："何不跟随我哥哥隐蔽在狄国呢？"冀芮说："不行。你出逃在后却跟他住在同一个国家，难免有合谋之罪。再说你们一起出入也不方便，在一起居住你和重耳性格也合不来，不如投奔梁国。梁国亲近秦国，秦国又和我们国君很亲善。我们国君已年迈了，你去梁国，骊姬定会害怕，一定以为我们会向秦国求援。由于我们在梁国可以依靠秦的庇护，她必定很后悔，这样我们也就有免罪的可能了。"于是夷吾逃亡到了梁国。在梁国寄住的第二年，骊姬派奄楚送来玉环，传达愿意让夷吾归国的话语。夷吾在梁国居住四年后，回国当了国君。

虢将亡舟之侨以其族适晋

【原文】

虢公梦在庙[①]，有神人面白毛虎爪，执钺立于西阿，公惧而走。神曰："无走！帝命曰：'使晋袭于尔门'"。公拜稽首，觉，召史嚚占之[②]，对曰："如君之言，则蓐收也[③]，天之刑神也，天事官成。"公使囚之，且使国人贺梦。舟之侨告诸其族曰[④]："众谓虢亡不久，吾乃今知之。君不度而贺大国之袭，于已也何瘳[⑤]？吾闻之曰：'大国道，小国袭焉曰服。小国傲，大国袭焉曰诛。'民疾君之侈也，是以遂于逆命。今嘉其梦，侈必展，是天夺之鉴而益其疾也。民疾其态，天又诳之；大国来诛，出令而逆；宗国既卑，诸侯远已。内外无亲，其谁云救之？吾不忍俟也！"将行，以其族适晋。六年，虢乃亡。

【注释】

①虢公：周文王之弟虢仲的后代，姬姓，名丑。

②史嚚（yín）：虢国的太史。

③蓐（rù）收：西方神的名称，司秋。

④舟之侨：虢国大夫。

⑤瘳（chōu）：损害，减损，损失。

【译文】

虢公梦见在宗庙里，有一个神脸上长着白毛还有老虎一样的爪子，拿着斧钺站在西边的屋檐下，虢公十分恐惧而吓得逃走了。神说：“不要走！天帝命令说：‘让晋国进入你的国门。’”虢公下拜磕头后，梦醒，于是召来史嚚占问这个梦的吉凶。史嚚回答说：“像你所叙述的，这个神就是西方之神蓐收了。他是天上主管刑杀的神，上天命令的事情都是由神完成的。”虢公下令把史嚚囚禁起来，并且要求国人祝贺他这个梦是吉利的。舟之侨告诉他同族的人说：“大家都说虢国不久会灭亡，我今天才知道了这个道理。国君不认真考虑神的意思，反而要国人去祝贺晋国的进入，这难道能减轻自己的灾祸吗？我听说：‘大国正义，小国进入大国叫顺服。小国傲慢，大国进入就叫诛伐。’民众痛恨国君的奢侈，就会违拒他的命令。如今他认为自己的梦吉祥，他的奢侈必然会更甚，这是上天夺去他用来省察自己的镜子而加重他的缺点啊。民众痛恨他的所作所为，上天又迷惑他的良知；大国一旦来诛伐，他下的命令没有人服从；国家公族已经衰败，诸侯们又都疏远他。内外都没有人亲近他，还谈得上谁能来拯救他呢？我不忍心等着看到国家的灭亡！”于是带领他的家族离开虢国到晋国居住。仅仅过了六年，虢国就灭亡了。

宫之奇知虞将亡

【原文】

伐虢之役，师出于虞①。宫之奇谏而不听②，出，谓其子曰：“虞将亡矣！唯忠信者能留外寇而不害③。除暗以应外谓之忠，定身以行事谓之信。今君施其所恶于人，暗不除矣，以贿灭亲，身不定矣。夫国非忠不立，非信不固。既不忠信，而留外寇，寇知其衅而归图焉。已自拔其本矣，何以能久？吾不去，惧及焉。”以其孥适西山④，三月，虞乃亡。

【注释】

①虞：姬姓国名。其地在今山西省平陆北。

②宫之奇：虞国大夫。

③外寇：指借道虞国的晋国军队。

④孥（nú）：妻子儿女。

【译文】

晋国讨伐虢国之战，向虞国借道出兵。宫之奇劝谏虞公不要答应，虞公不听从劝告。宫之奇出来后对他的儿子说："虞国快要灭亡了！只有以忠信立国的人，才能让外国军队驻留在自己的国土上而不受其害。除去自身的愚昧以应付外界的侵扰称为忠，坚持正确的立身之道以待人处事可称为信。现在国君把自己所不能接受的祸害加给虢国，就是没有除去自身的愚昧；为了晋国的财物而使自己的兄弟之帮灭亡，就是没有坚持正确的立身之道。一个国家没有忠就不能自立，没有信就不能稳固。既不讲忠信，而又让晋国借道驻留，晋国了解了我们的弱点在回师途中将会图谋我国的。国君自己已经拔掉了立国的根本，还能依赖什么而长久存在下去呢？我们若不离开虞国，恐怕灾难就要临头了。"于是他带着妻子儿女逃避到西山，果真过了三个月，虞国就灭亡了。

献公问卜偃攻虢何月

【原文】

献公问于卜偃曰①："攻虢何月也？"对曰："童谣有之曰：'丙之晨，龙尾伏辰②，均服振振，取虢之旗。鹑之贲贲③，天策焞焞④，火中成军，虢公其奔！'火中而旦，其九月十月之交乎？"

【注释】

①卜偃：晋国掌卜大夫郭偃。

②龙尾：星宿的名称，属二十八宿中的尾宿。

③鹑：星宿的名称，即鹑火星，属二十八宿中的柳宿。贲贲：光耀的样子。

④天策：星名，又称傅说星，属尾宿中的一颗。焞焞（tūn）：暗淡的样子。

【译文】

晋献公询问掌卜大夫郭偃说："攻打虢国应该在哪个月份？"郭偃回答说："童谣中有这样的说法：'丙子日的早晨，日月交会在龙尾星辰，所有兵士的穿戴威武齐整，去夺取虢国的旗旌。鹑火星闪闪发光，天策星却很暗淡，明暗不定之时集合大军去进攻，虢公将要仓皇奔逃。'明暗不定之时于早晨出现在南方，那应该是九月底到十月初之间吧？"

宰周公论齐侯好示

【原文】

葵丘之会①，献公将如会，遇宰周公②，曰："君可无会也。夫齐侯好示务施，与力而不务德，故轻致诸侯而重遣之，使至者劝而叛者慕。怀之以典言，薄其要结而厚德之，以示之信。三属诸侯，存亡国三，以示之施。是以北伐山戎③，南伐楚，西为此会也。譬之如室，既镇其甍矣④，又何加焉？吾闻之，惠难遍也，施难报也。不遍不报，卒于怨仇。夫齐侯将施惠如出责，是之不果奉，而暇晋是皇，虽后之会，将在东矣。君无惧矣，其有勤也！"公乃还。

【注释】

①葵丘之会：葵丘，地名，在今河南省兰考县东之盟台乡。齐桓公发起的这次葵丘盟会，在公元前651年。

②宰周公：名孔，周王室的太宰，食邑在周，故称。

③山戎：古族名。又称北戎。春秋时分布在今河北省北部一带。

④甍（méng）：房屋、屋脊。

【译文】

齐桓公发起诸侯们在葵丘会盟，晋献公打算前去参加。遇到宰周公，宰周公说："你可以不去参加盟会。那个齐桓公好大喜功，喜欢施些小恩小惠，致力于武力而不注重修文德，所以诸侯到他那里只献一些薄礼却能满载而归。这是为了让到会的诸侯受到鼓励，而使背叛他的诸侯心怀羡慕。每次盟会时只不过重申一下过去的誓约，同时简化其仪式而厚赠诸侯一些好处，用以显示他的威信。他主持过三次盟会，保全了三个快要灭亡的国家，用以显示他热心助人。所以他北伐山戎，南攻楚国，在西边发起了这次盟会。譬如一间房子，已经在它的栋梁上加盖了屋脊，还能再加上什么呢？我听说，施惠难以普遍，受恩难以回报。不普遍和不回报，最终会结下怨气和仇恨。那齐桓公施的恩惠好像放出的债希望得到回报，这种想法是行不通的。他哪有功夫来对付晋国这个大国呢？即使是以后的盟会，也将在东边举行了。君王您不必害怕齐侯，将来有你出力气的时候。"于是，献公就回国了。

宰周公论晋侯将死

【原文】

宰孔谓其御曰[①]："晋侯将死矣！景霍以为城[②]，而汾、河、涑、浍以为渠[③]，戎、狄之民实环之。汪是土也，苟违其违，谁能惧之！今晋侯不量齐德之丰否，不度诸侯之势，释其闭修，而轻于行道，失其心矣。君子失心，鲜不夭昏。"是岁也[④]，献公卒。八年，为淮之会[⑤]。桓公在殡，宋人伐之。

【注释】

①宰孔：即宰周公。御：车夫，赶车的人。

②景霍：晋国的山名，也称霍太山，位于山西省中部，汾河东岸。

③汾：汾河。河：黄河。涑（sù）：涑水，在今山西省西南部，源出绛县太阴山。浍：浍水，汾河的支流。源出山西省翼城县东南的浍山。

④是岁也：指公元前651年。

⑤八年：指葵丘盟会后的第八年。

【译文】

宰孔对他的车夫说："晋侯快要死了！晋国以霍太山为城垣，以汾河、黄河、涑水和浍水为护城河，而戎、狄的人民却环绕在它的周围。虽然国家拥有如此广大的疆土，但如果违背了它所不应违背的准则，谁还会害怕它！如今晋侯不衡量齐侯的德行厚薄，也不揣度各个诸侯国的势力强弱，放松警惕而闭门治理，又轻视施行仁德，这就失去人心了。国君失去人心，很少有不早死的。"这一年，献公果然死了。齐桓公在葵丘盟会之后的第八年，又发起了淮地的盟会。齐桓公刚死，宋国就攻伐齐国。

里克杀奚齐而秦立惠公

【原文】

二十六年[①]，献公卒。里克将杀奚齐，先告荀息曰[②]："三公子之徒将杀孺子[③]，子将如何？"荀息曰："死吾君而杀其孤，吾有死而已，吾蔑从之矣！"里克曰："子死，孺子立，不亦可乎？子死，孺子废，焉用死？"荀息曰："昔君问臣事君于我，我对以忠贞。君曰：‘何谓也？’我对曰：‘可以利公室，力有所能，无不为，忠也。葬死者，养生者，死人复生不悔，生人不愧，贞也。’吾言既往矣，岂能欲行吾言而又爱吾身乎？虽死，焉避之？”

里克告丕郑曰[4]：“三公子之徒将杀孺子，子将何如？”丕郑曰：“荀息谓何？”对曰：“荀息曰‘死之。’”丕郑曰：“子勉之。夫二国士之所图，无不遂也。我为子行之。子帅七舆大夫以待我[5]。我使狄以动之，援秦以摇之。立其薄者可以得重赂，厚者可使无入。国，谁之国也！”里克曰：“不可，克闻之，夫义者，利之足也；贪者，怨之本也。废义则利不立，厚贪则怨生。夫孺子岂获罪于民？将以骊姬之惑蛊君而诬国人，谗群公子而夺之利，使君迷乱，信而亡之，杀无罪以为诸侯笑，使百姓莫不有藏恶于其心中，恐其如壅大川，溃而不可救御也。是故将杀奚齐而立公子之在外者，以定民弭忧，于诸侯且为援，庶几曰诸侯义而抚之[6]，百姓欣而奉之，国可以固。今杀君而赖其富，贪且反义。贪则民怨，反义则富不为赖。赖富而民怨，乱国而身殆，惧为诸侯载，不可常也。”丕郑许诺。于是杀奚齐、卓子及骊姬，而请君于秦。

【注释】

①二十六年：晋献公二十六年（前651年）。

②荀息：晋国大夫，奚齐的师傅。

③三公子之徒：公子重耳、夷吾和申生的党徒。

④丕郑：晋国大夫。

⑤七舆大夫：指申生的七个下军大夫共华、贾华、叔坚、骓歂、累虎、特宫和山祁。

⑥庶几：或许，近似于。表推测之意。

【译文】

公元前651年，晋献公去世。里克打算杀掉奚齐，事先告诉荀息说：“三位公子的党徒将要杀死奚齐，你打算怎么办？”荀息说：“我们的国君刚故世就要杀他的儿子，我只有一死了之，我不会随从他们一起乱为的！”里克说：“如果因为你的死，奚齐依然得以立为国君，不也是很值得吗？但可惜的是即使你死了，奚齐照样会被废黜，那么你的死又有什么用处呢？”荀息说：“先君以前曾问过我事奉国君的态度，我回答他忠贞二字。先君问：‘什么叫忠贞？’我回答说：‘凡可以有利于国家，力所能及而没有不努力去做的，就可以称作忠了。礼葬故世的国君，奉养继位的国君，相对于死去的人，即使他复生也不会让他觉得后悔，对活着的人也不感到惭愧，这就可以称作贞了。’我的话已经说出口了，怎么能既要实践诺言而又吝惜我的生命呢？即使是死，我又怎么能逃避诺言呢？”

里克又去问丕郑说："三位公子的党羽将要杀死奚齐，你打算怎么办？"丕郑问道："荀息对此怎么说的？"里克回答说："荀息说他将为奚齐而死。"丕郑说："你努力去做吧。两个国士所筹划的事，没有不成功的。我来帮助你一起行动。你带领申生门下的七位大夫等待我的好消息。我先派去狄国，并联合秦国一起动摇奚齐的势力。拥立声望薄弱的一方做国君，我们可以从他那里获得重酬，声望好的我们可以先不让他回到晋国。到那时，晋国还能是谁的天下！"里克说："不行。我听说，所谓的义，就像脚一样是利的根基；而贪利，则是产生怨恨的原因啊。废弃义就无法使利站稳脚跟，贪欲深了怨恨就会萌发。那奚齐难道得罪民众了吗？民众的怨恨是因为骊姬迷乱国君并且欺骗了国人而起，她诬陷各位公子并且夺去他们原有的利益，巧使国君迷惑而判断失误，以至于听信她的谗言而使诸位公子逃亡，最终逼杀无辜的申生而被诸侯取笑，使百姓无不将憎恨藏于内心，恐怕这就像堵塞大河一样，一旦溃决了就再也无法挽救了。所以我们打算杀悼奚齐而拥立逃亡在外的公子为君，是为了安定民心消除忧患，权且还可以得到诸侯们的援助。近似于在说，诸侯们认为合乎义的就会去抚助他，百姓也会欣然尊奉新君，只有这样国家才能安定巩固。现在如果企图通过杀了继位的新君而赖以谋取个人的好处，就是贪利而且违背了道义。贪利则使民众怨恨，而背弃道义则即使得到好处也还会失去。为了一点好处而招来民众的怨恨，就会导致乱国而身危，恐怕还会被诸侯们记载于史，这样做是不合常理的。"丕郑接受了里克的意见。此后还是杀了奚齐、卓子和骊姬，然后请求秦国帮助立一个国君。

【原文】

既杀奚齐，荀息将死之。人曰："不如立其弟而辅之。"荀息立卓子。里克又杀卓子，荀息死之。君子曰："不食其言矣。"

既杀奚齐、卓子，里克及丕郑使屠岸夷告公子重耳于狄，曰："国乱民扰，得国在乱，治民在扰，子盍入乎？吾请为子鉥。"重耳告舅犯曰[①]："里克欲纳我。"舅犯曰："不可。夫坚树在始，始不固本，终必槁落[②]。夫长国者，唯知哀乐喜怒之节，是以导民。不哀丧而求国，难；因乱以入，殆。以丧得国，则必乐丧，乐丧必哀生。因乱以入，则必喜乱，喜乱必怠德。是哀乐喜怒之节易也，何以导民？民不我导，谁长？"重耳曰："非丧谁代？非乱谁纳我？"舅犯曰："偃也闻之，丧乱有小大。大丧大乱之剡也，不可犯也。父母死为大丧，谗在兄弟为大乱。今适当之，是故难。"公子重耳出见使者，曰："子惠顾亡人重耳，父生不得供备洒扫之臣，死又不敢莅丧以重其罪，且辱大夫，敢辞。夫固国者，在亲众而善邻，在因民而顺之。苟众所利，邻国所立，大夫其从之，重耳不敢违。"

吕甥及郤称亦使蒲城午告公子夷吾于梁，曰："子厚赂秦人以求入，吾主子。"

夷吾告冀芮曰[③]："吕甥欲纳我。"冀芮曰："子勉之。国乱民扰，大夫无常，不可失也。非乱何入？非危何安？幸苟君之子，唯其索之也。方乱以扰，孰适御我？大夫无常，苟众所置，孰能勿从？子盍尽国以赂外内，无爱虚以求入，既入而后图聚。"公子夷吾出见使者，再拜稽首许诺。

吕甥出告大夫曰："君死自立则不敢，久则恐诸侯之谋，径召君于外也，则民各有心，恐厚乱，盍请君于秦乎？"大夫许诺。乃使梁由靡告于秦穆公曰："天降祸于晋国，谗言繁兴，延及寡君之绍续昆裔[④]，隐悼播越，托在草莽，未有所依。又重之以寡君之不禄，丧乱并臻。以君之灵，鬼神降衷，罪人克伏其辜，群臣莫敢宁处，将待君命。君若惠顾社稷，不忘先君之好，辱收其逋迁裔胄而建立之[⑤]，以主其祭祀，且镇抚其国家及其民人，虽四邻诸侯之闻之也，其谁不儆惧于君之威[⑥]，而欣喜于君之德？终君之重爱，受君之重贶[⑦]，而群臣受其大德，晋国其谁非君之群隶臣也？"

【注释】

①鉥（shù）：导，引导。舅犯：重耳的舅舅，字子犯，名偃。

②槁（gǎo）落：枯落。

③冀芮：即晋国大夫郤芮，公子夷吾的师傅。

④昆裔（yì）：后裔，后代。

⑤逋（bū）：逃亡，逃跑。

⑥儆（jǐng）惧：戒惧；警惕和畏惧。

⑦贶（kuàng）：赠，赐。

【译文】

奚齐被杀以后，荀息曾打算随奚齐而死。有人劝他说："不如立奚齐的弟弟为君主并辅佐他。"因此荀息就立了卓子为君。结果里克又杀了卓子，荀息最终为卓子而死。君子都说："荀息言而有信，这也算是没有食言了。"

杀了奚齐和卓子以后，里克和丕郑派遣屠岸夷去狄国告诉公子重耳说："国家动乱，民众受到惊扰，动乱时才有得到君位的机会，民众受到惊扰时反而容易治理，你何不现在回国来继位呢？请让我们为你引导。"重耳告诉舅舅子犯说："里克想迎接我回国继承君位。"子犯说："不行。那坚固的树木在于开始阶段的成长，倘若一开始不培植好根基，最终必然会枯萎凋落的。那君临国家的人，只有懂得喜怒哀乐的节度，这样才可以用来训导民众。服丧期间不去哀痛却想求得君位，难以成功；乘国家动乱之机想回国执政，将有危险。因为国丧而得到君位，就会视国丧为乐事，以国丧为乐事必定会导致生命的哀伤。因为动乱而得以回国，就会把动乱当作喜事，把动乱当作喜事必定会懈怠于道德的修养。这些很明显都与喜怒哀乐的节度相违背了，还怎么来训导民众呢？如果民众不听从训导，你还能当谁的国君呢？”重耳说：“如果不是国丧，我哪有机会继承君位？如果不是动乱，谁会接纳我当国君？”子犯说：“我听说，丧乱有大小之分。大丧大乱的锋芒，是不可以冒犯的。父母故世是大丧，兄弟间有谗言相残是大乱，如今你正处于这种境地，所以很难成功。”于是公子重耳出来接见使者，说：“承蒙你的好意，来看望我这个逃亡在外的人。父君在世时，我不能尽洒扫的义务。父君去世后，又不能回去亲身前去操办丧事而加重了我的罪过，而且唯恐玷辱了大夫们的期望，所以斗胆辞谢你们的建议。那安定国家的人，在于要亲近民众，而且能处理好邻国的关系，在于体察民众的情绪以顺应民心。只要是民众认为有利的人选，邻国所愿意拥立的人选，大夫们都愿意服从，我重耳才不敢违背。”

与此同时，吕甥和郤称也派蒲城午去梁国对公子夷吾建议说：“你用厚礼送给秦国，求他们帮助你回国继位，我们在国内策应你。”夷吾将这些话转告冀芮说：“吕甥打算接纳我回国继位。”冀芮说：“你努力去做吧。国家动乱则使民众受到惊扰，使大夫们没有主心骨，这个好机会不能失掉啊。不是动乱时期哪有机会回国继位？不是民众有危难，何必要立君以安民？所幸你是国君的儿子，所以只有寻其根源找到你了。如今正逢国家动乱民众惊扰之际，试问谁能抵挡我们？适逢大夫们没有主心骨，如果是大家众望所归立你为国君，谁能不服从？你何不用晋国所有的财富来收买国外诸侯和国内的大夫，不要吝惜国库会空虚，要以此求得回国继位，等到回国继位以后可以再设法聚敛财富。”于是公子夷吾出来接见使者，再次跪拜磕头答应了建议。

吕甥出面告诉大夫们说：“国君已死，我们不敢擅自立一个新君。时间拖得太久还怕其他诸侯图谋，直接从国外迎来公子继承君位，又担心民众意见不一，恐怕会加重国家的动乱，所以何不请求秦国帮助我们立君呢？”大夫们同意了。于是就派梁由靡向秦穆公陈述说：“上天降灾祸于晋国，谗言繁衍兴起，祸乱殃及到先君后裔之中继位的几位公子。他们为此忧伤害怕，被迫逃亡到国外隐匿民间，无所依托。如今又加上先君的去世，使国丧和祸乱同时临头。好在托您的福，鬼神也降临善心，让有罪的骊姬遭受了应有的报应。现在晋国的大臣们不敢安宁地生活，都在等待您的命令。您若能仁慈地惠顾晋国，不忘记与我们先君的友好关系，请收留一位逃亡在外的公子并帮助他继承君位，以便让他主持晋国的祭祀，并且以君王之尊前去镇抚国家和民众。假使四方的邻国诸侯听到您这样做，谁能不敬畏您的威势，同时又赞赏您的仁德呢？您对晋国始终如一的厚爱，使晋国人民受到您的重赐，也使晋国的群臣感受到您的大恩大德，这样一来，晋国上下有谁不愿成为供您驱使的臣民呢？”

【原文】

秦穆公许诺。反使者，乃召大夫子明及公孙枝，曰：“夫晋国之乱，吾谁使先，若夫二公子而立之①？以为朝夕之急。”大夫子明曰：“君使縶也②。縶敏且知礼，敬以知微。敏能窜谋，知礼可使；敬不坠命，微知可否。君其使之。”乃使公子縶吊公子重耳于狄，曰：“寡君使縶吊公子之忧，又重之以丧。寡人闻之，得国常于丧，失国常于丧。时不可失，丧不可久，公子其图之！”重耳告舅犯。舅犯曰：“不可。亡人无亲，信仁以为亲，是故置之者不殆。父死在堂而求利，人孰仁我？人实有之，我以徼幸，人孰信我？不仁不信，将何以长利？”公子重耳出见使者曰：“君惠吊亡臣，又重有命。重耳身亡，父死不得与于哭泣之位，又何敢有他志以辱君义？”再拜不稽首，起而哭，退而不私。

公子縶退，吊公子夷吾于梁，如吊公子重耳之命。夷吾告冀芮曰：“秦人勤我矣！”冀芮曰：“公子勉之。亡人无狷洁③，狷洁不行。重赂配德，公子尽之，无爱财！人实有之，我以徼幸，不亦可乎？”公子夷吾出见使者，再拜稽首，起而不哭，退而私于公子縶曰：“中大夫里克与我矣，吾命之以汾阳之田百万。丕郑与我矣，吾命之以负蔡之田七十万④。君苟辅我，蔑天命矣！亡人苟入扫宗庙，定社稷，亡人何国之与有？君实有郡县，且入河外列城五。岂谓君无有，亦为君之东游津梁之上，无有难急也。亡人之所怀挟缨纕⑤，以望君之尘垢者。黄金四十镒，白玉之珩六双⑥，不敢当公子，请纳之左右。”

公子縶反，致命穆公。穆公曰：“吾与公子重耳，重耳仁。再拜不稽首，不没为后也。起而哭，爱其父也。退而不私，不没于利也。”公子縶曰：“君之言过矣。君若求置晋君而载之，置仁不亦可乎？君若求置晋君以成名于天下，则不如置不仁以猾其中，且可以进退。臣闻之曰：‘仁有置，武有置。仁置德，武置服。’”是故先置公子夷吾，寔为惠公⑦。

【注释】

①若夫：句首语气词，用在句首或段落的开始，表示另提一事。

②絷（zhí）：秦穆公的儿子，字子显。

③狷（juàn）洁：洁身自好。

④负蔡：又作负葵，晋国地名，在今山西省万荣县北的汾河以南地区。

⑤怀挟：携带。缨纕（yīng rǎng）：马的颈带与腹带。

⑥镒（yì）：古代的重量单位，二十两或二十四两为一镒。珩（héng）：佩玉上面的横玉，形状像磬。

⑦寔（shí）：通“是”。惠公：即晋惠公。

【译文】

秦穆公答应了梁由靡的请求，让他先回晋国复命。于是召见大夫子明和公孙枝，问道：“面对晋国的动乱，我该派谁事先到重耳和夷吾的居住地去看看，另外主要是去观察他们哪一个更适宜拥立为新君，以解决晋国日夜紧迫的继位问题呢？”大夫子明说：“国君派公子絷去吧。公子絷聪敏知礼，待人恭敬而且善于洞察精微妙理。自古以来，聪敏能够熟谙谋略，知礼适合派作使者；恭敬不会有误君命，洞察精微的道理就能判断谁能为君与否。所以您应派他去。”于是秦穆公就派公子絷先去狄国吊慰公子重耳，他说：“我的国君派我来慰问你的逃亡之忧，更重要的是你丧亲之痛。我听说：得到国家常常是由于国丧，失掉国家也常常是由于国丧。时机不可错过，国丧的期限不会太久，请公子对此要好好考虑！”重耳把他的话告诉舅舅子犯。子犯说：“不可以。逃亡在外的人没人愿意亲近，只有诚信仁德，才能得到人们的亲近，所以才被认为拥立这样的人做国君不危险。你父亲刚死，灵柩还停在堂上就去图利，哪个人会认为我们仁德呢？别的公子实际上也有继承君位的权利，我们如果凭侥幸之心争先，哪个人会认为我们有诚信？倘若不仁不信，又将凭借什么而获得长久利益呢？”于是公子重耳出来会见公子絷说：“承蒙秦君派您友好地来吊慰我这个逃亡之人，又负有帮助我回国继位的重大使命。但我重耳是流亡在外之人，父亲死了都不能得到哭丧的位置，又怎么敢有其他想法以玷辱秦君的义举呢？”说完只跪拜但没磕头，然后站起来悲伤哭泣，退下后也没再私下回访公子絷。

公子絷离开狄国，又到梁国去吊慰公子夷吾，就像吊慰公子重耳一样说了同样的话。夷吾高兴地对冀芮说：“秦国要帮助我了！”冀芮说：“公子努力吧。逃亡在外的人无所谓洁身自好，洁身自好则办不成大事。应该用厚重的礼物去酬谢帮助你的人的恩德，你尽力去办，不要吝惜财货！别的公子也有继承君位的权利，而我们凭借侥幸得到君位，不也是可为的吗？”于是公子夷吾出来见公子絷，跪拜磕头，站起来不哭泣，退下后又私下访问公子絷说：“中大夫里克已支持我做国君了，我给予他的承诺是把汾阳一带的百万亩田地赐给他。丕郑也已支持我做国君了，我给予他的承诺是把负蔡一带的七十万亩田地赐给他。秦君假如能帮助我，就无所谓天命特别眷顾了！流亡的我倘若能回国入主宗庙，安定社稷，还计较什么国土的施与？秦君其实早就拥有郡县土地，我同时再奉上黄河以西的五座城邑，这不是因为秦君没有，而是为了秦君东游到黄河的桥梁渡口之上时，就不再会有什么为难着急的事了。我愿意心怀感恩地为您执鞭牵马，跟随在秦君的车尘之后听候差遣。另外送上黄金八百两、白玉制作的横玉饰品六双，不敢当面以此用来报答公子，肯请把它们交与您左右的随从替您收纳。"

公子絷回到秦国，向秦穆公复命。穆公说："我支持公子重耳继位，因为重耳仁德。他只跪拜而不磕头，说明他不因为贪图继承君位而辱没自己。站起来哭泣，那是爱他的父亲。退下后不私自拜访，是不汲汲于私利之中。"公子絷说："国君的话错了。您如果辅立晋君是为了成全晋国世代承载下去，那么立一个仁德的公子有什么不可的呢？您如果辅立晋君是为了在天下成就秦国的威名，就不如立一个不仁德的公子以扰乱晋国，并且还可以进退自由地驾驭它。我听说过这样的话：'有为了实行仁道而辅立别国国君的，也有为了显示武威而辅立别国国君的。为了实行仁道就要辅立有德的，为了显示武威就要辅立服从听话的。'"所以秦穆公就先辅立公子夷吾为君，这就是晋惠公。

冀芮答秦穆公问

【原文】

穆公问冀芮曰："公子谁恃于晋①？"对曰："臣闻之，亡人无党，有党必有仇。夷吾之少也，不好弄戏，不过所复，怒不及色，及其长也弗改。故出亡无怨于国，而众安之。不然，夷吾不佞②，其谁能恃乎？"君子曰："善以微劝也。"

【注释】

①恃：依靠。

②佞（nìng）：有才智，旧时谦称。

【译文】

秦穆公问冀芮说："公子夷吾在晋国有谁可以依靠？"冀芮回答说："我听说，逃亡在外的人没有党羽，有党羽必然就会有仇人。夷吾小时候，不喜欢玩游戏，没有过分的报复心理，发怒不流露在脸上，等到他长大后也没有改变。所以出外逃亡后国人对他没有什么怨恨，民众能安然处之。要不然，夷吾没有才能，还有谁能依靠呢？"有识之士说："冀芮善于微妙地劝谏啊。"

卷九　晋语三

惠公入而背外内之赂

【原文】

惠公入而背外内之赂。舆人诵之曰："佞之见佞，果丧其田。诈之见诈，果丧其赂。得国而狃[①]，终逢其咎。丧田不惩，祸乱其兴。"既里、丕死，祸，公陨于韩[②]。郭偃曰[③]："善哉！夫众口祸福之门。是以君子省众而动，监戒而谋，谋度而行，故无不济。内谋外度，考省不倦，日考而习，戒备毕矣。"

【注释】

①狃（niǔ）：贪图。

②公陨于韩：指晋惠公在韩地作战失败被俘。韩地，又作韩原，其位置一说在今陕西省韩城县西南，一说在今山西省芮城县境内。

③郭偃：晋国大夫。掌管卜卦事务。

【译文】

晋惠公回国后，背弃了许给国内外帮助过他的人好处的诺言。众人都讥讽地吟诵道："献媚的被愚弄，终究没有得到田地。欺诈的被欺诈，终究没有得到好处。那贪心得国的人，到头来将要遭殃。那丧失了受赠田地之人没有不去报复的，如此祸乱就要临头了。"不久大夫里克、丕郑果然被杀；由于失信之祸，惠公也在韩地兵败被俘。大夫郭偃感叹说："说得太好了！众人的嘴是祸福的门。因此有见识的人体察民众的愿望后才行动，了解民众的警戒舆论后才谋划，谋划的事经过揣度后才实施，所以事情没有不成功的。谋划于心而揣度于外，不倦地思考反省，每天反复思考熟习，警戒防备之道全在于此。"

惠公改葬共世子

【原文】

惠公即位，出共世子而改葬之[①]，臭达于外。国人诵之曰："贞之无报也。孰是人斯，而有是臭也？贞为不听，信为不诚。国斯无刑，偷居倖生。不更厥贞[②]，大命其倾。威兮怀兮，各聚尔有，以待所归兮。猗兮违兮，心之哀兮。岁之二七，其靡有微兮。若狄公子[③]，吾是之依兮。镇抚国家，为王妃兮。"郭偃曰："甚哉，善之难也！君改葬共君以为荣也，而恶滋章。夫人美于中，必播于外，而越于民，民实戴之；恶亦如之。故行不可不慎也。必或知之，十四年，君之冢嗣其替乎？其数告于民矣。公子重耳其入乎？其魄兆于民矣。若入，必伯诸侯以见天子，其光耿于民矣。数，言之纪也。魄，意之术也。光，明之曜也④。纪言以叙之，述意以导之，明曜以昭之。不至何待？欲先导者行乎？将至矣！”

【注释】

①共世子：即太子申生。他死后谥号为“共”，所以又称共世子，或恭世子。

②倖（xìng）生：同“幸生”，侥幸偷生。厥（jué）：其他。贞：正。

③靡有微：微通“尾”，指后嗣。狄公子：指当时逃亡在狄国的公子重耳。

④曜（yào）：照耀；明亮。

【译文】

晋惠公回国即位后，为太子申生改葬，然而刺鼻的尸臭发散到外面来。国人为此吟诵道：“坚守正道却得不到好报，是谁使这股臭气逸出？虽然要纠正葬礼却无人听从，虽想标榜信义却不见真诚。国家没有这样的法则，让盗取君位的人侥幸偷生。不改变他的弊政，晋国的命运将会倾覆。畏惧伪君啊怀念重耳，等待重耳的归来，是大家共同的愿望。想摆脱伪君啊远走他乡，又难舍故土而内心哀伤。二七一十四年以后，伪君和他的子嗣将要灭亡。远在狄国的公子啊，他才是我们的依傍。他将镇抚国家啊，做天子的后继之人才最匹配。”大夫郭偃说：“太厉害了，看来好事真难做啊！国君改葬申生原想借此显示荣耀，却使自己的罪恶更加昭著。一个人内心美好，必定会远播于外，并且传扬于民间，受到民众的爱戴；相反，一个人内心丑恶也是一样。所以行事之时不可不慎重啊。一定会有人知道，十四年后国君的子嗣将被诛戮吗？这个期限数字已经告诉民众了。公子重耳会回国吗？民众已经看到迹象了。他如果回国，一定会称霸诸侯而朝见天子，他的光辉已经照耀于民众了。数字，是预言的记录，气魄，是民意的先导，光辉，是贤明品格的闪耀。用记录预言来表述，用阐述民意来引导，用闪耀的光辉来昭示。重耳不回国还等待什么呢？打算为他作先导的人可以行动了，他继位的日子将要到来了！”

惠公悔杀里克

【原文】

惠公既杀里克而悔之，曰：“芮也①，使寡人过杀我社稷之镇。”郭偃闻之，曰：“不谋而谏者，冀芮也。不图而杀者，君也。不谋而谏，不忠。不图而杀，不祥。不忠，受君之罚。不祥，罹天之祸，受君之罚，死戮。罹天之祸，无后。志道者勿忘，将及矣！”及文公入②，秦人杀冀芮而施之。

【注释】

①芮：指晋国大夫冀芮。

②文公：晋文公重耳。

【译文】

晋惠公杀了里克后感到后悔，说：“冀芮呀，是你让我错杀了国家的重臣。”郭偃听闻这事以后，说：“不为国家打算而劝说除掉里克的，是冀芮。不经过思考就轻易杀人的，是国君自己啊。不为国家打算而进言，是不忠。不经过自己思考就杀人，是不祥。不忠，要受到国君的惩罚。不祥，将遭到天降的祸难。受到昏聩国君的惩罚，遭到杀戮也蒙辱。遭到天降的祸难，将会断绝后代。通晓事理的人不要忘记，灾祸将要到了！”等到晋文公回国后，秦国人杀死了冀芮，并陈尸示众。

惠公杀丕郑

【原文】

惠公既即位，乃背秦赂。使丕郑聘于秦，且谢之。而杀里克，曰："子杀二君与一大夫①，为子君者，不亦难乎？"丕郑如秦谢缓赂，乃谓穆公曰："君厚问以召吕甥、郤称、冀芮而止之，以师奉公子重耳，臣之属内作，晋君必出。"穆公使冷至报问②，且召三大夫。郑也与客将行事，冀芮曰："郑之使薄而报厚，其言我与秦也，必使诱我。弗杀，必作难。"是故杀丕郑及七舆大夫：共华、贾华、叔坚、骓歂、纍虎、特宫、山祁，皆里、丕之党也。丕豹出奔秦③。丕郑之自秦反也，闻里克死，见共华曰："可以入乎？"共华曰："二三子皆在而不及，子使于秦，可哉！"丕郑入，君杀之。共赐谓共华曰④："子行乎？其及也！"共华曰："夫子之入，吾谋也，将待也。"赐曰："孰知之？"共华曰："不可。知而背之不信，谋而困人不智，困而不死无勇。任大恶三，行将安入？子其行矣，我姑待死。"丕郑之子曰豹，出奔秦，谓穆公曰："晋君大失其众，背君赂，杀里克，而忌处者，众固不说。今又杀臣之父及七舆大夫，此其党半国矣。君若伐之，其君必出。"穆公曰："失众安能杀人？且夫祸唯无斃，足者不处，处者不足。胜败若化，以祸为违，孰能出君？尔俟我⑤！"

【注释】

①二君与一大夫：指奚齐、卓子与荀息。

②冷至：秦国大夫。

③骓歂（zhuī chuán）、纍（lěi）虎：分别是晋国主管诸侯副车的七大夫之一。丕豹：晋国大夫丕郑的儿子。

④共赐：晋国大夫，共华的同族。

⑤俟（sì）：等待。

【译文】

晋惠公继承君位后，就违背了赠给秦国赂地的诺言。他派丕郑到秦国访问，并且向秦君致歉。同时他又杀了里克，说："你杀了两个国君和一个大夫，做你的国君，不是太难了吗？"丕郑奉命到秦国对不能如期奉上城邑表示歉意，于是就对穆公说："您派人用厚礼把吕甥、郤称、冀芮骗到秦国拘留起来。然后派军队护送公子重耳回晋国，我们的人在国内举事策应，这样晋君必定会逃出晋国。"穆公于是派泠至回访晋国，同时召请吕甥、郤称和冀芮三位大夫。丕郑和泠至将要按计划行动之时，冀芮对惠公说："丕郑出使秦国时带去的礼品菲薄，可是秦国回赠的礼品却很丰厚，大概他在秦国说了我们什么，一定是让秦国来引诱我们。不杀丕郑，肯定会发难。"因此就下令杀死丕郑和七舆大夫：他们是共华、贾华、叔坚、骓歂、纍虎、特宫、山祁。这些人都是里克和丕郑的同党。丕郑的儿子丕豹出逃到秦国。丕郑从秦国回来的途中，听说里克被杀，见到共华时问他说："我可以回国吗？"共华说："我们几个在国内都没有被株连，你是出使秦国的，可以回来！"丕郑回国后，惠公杀了他。共赐对共华说："你还不逃走吗？快轮到害你了！"共华说："丕郑回国，是我的主意，如今我也将等待遭难。"共赐说："有谁知道这是你的主意呢？"共华说："那也不行。自己知道内疚却昧着良心就是不信，为人谋划却使人遭了厄难那是不智，害了别人而自己却怕死则是不勇。我背着这三项恶名，又有什么地方可去？你走吧，我姑且在这里等待死亡。"丕郑的儿子叫豹，出逃到了秦国以后，对秦穆公说："晋国的国君大失民心了。他背信不给你城邑，杀死里克，忌恨周围的人，大家本来就不满意。如今他又杀死我的父亲和七舆大夫，他的支持者在国内只剩一半了。您如果讨伐他，那晋君必定会被晋人逐出晋国。"穆公说："失掉民众怎么还能杀这么多人？ 况且他的罪过还不到死的地步，民众就不会造反。如果罪过足以判死的人，就不会留在晋国。而能留在晋国的人，其罪还不足死。胜败变化无常，有杀身之祸的人都离开了晋国，谁还能把晋君赶出国呢？你还是等我从长计议吧！"

秦荐晋饥晋不予秦籴

【原文】

晋饥，乞籴于秦[①]。丕豹曰："晋君无礼于君，众莫不知。往年有难，今又荐饥。已失人，又失天，其有殃也多矣。君其伐之，勿予籴！"公曰："寡人其君是恶，其民何罪？天殃流行，国家代有。补乏荐饥，道也，不可以废道于天下。"谓公孙枝曰："予之乎？"公孙枝曰："君有施于晋君，晋君无施于其众。今旱而听于君，其天道也。君若弗予，而天予之。苟众不说其君之不报也，则有辞矣。不若予之，以说其众。众说，必咎于其君。其君不听，然后诛焉。虽欲御我，谁与？"是故泛舟于河，归籴于晋。秦饥，公令河上输之粟[②]。虢射曰[③]："弗予赂地而予之籴，无损于怨而厚于寇，不若勿予。”公曰：“然。”庆郑曰[4]：“不可。已赖其地，而又爱其实，忘善而背德，虽我必击之。弗予，必击我。”公曰：“非郑之所知也。”遂不予。

【注释】

①籴（dí）：购买；买入卖出。

②河上：指黄河以西，即晋惠公回国前为寻求秦国支持而答应送给秦国的河西五城之地。

③虢射：晋国大夫。

④庆郑：晋国大夫。

【译文】

晋国发生饥荒，晋惠公向秦国请求购买粮食。丕豹对秦穆公说：“晋君曾经无礼于您，众人没有不知道的。以前晋君遭遇里克、丕郑之难，如今又连续降临饥荒。可见他已经失去人心，又失去天意，他将会遭到更多灾殃。国君应该讨伐他，不要卖给他粮食！”秦穆公说：“我确实是憎恶晋君，但他的百姓有何罪？天灾流行，各国都会轮流遇到。补给匮乏救济饥荒，这是人间正道啊，不可在天下间废弃正道。”说完问公孙枝：“卖给晋国粮食吗？”公孙枝说：“您对晋君有过帮助，晋君却对他的百姓不施恩德。现在因旱灾而求援于您，这大概是天意吧。您若不给他粮食，而上天也许会援助他。而如果晋国民众对他们国君往昔忘恩负义不满的话，晋君就会有托辞了。不如卖给他们粮食，让晋国民众欢喜。民众欢喜我们，就必定会责怪他们的国君。晋君如不听命的话，然后我们就可讨伐他了。到那时他即使想抵抗我们，可民众谁会帮助他呢？”因此，秦国就在黄河上排列船只，把粮食运往晋国出售。后来秦国也发生了饥荒。晋惠公命令黄河以西五个城邑给秦国运去粮食。这时虢射说：“您不按承诺给秦国这河西五城之地，却卖给它这五城之地所产的粮食，并不会减轻他们的怨恨，反而会增强他们入侵的力量，不如不卖粮给他们。”惠公说：“对。”可庆郑劝谏说：“不能这样。已经赖掉了土地，又吝惜那些粮食，忘记了秦国曾经的友善，背弃恩德，如果我处在秦国的地位必定会来进攻的。不卖给粮食，秦国一定会攻伐我们。”惠公说：“这不是你所能知道的道理。”于是没有卖给秦国粮食。

秦侵晋止惠公于秦

【原文】

六年，秦岁定，帅师侵晋，至于韩。公谓庆郑曰："秦寇深矣，奈何？"庆郑曰："君深其怨，能浅其寇乎？非郑之所知也，君其讯射也[①]。"公曰："舅所病也？"卜右，庆郑吉。公曰："郑也不逊。"以家仆徒为右，步扬御戎[②]；梁由靡御韩简[③]，虢射为右，以承公。

公御秦师，令韩简视师，曰："师少于我，斗士众。"公曰："何故？"简曰："以君之出也处己，入也烦己，饥食其籴，三施而无报，故来。今又击之，秦莫不愠，晋莫不怠，斗士是故众。"公曰："然。今我不击，归必狃[④]。一夫不可狃，而况国乎！"公令韩简挑战，曰："昔君之惠也，寡人未之敢忘。寡人有众，能合之弗能离也。君若还，寡人之愿也。君若不还，寡人将无所避。"穆公衡彫戈出见使者[⑤]，曰："昔君之未入，寡人之忧也。君入而列未成，寡人未敢忘。今君既定而列成，君其整列，寡人将亲见。"

客还，公孙枝进谏曰："昔君之不纳公子重耳而纳晋君，是君之不置德而置服也。置而不遂，击而不胜，其若为诸侯笑何？君盍待之乎？"穆公曰："然。昔吾之不纳公子重耳而纳晋君，是吾不置德而置服也。然公子重耳实不肯，吾又奚言哉？杀其内主，背其外赂，彼塞我施，若无天乎？若有天，吾必胜之。"君揖大夫就车，君鼓而进之。晋师溃，戎马泞而止。公号庆郑曰："载我！"庆郑曰："忘善而背德，又废吉卜，何我之载？郑之车不足以辱君避也！"梁由靡御韩简，辂秦公[⑥]，将止之，庆郑曰："释来救君！"亦不克救，遂止于秦。

穆公归，至于王城，合大夫而谋曰："杀晋君与逐出之，与以归之、与复之，孰利？"公子絷曰："杀之利。逐之恐搆诸侯，以归则国家多慝[⑦]，复之则君臣合作，恐为君忧，不若杀之。"公孙枝曰："不可。耻大国之士于中原，又杀其君以重之，子思报父之仇，臣思报君之雠。虽微秦国，天下孰弗患？"公子絷曰："吾岂将徒杀之？吾将以公子重耳代之。晋君之无道莫不闻，公子重耳之仁莫不知。战胜大国，武也。杀无道而立有道，仁也。胜无后害，智也。"公孙枝曰："耻一国之士，又曰余纳有道以临女，无乃不可乎？若不可，必为诸侯笑。战而取笑诸侯，不可谓武。杀其弟而立其兄，兄德我而忘其亲，不可谓仁。若弗忘，是再施不遂也，不可谓智。"君曰："然则若何？"公孙枝曰："不若以归，以要晋国之成，复其君而质其嫡子，使子父代处秦，国可以无害。”是故归惠公而质子圉⑧，秦始知河东之政。

【注释】

①射：虢射，晋国大夫。

②步扬：晋国大夫，姬姓，晋公族郤氏的后代。因食邑在步，故名。

③梁由靡：晋国大夫。韩简：晋国大夫，韩万的孙子。

④狃（niǔ）：因袭，习惯，习以为常。

⑤彫（diāo）：通“雕”，用彩画装饰。

⑥辂（lù）：大车。

⑦搆（gòu）：通“构”，引起怨恨。慝（tè）：灾害。

⑧子圉（yǔ）：晋惠公的儿子。

【译文】

晋惠公在位的第六年，秦国丰收，民众安定，秦穆公统率军队侵入晋国，一直打到韩原。晋惠公问庆郑说：“秦军已经深入国土，怎么办？”庆郑回答说：“您与秦国结怨很深，能让秦军不深入吗？如何应付这种局面不是我所知道的，国君还是去问虢射吧。”惠公说：“您这是在责备我吗？”后来占卜车右的人选时，庆郑卜得吉卦。惠公说：“庆郑对我不恭敬。”于是让家仆徒做他的车右，步扬为他驾驭兵车；梁由靡为韩简驾驭兵车，虢射担任韩简的车右，跟在惠公的兵车后面。

惠公迎战秦国军队，派遣韩简侦察敌情，韩简说：“敌军人数少于我们，但勇于作战的人却很多。”惠公问：“什么原因？”韩简回答说：“因为您出奔逃亡时依靠过秦国，回国继承君位时烦劳过秦国护送，饥荒时又吃过秦国卖给我们的粮食，秦国曾经给过我们三次恩惠而我们都没有回报，所以他们才来侵犯。如今您又率兵出击，所以秦军没有人不愤怒，晋军没有人不懈怠，因此秦军中勇于作战的人就多。”惠公说：“不错。但我现在不迎击，回去后秦国一定会经常来侵犯。匹夫尚且不可受人习惯性的轻侮，何况国家呢！”惠公命令韩简派使者向秦军挑战，说：“过去秦君的恩惠，我一直不敢忘记。但我有众多的将士，能集合他们作战而不离散。秦君如果退兵回国，正是我所希望的。秦君如果不退兵，我也不会避让。”穆公横握着雕花的战戟出来见晋军的使者，说：“过去你们国君不能回国，我曾为他担忧。你们国君回国后地位一时还未安定，我牵挂在心。如今他君位已定，军队编练已成，让他整理好阵列，我要亲自见识一下。”

晋使回去后，公孙枝上前向秦穆公进谏说：“过去您不接纳公子重耳却接纳晋君，这是您不愿立有德的人而只想立顺服您的人。立了却不遂心愿，攻打以后如果不能获胜，岂不是要遭到诸侯的嘲笑吗？国君何不等待晋国自己败亡呢？”穆公说：“是这样。过去我不接纳公子重耳却接纳晋君，确实是我不愿立有德的人而想立顺服我的人。可是公子重耳事实上也不肯做国君，我又怎能说动他呢？晋君在国内杀了丕郑和里克，在国外又背弃给我国城邑的许诺，他自私无信而我总是施惠于他，像这样难道没有上天主持公道吗？假如有上天的话，我一定能战胜他。”穆公于是集合大夫们登上战车，亲自击鼓指挥进攻。结果晋军纷纷溃败，战马陷入泥泞之中动弹不得。惠公呼叫庆郑说：“快用车来载我逃命！”庆郑说：“你忘恩负义，而且还废黜了吉卜，既然不用我做车右，还搭乘我的车做什么？我庆郑的战车不值得委屈你来避难！”梁由靡为韩简驾驭战车，拉住秦穆公的大车，刚要擒获穆公，庆郑说：“放开他来救援国君！”因此梁由靡也未能救出晋君，晋惠公最终被秦军俘获。

秦穆公回到王城，召集大夫们商量说：“杀掉晋君或者放逐他，或者让他回国，或者恢复他的君位，哪个办法对我们有利？”公子絷说：“杀了他对我们有利。放逐他恐怕会引起诸侯的怨恨，将他带回秦国将会多一个祸患，恢复他的君位，晋国君臣一旦合作，恐怕将会成为您的忧患，不如杀了他。”公孙枝说：“不行。我们在韩地的原野上取胜已经羞辱了晋国的将士，现在又要杀他们的国君以加重这种羞辱，那么儿子思念父亲就要报杀父之仇，臣下思念君王就要报杀君之仇。仇恨越结越深，这样一来，即使是小小的秦国，天下人谁不憎恨呢？”公子絷说：“我岂是只杀死晋君就算完了？我将用公子重耳来代替他为晋国新君。晋君的无道没有谁没听说过的，公子重耳的仁德没有谁不知道的。我们战胜大国，是威武。杀无道之君而立有道新君，是仁义。胜利之后不留后患，是明智啊。”公孙枝说：“羞辱了一国的将士，又说我立一个有道的国君来管理你们，恐怕不可以吧？倘若行不通，必定会被其他诸侯嘲笑。战胜大国却被诸侯们嘲笑，不可以说是威武。杀弟弟而立他的哥哥为君王，哥哥虽然感德于我们却要因此而遗忘兄弟的亲情，不可以说是仁义。假如他不忘记亲情而记恨我们，就是我们再度施恩而不成功，这不可以说是明智。”穆公问：“那么怎么办呢？”公孙枝说：“不如让他回去，以此要求和晋国缔结和约，恢复他的君位，但把他的太子交换来做人

质，让他们父子轮流待在秦国，这样我们国家就可以没有危害了。”因此秦穆公释放惠公回晋国，晋国把子圉交换来做人质，然后秦国便开始专心管理河东五城的政事。

吕甥逆惠公于秦

【原文】

公在秦三月，闻秦将成，乃使郤乞告吕甥①。吕甥教之言，令国人于朝曰："君使乞告二三子曰：'秦将归寡人，寡人不足以辱社稷，二三子其改置以代圉也。'"且赏以悦众，众皆哭，焉作辕田②。吕甥致众而告之曰："吾君惭焉其亡之不恤，而群臣是忧，不亦惠乎？君犹在外，若何？"众曰："何为而可？"吕甥曰："以韩之病，兵甲尽矣。若征缮以辅孺子③，以为君援，虽四邻之闻之也，丧君有君，群臣辑睦，兵甲益多，好我者劝，恶我者惧，庶有益乎？"众皆说，焉作州兵④。吕甥逆君于秦，穆公讯之曰："晋国和乎？"对曰："不和。"公曰："何故？"对曰："其小人不念其君之罪，而悼其父兄子弟之死丧者，不惮征缮以立孺子，曰：'必报仇，吾宁事齐、楚，齐、楚又交辅之。'其君子思其君，且知其罪，曰：'必事秦，有死无他。'故不和。比其和之而来，故久。"公曰："而无来，吾固将归君，国谓君何？"对曰："小人曰不免，君子则否。"公曰："何故？"对曰："小人忌而不思，愿从其君而与报秦，是故云。其君子则否，曰：'吾君之入也，君之惠也。能纳之，能执之，则能释之。德莫厚焉，惠莫大焉。纳而不遂，废而不起，以德为怨，君其不然？'"秦君曰："然。"乃改馆晋君，馈七牢焉⑤。

【注释】

①郤（xì）乞：晋国大夫。

②辕田：古代按休耕需要分配土地的一种办法。

③孺子：指晋太子子圉（yǔ）。

④州兵：春秋时晋国的兵制。每州二千五百家，由州长自行组织甲兵，以备战争之需。

⑤牢：又称太牢，古代以牛羊猪三牲具备的宴飨。牛羊猪各一头为一牢，以此类推。按周制，馈送七牢为诸侯之礼。

【译文】

晋惠公被秦国关了三个月，听说秦国将要和晋国讲和，于是就派郤乞回国告诉吕甥这个消息。吕甥教郤乞一番话，让他对聚集在宫门前的国人说："国君派我来告诉大家：'秦国将要放我回来，我辱没了国家不配当国君，你们改立一个国君，就用子圉来代替我吧。'"又代表惠公赏赐土地让大家高兴，大家都感动得哭了，于是就按休耕需要把部分土地分配给国人。吕甥召集群臣并告诉他们说："我们国君因败亡在外而感到愧疚，此时他并不关心自己，而是为群臣百姓担忧，不也是很慈惠吗？国君还被关在国外，这该如何是好？"大家齐声说："我们做些什么才可以让国君回来呢？"吕甥说："因为韩原会战失败，晋国的武器装备都用完了。如果我们增收赋税，修治武器，用来辅佐太子，并作为国君的后援，让四方邻国听到后，知道我们失去国君但又有了新的国君，而且群臣和睦，武器增多，友好的国家就会勉励我们，敌对的国家就会害怕我们，是否会对国君回来有好处呢？"大家都很高兴，于是晋国就改革军制建置州兵来扩充军力。吕甥去秦国迎接惠公，秦穆公询问他说："晋国的人和睦吗？"吕甥回答说："不和睦。"穆公问："是什么原因呢？"吕甥回答说："那些小人不考虑国君的罪过，只悼念在韩原之战中死去的父兄子弟，他们不怕征税修武也要去拥立子圉为新君，并说：'一定要报秦辱之仇，我们宁可事奉齐国和楚国，让齐国和楚国共同援助我们。'那些有见识的君子虽然思念自己的国君，但也知道他的罪过，说：'一定要事奉秦国，就是死也不能存有二心。'所以彼此不和睦。因为要等到大家统一认识后才来迎接国君，所以拖了很久。"穆公说："你不来，我本来想要送回晋君。晋国的人怎样看待晋君的前途？"吕甥回答说："小人认为国君不能免难，君子则不这么认为。"穆公问："为什么？"回答说："小人只是怨恨秦国，不考虑自己国君的罪过，想跟从太子子圉一起报复秦国，所以这么认为。君子则不这样认为，他们说：我们国君当初能回国继承君位，是您的恩惠。您能接纳他，又能俘虏他，也就能放了他。没有比这再宽厚的仁德了，也没有比这更大的恩惠了。让他回国却不成全他，或者废黜而不起用他，都会使原来的仁德变为仇恨，您大概不会这样做吧？"秦穆公说："是的。"于是改变对晋君的待遇，为他更换所住的馆舍，又按诸侯之礼，馈送七牢加以款待。

惠公斩庆郑

【原文】

惠公未至，蛾析谓庆郑曰[①]："君之止，子之罪也。今君将来，子何俟？"庆郑曰："郑也闻之曰：'军败，死之；将止，死之。'二者不行，又重之以误人，而丧其君，有大罪三，将安适？君若来，将待刑以快君志；君若不来，将独伐秦。

不得君，必死之。此所以待也。臣得其志，而使君瞢②，是犯也。君行犯，犹失其国，而况臣乎？”公至于绛郊③，闻庆郑止，使家仆徒召之，曰：“郑也有罪，犹在乎？”庆郑曰：“臣怨君始入而报德，不降；降而听谏，不战；战而用良，不败。既败而诛，又失有罪，不可以封国。臣是以待即刑，以成君政。”君曰：“刑之！”庆郑曰：“下有直言，臣之行也；上有直刑，君之明也。臣行君明，国之利也。君虽弗刑，必自杀也。”蛾析曰：“臣闻奔刑之臣，不若赦之以报仇。君盍赦之，以报于秦？”梁由靡曰：“不可。我能行之，秦岂不能？且战不胜，而报之以贼，不武；出战不克，入处不安，不智；成而反之，不信；失刑乱政，不威。出不能用，入不能治，败国且杀孺子，不若刑之。”君曰：“斩郑，无使自杀。”家仆徒曰：“有君不忌，有臣死刑，其闻贤于刑之。”梁由靡曰：“夫君政刑，是以治民。不闻命而擅进退，犯政也；快意而丧君，犯刑也。郑也贼而乱国，不可失也！且战而自退，退而自杀；臣得其志，君失其刑，后不可用也。”君令司马说刑之④。司马说进三军之士而数庆郑曰：“夫韩之誓曰：失次犯令，死；将止不面夷，死；伪言误众，死。今郑失次犯令，而罪一也；郑擅进退，而罪二也；女误梁由靡，使失秦公，而罪三也；君亲止，女不面夷⑤，而罪四也：郑也就刑！”庆郑曰：“说！三军之士皆在，有人能坐待刑，而不能面夷？趣行事乎！”丁丑，斩庆郑，乃入绛。十五年，惠公卒，怀公立，秦乃召重耳于楚而纳之。晋人杀怀公于高梁，而授重耳，实为文公。

【注释】

①蛾析：晋国大夫。

②瞢（méng）：晦暗无光貌 。

③绛：晋国都城，在今山西省翼城县东南。

④司马说：司马，官名，掌管军政和军赋。说，司马的名字叫说。

⑤女：同“汝”，你，你们。不面夷：面部没有受伤。

【译文】

晋惠公还没回到晋国时，蛾析对庆郑说：“国君被秦国俘获，是你的罪过。现在国君就要回来了，你不逃走还等什么？”庆郑说：“我听说：‘军队溃败了，应该为之而死。主将被俘，也应该为之而死。’这两件事我都没做到，再加上贻误了他人救国君的机会，致使国君被俘，有这样三条大罪，还能逃到哪里去？国君如果能回来，我准备等待受刑，也好让国君心里痛快；国君如果回不来，我将独自率兵讨伐秦国。不救回国君，定会以死效忠。这就是我等待的原因。我若逃走而遂了自己心愿，就会使国君颜面无光，这是背逆的行为。国君的行为背逆，尚且都会失去国家，何况做臣子的呢？”晋惠公到了国都郊外，听说庆郑被捕，就命家仆徒把他召来，问道："你有罪，还留在都城干什么？"庆郑说："我怨恨国君，当初您要是回国时就报答秦国的恩德，不至于使国势下降；国势下降后倘若能听取良言劝谏，也不至于发生战争；战争发生后若是能选用良将，也不至于失败。已经战败就要处死有罪的人，如对有罪的人不能令其伏法，还怎么守卫国家疆土？所以我等待就刑伏法，以成全国君的政令。"惠公说："杀了他！"庆郑说："臣下直言劝谏，是臣子的行为准则；君上刑杀得当，是国君圣明的表现。臣子尽责而国君圣明，是国家的利益所在。国君即使不杀我，我也一定要自杀的。"蛾析说："我听说对主动认罪接受刑罚的臣子，不如赦免他，用他来报仇。国君何不赦免庆郑，叫他去报秦的囚禁之仇呢？"梁由靡说："不可以。我们晋国这样做了，难道秦国就不能吗？况且交战不胜，却用不正当的手段去报仇，不能算勇武；出战不利，回国后又要惹出麻烦，不能算明智；与秦国讲和之后又背弃诺言，不能算诚信；失去刑法而乱了国政，不能算威严。若这样对外不能胜敌，对内不能治国，将会败坏国家制度，而且也会害了太子，不如杀了庆郑。"惠公说："杀了庆郑，不能让他自杀！"家仆徒说："当国君的不计较前嫌，当臣子的甘愿死于刑戮，这样的名声要比杀了庆郑更好。"梁由靡说："国君的政令刑法，是用来治理百姓的。不听命令而擅自进退，就是触犯政令；幸灾乐祸而使国君被俘，就是触犯刑法。庆郑伤害君王而且扰乱了国家政令，不能让他逍遥法外！况且临战而私自败退，败退而任其自杀；臣下可以随心所欲，国君却失去了刑法的威严，以后就无法用人作战了。"于是惠公命司马说执刑。司马说召来三军兵士，当众列举庆郑的罪状说："韩原之战前全军宣过誓：扰乱军阵违抗军令的，处死；主将被俘，部下脸部没有受伤的，处死；散布谣言动摇军心的，处死。现在庆郑扰乱军阵违抗军令，这是第一宗罪；擅自进退，这是第二宗罪；耽误梁由靡救援国君而放跑了秦君，这是第三宗罪；国君被俘，脸部没有受到一点伤，这是第四宗罪；庆郑，你就此受刑吧！"庆郑说："司马说！三军兵士都在这里，我能坐着等待行刑，难道还怕脸上受伤吗？赶快下令用刑吧！"丁丑这天，庆郑被斩首，然后惠公才进入国都绛城。晋惠公在执政的第十五年时故世，国人拥立晋怀公子圉继位，于是秦人从楚国接来重耳。后来晋人在高梁杀了怀公，把君位传授给重耳，实际就是晋文公。

卷十　晋语四

重耳自狄适齐

【原文】

文公在狄十二年[①]，狐偃曰[②]："日，吾来此也，非以狄为荣，可以成事也。吾曰：'奔而易达，困而有资，休以择利，可以戾也[③]。'今戾久矣，戾久将底。底著滞淫，谁能兴之？盍速行乎！吾不适齐、楚，避其远也。蓄力一纪[④]，可以远矣。齐侯长矣，而欲亲晋。管仲殁矣，多谗在侧。谋而无正，衷而思始。夫必追择前言，求善以终，餍迩逐远[⑤]，远人入服，不为邮矣。会其季年可也，兹可以亲。"皆以为然。乃行，过五鹿[⑥]，乞食于野人。野人举块以与之，公子怒，将鞭之。子犯曰："天赐也。民以土服，又何求焉！天事必象，十有二年，必获此土。二三子志之。岁在寿星及鹑尾[⑦]，其有此土乎！天以命矣，复于寿星，必获诸侯。天之道也，由是始之。有此，其以戊申乎[⑧]！所以申土也。"再拜稽首，受而载之。遂适齐。

【注释】

①文公：晋文公名重耳。

②狐偃字子犯，重耳的舅父，故又称舅犯。

③戾（lì）：安定，静止。

④一纪：古人以十二年为一纪。

⑤餍（yàn）：使满足。迩：接近，临近。

⑥五鹿：卫国封邑，在今河南濮阳南。

⑦岁：岁星，即木星。木星每年出现在黄道带中的某一部位，依次运行，每十二年绕天一周，古代曾据以纪年。文中寿星、鹑尾，是这十二个部位中的两个。

⑧戊申：记日的干支。天干之戊属土，地支之申属阳之金，是土生金相生。

【译文】

晋文公重耳在狄国寄住的第十二年，狐偃说："当初我们到这儿来，不是因为狄地安乐，而是为了能够成就大事。我曾说过：'逃奔狄地而容易到达，窘迫中还能得到资助，通过休整以便选择有利的时机，可以到那里安定下来。'如今到这里已经很久了，安定久了便会停滞不前。停滞不前再加上整日苟且沉溺，谁还能振兴国家呢？何不赶快离开此地啊！当初我们不到齐、楚两国去，是为了避免路途太远。如今养精蓄锐了十二年，可以远行了。齐桓公年纪大了，他想亲近晋国。

管仲去世后，桓公身边大多是谗谄小人。恒公虽想谋划却没有人来匡正，心里就会怀念当初的情况。因此他必定会追忆过去而采纳管仲曾经的忠告，希望求得一个好结果。齐国与邻国相处很满意，就会谋求与远方的诸侯搞好关系，此时，远方的我们去投奔，就不会挑剔我们什么过错了。现在正值桓公的暮年，这正是可以亲近他的大好时机。”大家都觉得狐偃说得很对。于是重耳一行人便出发了，他们路过五鹿之地时，向田野里的农夫讨饭吃，农夫却举起地里的土块给他们，重耳大怒，想要鞭打他。狐偃说：“这是上天的赏赐啊。民众献土表示顺服，对此我们还有什么可乞求的呢！上天成就所有的事，必定会先有某种征兆，再过十二年，我们一定会获得这片土地。你们一定要记住这件事。当岁星运行到寿星和鹑尾时，这片土地就将归属我国了！因为天象已经这样预示了，岁星再次行经寿星时，我们一定能称霸诸侯，天道十二年一轮回，征兆就是由此开始的。获得这块土地，应当就在戊申这一天啊！因为戊属土，申属阳之金，这是金土两相生啊。”于是重耳叩头再拜，把泥土收下装在车上。然后，他们便往齐国去了。

齐姜劝重耳勿怀安

【原文】

齐侯妻之，甚善焉。有马二十乘①，将死于齐而已矣。曰：“民生安乐，谁知其他？”桓公卒，孝公即位②。诸侯叛齐。子犯知齐之不可以动，而知文公之安齐而有终焉之志也，欲行，而患之，与从者谋于桑下。蚕妾在焉，莫知其在也。妾告姜氏③，姜氏杀之，而言于公子曰：“从者将以子行，其闻之者吾以除之矣。子必从之，不可以贰，贰无成命。《诗》云：‘上帝临女，无贰尔心。’先王其知之矣，贰将可乎？子去晋难而极于此。自子之行，晋无宁岁，民无成君。天未丧晋，无异公子，有晋国者，非子而谁？子其勉之！上帝临子，贰必有咎。”公子曰：“吾不动矣，必死于此。”姜曰：“不然。《周诗》曰：‘莘莘征夫，每怀靡及。’夙夜征行，不遑启处④，犹惧无及。况其顺身纵欲怀安，将何及矣！人不求及，其能及乎？日月不处，人谁获安？西方之书有之曰：‘怀与安，实疚大事。’《郑诗》云：‘仲可怀也，人之多言，亦可畏也。’昔管敬仲有言⑤，小妾闻之，曰：‘畏威知疾，民之上也。从怀如流，民之下也。见怀思威，民之中也。畏威如疾，乃能威民。威在民上，弗畏有刑。从怀如流，去威远矣，故谓之下。其在辟也，吾从中也。《郑诗》之言，吾其从之。’此大夫管仲之所以纪纲齐国，裨辅先君而成霸者也。子而弃之，不亦难乎？齐国之政败矣，晋之无道久矣，从者之谋忠矣，时日及矣，公子几矣。君国可以济百姓，而释之者，非人也。败不可处，时不可失，忠不可弃，怀不可从，子必速行。吾闻晋之始封也，岁在大火，阏伯之星也⑥，实纪商人。商之飨国三十一王。瞽史之纪曰⑦：‘唐叔之世，将如商数。’今未半也。乱不长世，公子唯子，子必有晋。若何怀安？”公子弗听。

【注释】

①乘：古时一车四马为一乘。

②孝公：齐孝公，名昭，齐桓公之子，公元前642年至前633年在位。

③姜氏：齐桓公女儿，嫁给重耳，因其姓姜，故称姜氏。

④遑（huáng）：匆忙不安定的样子。

⑤管敬仲：即管仲，字仲，谥敬。

⑥大火：星名，即心宿，十二星宿之一。阏（yān）伯：传说是陶唐氏，尧时的火正官，居商丘，主管祭祀大火星的职务。

⑦瞽史：指以盲人充任的乐师，能背诵史诗，所以与专门记事的史官并称纪史之官。

【译文】

齐桓公把女儿嫁给重耳为妻，待重耳很好。重耳有车马二十乘，便打算老死在齐国了。他说：“人生就是为了安然享乐，谁还会去管其他呢？”齐桓公死后，孝公即位。这时，诸侯都纷纷背叛齐国。狐偃知道齐国不可能帮助重耳返回晋国执政，也知道重耳已安于留在齐国，并准备老死在那里的想法，他想离开齐国，但又担心重耳不肯走，于是就和随从重耳一起逃亡的人在桑树下商量这件事。齐国宫中一个养蚕的小妾正好在树上采桑叶，但谁也没有发觉她在那里。小妾将此事报告了姜氏，姜氏怕泄露消息，便把她杀了，然后对公子重耳说：“你的随从想要同你一起离开齐国，那个偷听到这件事的人我已经杀掉了。你一定要听从他们的，不能犹豫不决，遇事犹豫不决，就不能成就天命。《诗经》上说：‘上帝暗中保佑着你，你心里千万不能迟疑不决。’武王知道天命，因此能成就大事，犹豫不决怎么能行呢？你因晋国有危难而来到这里。自从你离开以后，晋国没有安宁的岁月，百姓也没有一个稳定的国君。上天还没想要灭亡晋国，晋献公也再没有其他的儿子了，所以能得到晋国的人，不是你还能有谁呢？希望你好好努力！上天在保佑你，迟疑不决一定会惹祸遭殃的。”重耳说：“我是不会被人说动的了，一定要老死在这里。”姜氏说：“这样不对。《周诗》上说：‘那些风尘仆仆的行人，时常惦念着自己要办的事，唯恐来不及把事情办好。’昼夜奔忙在道路上，连一会儿安坐休息的时间也没有，这样尚且还怕来不及呢，更何况那些随意放纵嗜欲、贪恋安逸的人，将如何来得及呢！一个人不追求完成大业，又怎么能达到目的呢？日月如梭，时光不停，一个人哪能只想获得安逸呢？周书上有句话说：'贪图享乐与安逸，是要败坏大事的。'《郑诗》上说：'仲子令我思念，外人的闲话也可畏啊。'以前管仲说的话，妾身我也曾听到过。他说：'如果一个人像害怕疾病一样地敬畏天威，是人中的最上者。只知道眷恋私欲随大流，是人中的最下者。看到可眷恋的事物，就想起天威的可畏，是中等人。只有敬畏天威如害怕疾病一样，才能树立权威，统治人民。拥有声威才能居于民上，对天威无所畏惧，则将受到惩罚。只知道贪恋私欲随大流，那离建立声威就更远了，因此说那是人中的最下者。照以上引喻的话来看，我是愿做中等人的。《郑诗》上所说的话，我是愿意遵从的。'这就是大夫管仲所以能够治理齐国，辅佐先君成就霸业的原因。现在你却要丢弃它，不是太难于成大事了吗？齐国的政治已经衰败了，晋君昏庸无道已经很久了，你的随从的谋虑够忠心的了，时候到了，公子得回晋国的日子临近了。你去当晋国的国君，可以解救百姓，如果放弃这治国大业，那简直不算人了。齐国的政治败坏不宜久居，有利的时机不可错过，你的随从一片忠诚不可丢弃，眼前的安逸更不可贪恋，你一定要赶快离开齐国。我听说，晋国最初受封的时候，那年岁星正在大火星的位置，也就是阏伯的星辰，实际上记录着商朝的命运。商代享有天下，一共传了三十一位国君。乐师和史官的记载说：'唐叔的后裔享有晋国，将同商代国君的数目一样。'现在还不到一半。晋国纷乱的局面不会长久下去的，公子中只有你还在，你一定能得到晋国。为什么还要贪恋眼前的安逸呢？"可是公子重耳仍然不听这些劝告。

齐姜与子犯谋遣重耳

【原文】

姜与子犯谋①，醉而载之以行。醒，以戈逐子犯，曰："若无所济，吾食舅氏之肉，其知餍乎！"舅犯走②，且对曰："若无所济，余未知死所，谁能与豺狼争食？若克有成，公子无亦晋之柔嘉，是以甘食。偃之肉腥臊，将焉用之？"遂行。

【注释】

①姜：指重耳的妻子姜氏。

②舅犯：即子犯。

【译文】

姜氏与子犯商量，把重耳灌醉以后再用车送走。重耳酒醒后，拿起一把戈就追打子犯，说："假如事业不成功，我就是吃了舅舅你的肉，也不能满足啊！"子犯一边逃一边回答说："假如事业不成功，我还不知道死在哪里，谁又能与豺狼争着吃我的肉呢？假如事业成功的话，那么公子不也就有了晋国最柔脆嘉美的食品，那些都是你爱吃的。我狐偃的肉腥臊难闻，又怎么能吃呢？"于是，他们一行就启程上路了。

卫文公不礼重耳

【原文】

过卫，卫文公有邢、狄之虞①，不能礼焉。宁庄子言于公曰："夫礼，国之纪也；亲，民之结也；善，德之建也。国无纪不可以终，民无结不可以固，德无建不可以立。此三者，君之所慎也。今君弃之，无乃不可乎！晋公子善人也，而卫亲也，君不礼焉，弃三德矣。臣故云君其图之。康叔②，文之昭也。唐叔，武之穆也③。周之大功在武，天祚将在武族④。苟姬未绝周室，而俾守天聚者，必武族也。武族唯晋实昌，晋胤公子实德。晋仍无道，天祚有德，晋之守祀，必公子也。若复而修其德，镇抚其民，必获诸侯，以讨无礼。君弗蚤图，卫而在讨。小人是惧，敢不尽心。"公弗听。

【注释】

①卫文公：卫国国君，名辟疆，后改名燬。邢、狄：卫国旁边的两个小国。

②康叔：周代卫国的始祖。周武王的胞弟，名封。

③昭：古代宗法制度，宗庙辈次的排列，始祖庙居中，以下父子依次递为昭穆，左为昭，右为穆。父为昭，子为穆。故有辈分地位尊卑之分。

④祚（zuò）：赐福。

【译文】

重耳经过卫国，卫文公因有邢人、狄人联合入侵，不能以礼相待重耳。宁庄子对卫文公说："礼，是国家的纲纪；亲，是人民团结的纽带；善，是立德的基础。国家没有纲纪不可能长存，人民不团结不可能坚固，没有善做基础不可能立德。这三者，是国君应当谨慎对待的。如今君王抛弃这些，恐怕不行吧！晋公子重耳是个贤人，而且还是卫国的亲属，君主不以礼相待，就是抛弃以上所说的三种美德了。因此微臣要请君王认真考虑考虑。卫国的祖先康叔，是周文王与正妻所生的儿子，居昭位。晋国的始祖唐叔，是周武王的儿子，居穆位。为周朝统一天下建立大功的是周武王，上天便赐福给周武王的后代子孙。只要周朝姬姓永世不绝，那么守着上天所聚集的财富和民众的，就一定是周武王的后代。周武王的后代中，只有晋国繁衍昌盛，晋国的子孙后代中，公子重耳最有德行。现在晋国的政治仍然无道，上天福佑有德行的人，晋国能守住祭祀的人，一定是公子重耳了。如果重耳能够返国复位，修其德行，安抚百姓，必然获得诸侯的拥护，此后定会讨伐以前对他无礼的国家。如果君王不早作打算，那么卫国就不免要遭到讨伐了。小人因此感到惧怕，怎敢不尽心而言呢。”然而，卫文公并不听宁庄子的劝谏。

宋襄公赠重耳以马二十乘

【原文】

公子过宋，与司马公孙固相善①，公孙固言于襄公曰②：“晋公子亡，长幼矣，而好善不厌，父事狐偃，师事赵衰③，而长事贾佗④。狐偃其舅也，而惠以有谋。赵衰其先君之戎御，赵夙之弟也，而文以忠贞。贾佗公族也，而多识以恭敬。此三人者，实左右之。公子居则下之，动则谘焉⑤，成幼而不倦，殆有礼矣。树于有礼，必有艾。《商颂》曰：‘汤降不迟，圣敬日跻。’降，有礼之谓也。君其图之。”襄公从之，赠以马二十乘。

【注释】

①公孙固：宋庄公之孙，任宋国大司马。

②襄公：宋襄公，宋国国君，名兹父。

③赵衰：即赵成子，字子余，也称成季、孟子余。随从重耳在外流亡十九年，并助重耳成就霸业。

④贾佗：狐偃的儿子，名射姑，字季佗，食邑在贾。

⑤谘（zī）：同“咨”，征询；商议。

【译文】

公子重耳经过宋国，与宋国司马公孙固关系很好。公孙固对宋襄公说：“晋公子流亡在外十几年，已经由孩子长大成人了，喜欢做好事而不自满，像对待父亲一样事奉狐偃，像对待老师一样事奉赵衰，像对待兄长一样善待贾佗。狐偃是他的舅舅，仁慈而又足智多谋。赵衰是为他先君驾御战车的车夫赵夙的弟弟，富于文彩而又为人忠贞。贾佗是晋国的公族，见多识广而谦恭有礼。这三个人真心实意在他左右辅助。公子重耳平时对他们谦下恭敬，每逢有事都要征询他们的意见，从年幼到长大成人始终如此，从不懈怠，当然可以算是有礼之人了。在礼的方面有所建树，一定会得到善报。《商颂》上说：‘商汤急于尊贤下士，圣德天天向上升高。’尊贤下士，就是有礼的表现啊。请君王仔细考虑考虑。”宋襄公听从了他的意见，送给重耳二十乘车马。

郑文公不礼重耳

【原文】

公子过郑，郑文公亦不礼焉。叔詹谏曰[①]："臣闻之：亲有天，用前训，礼兄弟，资穷困，天所福也。今晋公子有三祚焉，天将启之。同姓不婚，恶不殖也。狐氏出自唐叔[②]。狐姬，伯行之子也，实生重耳。成而隽才，离违而得所，久约而无衅，一也。同出九人，唯重耳在，离外之患，而晋国不靖，二也。晋侯日载其怨，外内弃之；重耳日载其德，狐、赵谋之，三也。在《周颂》曰：'天作高山，大王荒之[③]。'荒，大之也。大天所作，可谓亲有天矣。晋、郑兄弟也，吾先君武公与晋文侯戮力一心[④]，股肱周室，夹辅平王，平王劳而德之，而赐之盟质，曰：'世相起也。'若亲有天，获三祚者，可谓大天。若用前训，文侯之功，武公之业，可谓前训。若礼兄弟，晋、郑之亲，王之遗命，可谓兄弟。若资穷困，亡在长幼，还轸诸侯[⑤]，可谓穷困。弃此四者，以徼天祸，无乃不可乎？君其图之。"弗听。叔詹曰："若不礼焉，则请杀之。谚曰：'黍稷无成，不能为荣。黍不为黍，不能蕃庑[⑥]。稷不为稷，不能蕃殖。所生不疑，唯德之基。'"公弗听。

【注释】

①叔詹：郑国大夫。

②狐氏：重耳的外祖父。

③大王：指周文王的祖父古公亶父。

④武公：郑武公，郑国国君，名滑突。晋文侯：晋国国君，名仇。

⑤轸（zhěn）：借指车。

⑥蕃庑（wǔ）：茂盛或繁多。

【译文】

重耳经过郑国，郑文公也不以礼待他。叔詹劝谏说："我听说：亲近上天，遵循先君的教诲，对兄弟以礼相待，资助穷困的人，上天是会福佑他的。如今晋公子拥有三种福运的吉兆，这是上天将要开启福运给他。同姓的男女不结婚，怕的是子孙繁衍不昌盛。狐氏是唐叔的后代，狐姬是伯行的女儿，生了重耳。重耳长大成人而且才华出众，虽然逃难离国，但是举动得体，长久处于穷困之中而没有什么缺点，这是其一。一母同生的九个兄弟中，现在只有重耳还活着，虽然遭到陷害而流亡在外，但晋国国内却一直不安定，这是其二。百姓对晋侯怨声载道，日甚一日，国内外都离弃于他；重耳则天天注重提高品德，有狐偃、赵衰等为他出谋划策，这是其三。《周颂》上说：‘上天生成了岐山，文王的祖父大大拓展了它。’荒，就是扩大的意思。扩大上天所生成的，可以称得上亲近上天了。晋、郑两国是兄弟之国，我国的先王郑武公和晋文侯曾同心协力，辅佐周王室，一左一右辅佐周平王，平王非常感激他们，并赐给他们盟信，说：‘世世代代互相扶持。’如果说亲近上天的话，获得三种福运吉兆的人，可以称得上是得天大助了。如果要遵循先王的训诲，晋文侯的功劳，郑武公的业绩，可称得上是前训。如果说对兄弟以礼相待，那么晋、郑两国同姓相亲，又有周平王的遗命，可称得上是兄弟。如果说要资助贫困，公子从小到大流亡在外，乘车周历各诸侯国，可称得上穷困。抛弃这四种美德，就会招致天祸，这恐怕不行吧？请君王好好想一想。”郑文公没有听从这番劝告。叔詹又说：“君王如果不能以礼相待，那么就请杀了他。有一句谚语说：‘黍稷如果不长，就不能开花。黍不能长成黍，就不能茂盛。稷不能长成稷，就不能繁育。种什么得什么，这是毫无疑问的，只有立德才是它的根基。’”郑文公还是不听。

楚成王以周礼享重耳

【原文】

遂如楚，楚成王以周礼享之①，九献②，庭实旅百③。公子欲辞，子犯曰：“天命也，君其飨之。亡人而国荐之，非敌而君设之，非天，谁启之心！”既飨，楚子问于公子曰④：“子若克复晋国，何以报我？”公子再拜稽首对曰：“子女玉帛，则君有之。羽旄齿革，则君地生焉。其波及晋国者，君之余也，又何以报？”王曰：“虽然，不穀愿闻之⑤。”对曰：“若以君之灵，得复晋国，晋、楚治兵，会于中原，其避君三舍⑥。若不获命，其左执鞭弭，右属櫜鞬⑦，以与君周旋。”令尹子玉曰⑧：“请杀晋公子。弗杀，而反晋国，必惧楚师。”王曰：“不可。楚师之惧，我不修也。我之不德，杀之何为！天之祚楚，谁能惧之？楚不可祚，冀州之土，其无令君乎？且晋公子敏而有文，约而不谄，三材待之，天祚之矣。天之所兴，谁能废之？”子玉曰：“然则请止狐偃。”王曰：“不可。《曹诗》曰：‘彼己之子，不遂其媾⑨。’邮之也。夫邮而效之，邮又甚焉。效邮，非礼也。”于是怀公自秦逃归⑩。秦伯召公子于楚⑪，楚子厚币以送公子于秦。

【注释】

①楚成王：楚国国君，名熊頵，公元前 671 年至前 626 年在位。

②九献：帝王宴请上公的礼节，献酒共九次。

③庭实：把礼物陈列在庭中，是诸侯间互相访问的一种礼节。

④楚子：即楚成王。

⑤不穀（gǔ）：不好，不善。古代君主的一种谦称。

⑥三舍：九十里。古代行军三十里后驻扎，称一舍。

⑦弭：没有缘饰的弓。櫜鞬（gāo jiān）：櫜是箭囊，鞬是盛弓的弓袋。全句是表示拿起武器的婉词。

⑧令尹：楚国的官名，为楚国的最高官职，掌军政大权。子玉：名成得臣，是楚国若敖的曾孙。

⑨媾（gòu）：厚爱，宠爱。

⑩怀公：晋怀公。

⑪秦伯：指秦穆公。

【译文】

重耳很快就到了楚国，楚成王用周王室待诸侯的礼节款待他，宴会上献酒九次，院子里陈列的酒肴礼器数以百计。公子重耳想要推辞，子犯说："这是天命所致，您还是接受吧。一个逃亡在外的人，竟用国君的礼节来进献，虽然身份地位无法匹敌，却能像对待国君那样陈设礼物，若不是天意，谁会使楚成王有这样的想法呢？"宴会之后，楚成王问公子重耳说："如果你能够回到晋国复位国君，那么你用什么来报答我呢？"公子重耳跪拜叩头说："美女、宝玉和丝帛，这些您有很多。鸟羽、旄牛尾、象牙和犀皮革，贵国的土地上都生产。那些流传到晋国的，都是君王剩余下来的，又叫我用什么来报答您呢？"楚成王说："虽然这样，我还是想听听你怎样报答我。"重耳回答说："要是托您的福，我能够回到晋国，将来万一晋、楚两国交战，在中原相遇，我愿避开君王后退九十里。要是这样还得不到您的谅解，那么我只好左手拿着鞭子和弓，右边挂上弓囊箭袋，以此来与君王您追逐较量一番，伺机进退。"令尹子玉听到后说："请杀掉晋公子重耳。如果不杀他的话，一旦他回到晋国，必然会对楚国造成隐患。"楚成王说："不行。楚军有忧惧，那是我们自己不修德的缘故。我们自己不修德，杀了他又有什么用！如果上天赐福楚国的话，谁又能对楚国造成隐患呢？如果楚国不能得到上天福佑，那么晋国的土地上，难道就不会出现其他贤明的国君了吗？而且晋公子为人通达又富于文辞，虽处在穷困之中，却不肯逢迎谄谀，又有三位卿相之才侍奉他，这是上天在福佑他啊。是天意要他去复兴，谁能够毁弃他呢？"子玉说："那么就请把狐偃扣留起来作人质。"楚成王说："不行。《曹诗》上说：'那个人呀，不会永久得到他人的厚爱。'这是在指责一个人的过失。如果明知是错的再去仿效，那就错上加错了。仿效错的，这不符合礼法啊。”正在这时晋怀公从秦国逃回了晋国。秦穆公派人到楚国来召请公子重耳，楚成王便用厚礼把重耳送到了秦国。

秦伯纳重耳于晋

【原文】

十月，惠公卒①。十二月，秦伯纳公子。及河，子犯授公子载璧②，曰：“臣从君还轸，巡于天下，怨其多矣！臣犹知之，而况君乎？不忍其死，请由此亡。”公子曰：“所不与舅氏同心者，有如河水。”沉璧以质。董因迎公于河，公问焉，曰：“吾其济乎？”对曰：“岁在大梁，将集天行。元年始受，实沈之星也。实沈之墟③，晋人是居。所以兴也。今君当之，无不济矣。君之行也，岁在大火。大火，阏伯之星也，是谓大辰④。辰以成善，后稷是相⑤，唐叔以封。《瞽史记》曰：‘嗣续其祖，如谷之滋。必有晋国。’臣筮之，得《泰》之八⑥。曰：是谓天地配亨，小往大来，今及之矣，何不济之有？且以辰出而以参入，皆晋祥也，而天之大纪也。济且秉成，必霸诸侯。子孙赖之，君无惧矣。”

公子济河，召令狐、臼衰、桑泉，皆降。晋人惧，怀公奔高粱。吕甥、冀芮帅师，甲午，军于庐柳。秦伯使公子絷如师⑦，师退，次于郇。辛丑，狐偃及秦、晋大夫盟于郇⑧。壬寅，公入于晋师。甲辰，秦伯还。丙午，入于曲沃⑨。丁未，入绛⑩，即位于武宫⑪，戊申，刺怀公于高粱。

【注释】

①惠公：晋惠公。

②载璧：祭祀用的璧。

③大梁：十二星次之一。元年：指晋文公即位的第一年。实沈：十二星次之一。又传说实沈是高辛氏的季子。墟：指实沈所居的故地。

④大辰：即大火星。

⑤后稷：传说中古代周族的始祖，名弃。

⑥《泰》：六十四卦之一，乾下坤上。

⑦冀芮：晋国大夫，封于冀，故又称冀芮。公子絷（zhí）：秦国大夫。

⑧郇（xún）：晋邑名，在今山西临猗西南。

⑨曲沃：晋邑名，在今山西闻喜东北。

⑩绛：晋国都城，在今山西翼城东。

⑪武宫：重耳祖父晋武公庙。

【译文】

那一年十月，晋惠公去世。十二月，秦穆公把公子重耳送回晋国。到了黄河边上，子犯把祭祀用的玉璧交给重耳，说："我离开先王跟随您乘车周转列国，可谓巡行于天下了，臣的罪过已经太多了。我自己尚且知道，何况您呢？如果您不忍心看到我被处死，请公子就此允许臣离开吧。"重耳说："假如我不跟舅舅同心同德，我就如同这黄河水，并愿以此诅咒为誓！"说完便把那块玉璧扔进了黄河里，以此表明自己的诚信。董因在黄河边上迎接重耳，重耳问道："我这次回来能成功吗？"董因回答说："现在太岁星出现在大梁区域，这说明您将要结合天象成就大事。您即位的第一年，是在实沈星的位置。而实沈的故居之地，正是现在晋人居住的地方。晋国因此才兴盛起来的。如今这天象正好应合在您身上，所以没有不成功的。您出逃的时候，岁星在大火星的位置。大火星，就是阏伯星，也被称为大辰星。辰星代表农事吉祥，周族的祖先后稷通过观察而据此成就了农事，晋的始祖唐叔也是岁星在辰的那年受封的。《瞽史记》上说：子孙后代继承他的先祖，如同谷物蕃育滋长。因此必定能繁盛晋国。我占卜推算此事，得到《泰》卦阴爻的数字是八。就是说：这卦上所指是天地亨通，小的去大的来。现在已经到时候了，怎么会不成功呢？而且您是岁星在辰时出走的，又于岁星在参时回国，这些都是晋国吉祥的征兆，是上天大成的历数。成功稳握在手，必定能称霸诸侯。子孙后代都将依赖它，您没有什么可担心的了。"

于是，重耳渡过黄河以后，召集令狐、臼衰、桑泉三个地方的官长，他们纷纷归顺投降了。晋国人感到惊惧，晋怀公闻风而逃亡到高梁一带。晋国大夫吕甥、冀芮率领军队迎战，甲午那天，驻扎在庐柳。秦穆公派公子絷到晋军与他二人交涉，结果晋军退走，顺次驻扎在郇城。辛丑日，狐偃与秦、晋两国的大夫在郇城会盟订约。壬寅日，重耳到达晋军之中。甲辰日，秦穆公返回秦国。丙午日，重耳进入曲沃。丁未日，进入国都绛城，并择日在晋武公庙即位。戊申日，派人在高梁刺杀了晋怀公。

文公遽见竖头须

【原文】

文公之出也，竖头须①，守藏者也，不从。公入，乃求见，公辞焉以沐。谓谒者曰②："沐则心覆，心覆则图反，宜吾不得见也。从者为羁绁之仆③，居者为社稷之守，何必罪居者！国君而雠匹夫④，惧者众矣。"谒者以告，公遽见之。

【注释】

①竖头须：晋文公的小臣，又叫里凫须。在重耳逃出晋国时，他偷了财物潜逃，后用这些钱财设法让文公回国。

②沐：洗头发。谒者：为国君掌管传达、通报的人。

③羁绁（xiè）：马笼头和缰绳。

④雠（chóu）：同“仇”。仇恨，仇怨。

【译文】

晋文公出逃的时候，侍臣竖头须是负责管理钱财的，没有跟从流亡。文公回国后，他请求进见，文公推托说正在洗头发而拒绝接见他。竖头须对负责传达的人说：“洗头发的时候心就会倾倒过来，心倾倒了那么所想的就会反过来，无怪我不能被接见了。跟从流亡的是牵马缰绳效劳的仆人，留在国内的是国家的守卫，何必要怪罪留在国内的人呢！身为国君而去仇恨一个普通人，那么害怕他的人就多了。”传达的人把这番话转告给文公，文公听后赶紧接见了他。

文公修内政纳襄王

【原文】

元年春，公及夫人嬴氏至自王城①。秦伯纳卫三千人，实纪纲之仆。公属百官，赋职任功。弃责薄敛，施舍分寡。救乏振滞，匡困资无。轻关易道，通商宽农。懋穑劝分②，省用足财。利器明德，以厚民性。举善援能，官方定物，正名育类。昭旧族，爱亲戚，明贤良，尊贵宠，赏功劳，事耇老③，礼宾旅，友故旧。胥、籍、狐、箕、栾、郤、柏、先、羊舌、董、韩，实掌近官。诸姬之良，掌其中官。异姓之能，掌其远官。公食贡，大夫食邑，士食田，庶人食力，工商食官，皂隶食职，官宰食加④。政平民阜，财用不匮。冬，襄王避昭叔之难⑤，居于郑地汜。使来告难，亦使告于秦。子犯曰：“民亲而未知义也，君盍纳王以教之义。若不纳，秦将纳之，则失周矣，何以求诸侯？不能修身而又不能宗人，人将焉依？继文之业，定武之功⑥，启土安疆，于此乎在矣，君其务之。”公说，乃行赂于草中之戎与丽土之狄⑦，以启东道。

【注释】

①元年：晋文公在位第一年。嬴氏：即晋文公夫人文嬴。

②懋（mào）：勉励。穑（sè）：收割谷物，亦泛指耕作。劝分：劝导人们有无相济。

③耇（gǒu）老：高寿的老人。

④皂隶：奴隶。官宰：家臣。加：大夫的加田。

⑤襄王：周襄王。昭叔：周襄王的弟弟太叔带，曾封为甘昭公，故称昭叔。昭叔之难指昭叔和周襄王的王后狄隗私通，襄王废狄后隗氏，狄人攻打周，襄王逃到郑国汜城避难。

⑥文：指晋文侯。武：指晋武公。

⑦草中之戎：指晋国东边的一个少数民族邦国。丽土之狄：也是晋国东边的一个少数民族邦国。

【译文】

晋文公元年春，文公迎接夫人嬴氏从秦穆王的王城到晋都来，秦穆公派卫士三千人护送，他们都是维护纲纪的得力仆从。文公朝见百官，授与他们官职，任用功臣。废除以前的禁令，减免赋税，布施恩惠，分财物给物资寡少的人，救济贫困之人，起用有才德而长期没升迁的人，资助没有财产的人。减轻关税，修治道路，便利通商，宽免农民的劳役。勉励农耕生产，提倡互相帮助，俭省财用来使资财更加充足。锋利武器提高防范意识，不忘宣扬德教，以培养百姓的纯朴德性。推举亲善贤良，任用有才能的人，制定官员规章，按法办事，确立名分，培育美德。昭显有功勋的旧族，惠爱亲戚，荣耀贤良，尊宠贵臣，奖赏有功劳的人，敬事高寿的老人，礼待远游而来的宾客，亲近旧日的友人。胥、籍、狐、箕、栾、郤、栢、先、羊舌、董、韩等十一族，都定为掌管朝廷事物的近臣。姬姓中贤良的人，担任朝廷内务官。异姓中有才能的人，担任边远地方的官。王公享用贡赋，大夫收取采邑的租税，士享有禄田，一般平民自食其力，工与商之官领受官廪，皂隶按其职务领取口粮，家臣的食用取自大夫的加田。于是政治清明，民生富足，财用充足。这一年冬天，周襄王为躲避昭叔之难，逃到郑国的汜地居住，派人到晋国告急，又派人到秦国求援。子犯说：“百姓亲近君王，但还不知道道义，您何不送周襄王回国，以此来教导百姓懂得道义呢？如果您不送，秦国就会送襄王回国，那您就会失去一次事奉周天子的机会，还凭什么来求得诸侯盟主的地位呢？如果既不

能修养品德，又不能尊奉周天子，别人怎么会前来依附呢？继承晋文侯的功业，建立晋武公的功德，开拓国土，安定疆界，就在此一举了，请您努力做好这件事。”文公听了很高兴，于是就送钱财给革中之戎和丽土之狄，打开东进的道路。

文公出阳人

【原文】

二年春，公以二军下，次于阳樊①。右师取昭叔于温，杀之于隰城②。左师迎王于郏。王入于成周，遂定之于郏③。王飨礼，命公胙侑。公请隧④，弗许。曰：“王章也，不可以二王，无若政何。”赐公南阳阳樊、温、原、州、陉、絺、组、攒茅之田⑤。阳人不服，公围之，将残其民，仓葛呼曰：“君补王阙，以顺礼也。阳人未狎君德⑥，而未敢承命。君将残之，无乃非礼乎！阳人有夏、商之嗣典，有周室之师旅，樊仲之官守焉，其非官守，则皆王之父兄甥舅也。君定王室而残其姻族，民将焉放？敢私布于吏，唯君图之！”公曰：“是君子之言也。”乃出阳人。

【注释】

①阳樊：周邑名在今河南济源东南。

②隰（xí）城：周邑名，在今河南武涉县境。

③郏（jiá）：周的王城，在今河南省。

④胙：赐给祭肉。侑（yòu）：从祀之物，侑币。隧：隧地，指墓地。

⑤絺（chī）：古邑名，在今河南省沁阳县西南。陉（xíng）：在今河南沁阳。攒茅：在今河南修武西北。

⑥狎（xiá）：习惯，熟悉。

【译文】

晋文公二年的春天，文公派左、右二军东下，驻扎在阳樊附近。右军在温地俘虏了昭叔，并把他杀死在隰城。左军去郏国迎接周襄王。襄王返回周的东都后，就在郏城定居下来。襄王特设甜酒款待，赐给文公祭肉、币帛。文公请求死后用隧道墓葬，襄王没有允许，说：“这是天子所用的葬礼，国家不可以有两个天子，否则无法实施政令。”于是赐给文公南阳地区所属的阳樊、温、原、州、陉、絺、组、攒茅等八邑的田地。阳樊人都不愿归服于文公。文公便派军队包围了阳樊，准备屠杀阳樊的百姓。仓葛大喊道：“你帮助周襄王恢复王位，是为了遵循周礼呀。由于阳樊人不熟悉你的德教，因而没有接受你的命令。你却要屠杀他们，这不是又违反了周礼吗？阳樊人有夏、商的后代和遗留下来的法典，有周王室的军队和民众，有樊仲一样忠诚的官员守在阳樊，即使他们不是官员，也都是王室的父兄甥舅。你安定周王室却屠杀周的亲族，百姓怎么会依附你呢？我私下斗胆向军吏陈说此情，请您仔细地考虑考虑！”晋文公说：“这是君子所说的话啊。”于是就下令允许阳樊的百姓自由出城。

文公伐原

【原文】

文公伐原①，令以三日之粮。三日而原不降，公令疏军而去之。谍出曰：“原不过一二日矣！”军吏以告，公曰：“得原而失信，何以使人？夫信，民之所庇也，不可失。”乃去之，及孟门②，而原请降。

【注释】

①原：姬姓小国，在今河南济源北。

②孟门：原国地名，在原城附近。

【译文】

晋文公出兵讨伐原国，命令携带三天的口粮。过了三天，原国还不投降，文公就下令准备撤退。这时探子出城来报告说：“原国最多支持不过一二天了！”军吏将这一情况汇报给晋文公，文公说：“得到原国而失去信义，那又依靠什么来遣使人民呢？信义是人民赖以生存的保障，因此不可失信。”于是晋军便撤离了原国，刚到附近的孟门之地，原国便宣布投降了。

文公救宋败楚于城濮

【原文】

文公立四年，楚成王伐宋，公率齐、秦伐曹、卫以救宋。宋人使门尹班告急于晋①，公告大夫曰：“宋人告急，舍之则宋绝，告楚则不许我。我欲击楚，齐、秦不欲，其若之何？”先轸曰②：“不若使齐、秦主楚怨。”公曰：“可乎？”先轸曰：“使宋舍我而赂齐、秦，藉之告楚，我分曹、卫之地以赐宋人。楚爱曹、卫，必不许齐、秦。齐、秦不得其请，必属怨焉，然后用之，蔑不欲矣。”公说，是故以曹田、卫田赐宋人。令尹子玉使宛春来告曰③：“请复卫侯而封曹，臣亦释宋之围。”舅犯愠曰：“子玉无礼哉！君取一，臣取二，必击之。”先轸曰：“子与之。

我不许曹、卫之请，是不许释宋也。宋众无乃强乎！是楚一言而有三施，子一言而有三怨。怨已多矣，难以击人。不若私许复曹、卫以携之，执宛春以怒楚，既战而后图之。”公说，是故拘宛春于卫。子玉释宋围，从晋师。楚既陈，晋师退舍，军吏请曰：“以君避臣，辱也。且楚师老矣，必败。何故退？”子犯曰：“二三子忘在楚乎？偃也闻之：战斗，直为壮，曲为老。未报楚惠而抗宋，我曲楚直，其众莫不生气，不可谓老。若我以君避臣，而不去，彼亦曲矣。”退三舍避楚。楚众欲止，子玉不肯，至于城濮④，果战，楚众大败。君子曰：“善以德劝。”

【注释】

①门尹班：宋国大夫。

②先轸（zhěn）：晋国的中军主将，因封于原，故又称原轸。

③令尹：官名，楚国所设置的最高官职，掌军政大权。子玉：楚国的令尹，子玉是他的字。宛春：楚国大夫。

④城濮（pú）：卫地名，一说在今山东甄城西南。一说在今河南开封县陈留附近。

【译文】

晋文公即位第四年，楚成王出兵攻打宋国。晋文公率领齐、秦两国的军队征伐曹、卫两国，以便解救宋都之围。宋国派门尹班到晋国告急，晋文公对大夫们说：“宋国来告急，如果丢下宋国不管，那么宋国就会与我国断交。如果请求楚国退兵来解宋国之围，楚国也不会答应我。所以我想攻打楚国，可是齐、秦两国又不愿意，你们看怎么办？”先轸说：“不如让齐、秦两国都去怨恨楚国。”文公说：“那样可以吗？”先轸回答说：“让宋国舍弃我国而去向齐国和秦国赠送财物，通过齐、秦去请求楚国退兵。我国将获得的曹、卫两国土地赐给宋国。楚国喜欢曹国和卫国，必定不答应齐国和秦国的请求。齐、秦两国请求不成，必然因此而怨恨楚国，然后我国再叫齐、秦两国参战，那两国就不会不愿意了。”晋文公听了很高兴，因此将曹、卫两国的田地赐给了宋国。楚国的令尹子玉派宛春来传话，说：“请你们恢复卫侯的君位，把土地退还曹国，我们也解除对宋国的包围。”子犯发怒说：“子玉真无礼啊！晋君只得到一项好处，而子玉却得到两项好处，一定要攻打他。”先轸说：“你应该允许他的请求。如果我们不答应曹、卫两国的请求，等于不让楚国解除对宋国的包围，宋国投降了楚国，楚国的兵力不是更强大了吗？这样，楚国只用一句话就对三个国家施了恩，而我们一句话却招来了三个国家的怨恨。怨恨积聚太多了，就难以打败他人。不如私下允许恢复曹、卫两国，以此去离间他们，然后逮捕宛春来激怒楚国，等战争打起来之后再作打算。”晋文公很高兴，于是把宛春囚禁在卫国。子玉撤去对宋国的包围，转而追逐晋军。楚军摆开战阵之后，晋文公下令退却三十里，军吏请求说："作为国君却避开敌国的臣子，这是一种耻辱。而且楚军已经疲劳，必然战败，我军为什么要撤退呢？"子犯说："你们都忘记了以前晋文公流亡在楚国时所说的诺言了吗？我狐偃听说过，用兵作战，理直才会气壮，理曲士气就会低落。我们尚未报答以前楚国对晋文公的恩惠，却来救宋国，这是我方理曲而楚国理直的原因所在，楚军士气其实很旺盛，你们千万不要认为他们已经疲劳不堪。如果我方做到以国君避开臣子，而楚军还不撤退，那对方也就理曲了。"于是晋军就撤退九十里，避开楚军。楚军将士都主张停止战事，但子玉不肯。到了城濮，两军展开交战，结果楚军大败。有识之士都评论说："子犯、先轸就是善于以德义来进行劝勉啊。"

箕郑对文公问

【原文】

晋饥，公问于箕郑曰[①]："救饥何以？"对曰："信。"公曰："安信？"对曰："信于君心，信于名，信于令，信于事。"公曰："然则若何？"对曰："信于君心，则美恶不逾。信于名，则上下不干。信于令，则时无废功。信于事，则民从事有业。于是乎民知君心，贫而不惧，藏出如入，何匮之有？"公使为箕[②]。及清原之蒐[③]，使佐新上军。

【注释】

①箕郑：即箕郑父，晋国大夫。

②箕：晋地名，在今山西太谷东。

③清原：晋地名，在今山西稷山东南。蒐（sōu）：检阅军队。

【译文】

晋国闹饥荒，文公询问箕郑说："用什么方法来解决饥荒呢？"箕郑回答说："要守信用。"文公问："怎样才是守信用？"箕郑回答说："国君之心要讲信用，尊卑名分要讲信用，实施政令要讲信用，安排民事要讲信用。"文公说："讲了信用又会怎样？"箕郑回答说："国君之心讲信用，那么善恶就不会混淆。尊卑名分讲信用，上下就不会相互侵犯。实施政令讲信用，就不会误时而荒废功业。安排民事讲信用，那么百姓从事现有的行业就会各得其所。这样一来，百姓能够了解国君的心，即使贫困也不害怕，国家拿出收藏的财物用来赈济，如同往自己家里送一样，那又怎么会穷困匮乏呢？"于是文公派遣箕郑为箕地大夫。等到清原检阅军队的时候，便让他担任新上军的副将。

文公任贤与赵衰举贤

【原文】

文公问元帅于赵衰①，对曰："郤縠可，行年五十矣，守学弥惇②。夫先王之法志，德义之府也。夫德义，生民之本也。能惇笃者，不忘百姓也。请使郤縠。"公从之。公使赵衰为卿，辞曰："栾枝贞慎③，先轸有谋，胥臣多闻④，皆可以为辅佐，臣弗若也。"乃使栾枝将下军，先轸佐之。取五鹿，先轸之谋也。郤縠卒，使先轸代之。胥臣佐下军。公使原季为卿⑤，辞曰："夫三德者，偃之出也。以德纪民，其章大矣，不可废也。"使狐偃为卿，辞曰："毛之智⑥，贤于臣，其齿又长。毛也不在位，不敢闻命。"乃使狐毛将上军，狐偃佐之。狐毛卒，使赵衰代之，辞曰："城濮之役，先且居之佐军也善⑦，军伐有赏，善君有赏，能其官有赏。且居有三赏，不可废也。且臣之伦，箕郑、胥婴、先都在⑧。"乃使先且居将上军。公曰："赵衰三让。其所让，皆社稷之卫也。废让，是废德也。"以赵衰之故，蒐于清原，作五军⑨。使赵衰将新上军，箕郑佐之；胥婴将新下军，先都佐之。子犯卒，蒲城伯请佐⑩，公曰："夫赵衰三让不失义。让，推贤也。义，广德也。德广贤至，又何患矣。请令衰也从子。"乃使赵衰佐新上军。

【注释】

①元帅：军队的统帅，职位是上卿。赵衰：晋国的卿，字子余。

②郤縠（hú）：晋国大夫。弥惇：更加敦厚笃实。

③栾枝：晋国大夫，谥贞子，栾共子的儿子。

④胥臣：晋国大夫，又名白季、司空季子。

⑤原季：即赵衰。

⑥毛：狐毛，狐偃的哥哥，晋国大夫。

⑦先且居：先轸的儿子。

⑧胥婴、先都：都是晋国大夫。

⑨五军：晋国原有中军、上军、下军三军。清原阅兵时，又增新上军、新下军二军，共为五军。

⑩蒲城伯：即先且居。

【译文】

晋文公问赵衰谁可以担任元帅，赵衰回答说："郤縠可以。他已经五十岁了，还坚持学习，而且更加敦厚笃实。先王制定的法规典籍，是道德信义的宝库。道德和信义，是人民的根本。能够保持敦厚笃实的人，是不会忘记百姓的。请让郤縠担任军队的统帅吧。”文公采纳了赵衰的建议。文公同时想任命赵衰为卿，赵衰推辞说：“栾枝这个人忠贞谨慎，先轸足智多谋，胥臣见闻极其广博，他们都可以担任辅佐君王的上卿，小臣不如他们。”于是文公任命栾枝统帅下军，由先轸为副将辅助他。后来攻取了五鹿，就是出于先轸的计谋。郤縠死后，又派先轸接替他任中军统帅。由胥臣担任下军副将。文公又提出让赵衰担任卿职，赵衰推辞说：“三桩有功德的事情，都是狐偃出的计谋。用德行来治理人民，成效十分显著，不可不任用他啊。”文公便任命狐偃为卿，狐偃推辞说：“家兄狐毛的智慧超过小臣，他的年龄又比我大。狐毛如果不在其位，小臣不敢接受此项任命。”于是文公派狐毛统帅上军，由狐偃为副将辅助他。狐毛死后，文公派赵衰代替他任上军统帅，赵衰又推辞说：“在城濮之战中，先且居辅佐治军表现出了骁勇善战，有军功的应当得到奖赏，以正道帮助君王的应当得到奖赏，能完成自己职责的应当得到奖赏。先且居有这样三种应当得到的奖赏，不可不加以重用。而且像我这样的人，箕郑、胥婴、先都等都还在。”于是文公派先且居统帅上军。文公说：“赵衰三次辞让，他所推举的人，都是国家最得力的捍卫者。废除辞让，便是废除德行了。”因为赵衰辞让的缘故，文公在清原之地举行阅兵，把原来的三军扩充为五军。任命赵衰担任新上军的统帅，由箕郑为副将辅助他；胥婴担任新下军的统帅，由先都为副将辅助他。狐偃死后，蒲城伯先且居请求委派副将，文公说：“赵衰三次推让，都不失礼义。谦让是为了推荐贤人，礼义是为了推广道德。推广道德，贤才就能到来，那么还有什么可忧虑的呢？请让赵衰随从你做副将。”于是，晋文公派遣赵衰担任新上军的副将。

文公学读书于臼季

【原文】

文公学读书于臼季①，三日，曰：“吾不能行也咫，闻则多矣。”对曰：“然而多闻以待能者，不犹愈也？”

【注释】

①臼季：即胥臣，晋国大夫。

【译文】

晋文公向臼季学习读书，学了三天，说：“书上所说的我一点也做不到，但听到的道理倒是很多了。”白季回答说：“那么，多知道些道理，以等待有才能的人来实行，岂不是比不学习更好吗？”

郭偃论治国之难易

【原文】

文公问于郭偃曰①：“始也，吾以治国为易，今也难。”对曰：“君以为易，其难也将至矣。君以为难，其易也将至焉。”

【注释】

①郭偃：晋国大夫，掌管占卜，也称卜偃。

【译文】

晋文公对郭偃说：“开始的时候，我以为治理国家很容易，现在才知道，其实治理国家也是很困难的。”郭偃回答说：“您以为容易，那么困难即将来临。您以为艰难，那么容易也就将来到了。”

胥臣论教诲之力

【原文】

文公问于胥臣曰：“我欲使阳处父傅欢也而教诲之①，其能善之乎？”对曰：“是在欢也。蘧蒢不可使俯，戚施不可使仰，僬侥不可使举，侏儒不可使援，蒙瞍不可使视，嚚瘖不可使言②，聋聩不可使听，童昏不可使谋。质将善而贤良赞之，则济可竢③。若有违质，教将不入，其何善之为！臣闻昔者大任娠文王不变，少溲于豕牢④，而得文王不加疾焉。文王在母不忧，在傅弗勤，处师弗烦，事王不怒，孝友二虢，而惠慈二蔡⑤，刑于大姒⑥，比于诸弟。《诗》云：‘刑于寡妻，至于兄弟，以御于家邦。’于是乎用四方之贤良。及其即位也，询于八虞，而谘于二虢，度于闳夭而谋于南宫⑦，诹于蔡、原而访于辛、尹⑧，重之以周、邵、毕、荣，亿宁百神，而柔和万民。故《诗》云：‘惠于宗公，神罔时恫。’若是，则文王非专教诲之力也。”公曰：“然则教无益乎？”对曰：“胡为文，益其质。故人生而学，非学不入。”公曰：“奈夫八疾何？”对曰：“官师之所材也，戚施直镈，蘧蒢蒙璆，侏儒扶卢⑨，蒙瞍修声，聋聩司火。童昏、嚚瘖、僬侥，官师之所不材也，以实裔土⑩。夫教者，因体能质而利之者也。若川然有原，以卬浦而后大。”

【注释】

①阳处父：晋国大夫，也称阳子。欢：晋文公的儿子，即后来的晋襄公。

②蘧蒢（qú chú）：身有残疾不能俯视的人。僬侥（jiāo yáo）：古代传说中的矮人，自立为国。侏儒：身材异常矮小的人。蒙瞍（sǒu）：同“矇瞍”，盲人。

③竢（sì）：同“俟”，等待，期待。

④大任：周文王的母亲。少溲（shǎo sōu）：小便。豕（shǐ）牢：厕所。

⑤二虢：指周文王的弟弟虢仲和虢叔。二蔡：指周文王的两个儿子。

⑥大姒（sì）：周文王的妻子。

⑦谘（zī）：同“咨”，征询；商议。闳夭（hóng yāo）：周初开国大臣。南宫：南宫括，周初大臣。

⑧诹（zōu）：询问，商议。蔡：蔡公。原：原公，辛：辛甲。尹：尹佚。都是同代的太史。

⑨镈（bó）：古代一种青铜制的乐器，形状似钟。璆（qiú）：玉磬。扶卢：古代的一种杂技，以攀缘矛戟为戏。

⑩嚚瘖（yín yīn）：哑巴。瘖同“喑”，哑。裔土：荒瘠边远的地方。

【译文】

晋文公询问胥臣说：“我想让阳处父做欢的老师来教导他，能教导好吗？”胥臣回答说：“这主要取决于欢。身有残疾不能俯视的人谁也不能使他俯身，驼背之人谁也不能使他仰头直身，小人国的人不能让他起举重物，身材异常矮小的人不能让他攀高，眼盲的人不可能让他看见东西，哑的人不可能让他说话，聋的人不可能让他听到声音，糊涂的人不能让他出主意。对于本质好而又贤良的人，如果去好好教导他，就可以期待他有所成就。如果本质邪恶，教导他也听不进去，又怎么能使之具有善行呢！我听说，以前周文王的母亲怀孕时身体没有变化，去小便的时候在厕所里生下了文王，没有添加任何痛苦。文王不让母亲增添忧虑，在保傅面前无须操心就很勤勉，也从未让师长感到烦扰，事奉父王不让他生气，对两个弟弟虢仲和虢叔十分友爱，对两个儿子大蔡和小蔡也很慈惠，为自己的妻子大姒做出榜样，与同宗的兄弟也很亲近。《诗经》上说："为自己的妻子做出表率，进而及于兄弟，以此来治理家庭和国家。"这样才能任用天下的贤良之士。到他即位之后，田野有事就去咨询掌管山泽的八位官员，然后与虢仲、虢叔两兄弟商量，听取闳夭的意见并且主动与南宫括谋划，咨访蔡公、原公、辛甲、尹佚四位太史，再加上有周文公、邵康公、毕公和荣公的帮助，从而使百神安宁，万民安乐。因此《诗经》上说：'孝敬祖庙里的先公，神灵都没有怨恨。'像这样的话，那么周文王就不单单是教诲的作用了。"晋文公说："这样说来，那教育就没有用了吗？"胥臣回答说："为什么非要有文采，其实就是为了使本质更加美好。所以人生下来就要学习，不学习就不能进入正道。"文公说："那对于先前所说的八种残疾人怎么教导呢？"胥臣回答说："这就要求官长因材而教了，驼背的可以让他学会俯身敲钟，让直胸之人看守玉磬，让侏儒表演杂技，让盲人演奏音乐，让聋子掌管烧火。至于那些糊涂的、哑巴和小人国的矮人，官长认为难以因材而用的，就让他们去充实荒瘠边远的地区。教导就是根据其内在的性能、本质而加以因势利导，就像河川有它的源头，迎它进入江河，然后使它汇成浩大之流。"

文公称霸

【原文】

文公即位二年，欲用其民，子犯曰："民未知义，盍纳天子以示之义①？"乃纳襄王于周。公曰："可矣乎？"对曰："民未知信，盍伐原以示之信？"乃伐原。曰："可矣乎？"对曰："民未知礼，盍大蒐，备师尚礼以示之。"乃大蒐于被庐②，作三军。使郤縠将中军，以为大政。郤溱佐之③。子犯曰："可矣。"遂伐曹、卫，出谷戍，释宋围，败楚师于城濮④，于是乎遂伯。

【注释】

①盍：同"何"，何不。

②蒐（sōu）：检阅军队。被庐：晋地名，今所在地不详。

③郤縠（hú）：晋国大夫。郤溱（xì qín）：晋中军副将。

④城濮（pú）：古地名。中国历史上以弱胜强的著名战役“城濮之战”发生地。

【译文】

晋文公即位的第二年，就想使用他的人民进行征战，子犯说：“人民还不懂得大义，何不把周天子护送回去，以此显示您的大义呢？”于是文公就派军队护送周襄王返回周都。文公又问：“现在可以了吧？”子犯回答说：“人民还不懂得信用，何不攻打原国，以此显示信用呢？”于是文公就出兵征伐原国，以此示信于民。文公又问：“现在可以了吧？”子犯回答说：“人民还不懂得礼仪，何不举行一次大规模的阅兵，整顿军队，崇礼尚武，以此来显示礼仪呢？”于是晋文公就在被庐举行了大规模的阅兵，建立了上、中、下三军。任命郤縠统领中军，执掌军中大政，任用郤溱为副将，用以辅佐他。子犯说：“现在可以兴兵征伐了。”于是文公便发兵攻打曹、卫两国，赶走戍守谷地的楚军，解救了宋国之围，并在城濮之战中打败了楚国军队，因此而称霸诸侯。

卷十一　晋语五

臼季举冀缺

【原文】

臼季使①，舍于冀野。冀缺薅②，其妻馌之③。敬，相待如宾。从而问之，冀芮之子也，与之归，既复命，而进之曰："臣得贤人，敢以告。"文公曰："其父有罪，可乎？"对曰："国之良也，灭其前恶，是故舜之刑也殛鲧④，其举也兴禹。今君之所闻也。齐桓公亲举管敬子⑤，其贼也。"公曰："子何以知其贤也？"对曰："臣见其不忘敬也。夫敬，德之恪也。恪于德以临事，其何不济！"公见之，使为下军大夫。

【注释】

①臼（jiù）季：即胥臣。

②冀：晋邑名，在今山西河津东。冀缺：即郤成子，晋国大夫郤芮的儿子。薅（hāo）：拔除。

③馌（yè）：送饭。

④殛（jí）：杀死。鲧（gǔn）：大禹的父亲，因治水不成功被舜处死。

⑤管敬子：即管仲，敬子是他的谥号。

【译文】

臼季奉命出使，住在冀邑郊外。这一天看见冀缺正在田中锄草，他的妻子给他送饭来，夫妻俩相敬如宾。臼季上去询问他们，才知道他就是冀芮的儿子，就和他一起回到了国都。臼季汇报完成使命的情况后，进而推荐冀缺，说："我遇到一个贤能的人，冒昧地向您报告。"文公说："冀缺的父亲有罪，可以重用他吗？"臼季回答说："作为国家的贤良之人，就不要去计较他前辈的罪恶。因此，以前舜惩治罪人，处死了鲧，但是后来举用人才却起用了鲧的儿子大禹。当今您所听过的，齐桓公亲自选拔了管仲，那也是谋害过他的仇敌啊。"文公问道："你凭什么知道冀缺的贤能呢？"臼季回答说："我见到他们夫妇在田间劳作也不忘相互恭敬。恭敬有礼是恪守品德的表现，严守德行而谨慎从事，那还有什么事情做不成功的呢！"于是文公接见了冀缺，任命他为下军大夫。

宁嬴氏论貌与言

【原文】

阳处父如卫，反，过宁[①]，舍于逆旅宁嬴氏。嬴谓其妻曰："吾求君子久矣，今乃得之。"举而从之，阳子道与之语，及山而还[②]。其妻曰："子得所求而不从之，何其怀也！"曰："吾见其貌而欲之，闻其言而恶之。夫貌，情之华也；言，貌之机也。身为情，成于中。言，身之文也。言文而发之，合而后行，离则有衅。今阳子之貌济，其言匮，非其实也。若中不济，而外强之，其卒将复，中以外易矣。若内外类，而言反之，渎其信也。夫言以昭信，奉之如机，历时而发之，胡可渎也！今阳子之情譓矣[③]，以济盖也，且刚而主能，不本而犯，怨之所聚也。吾惧未获其利而及其难，是故去之。"期年，乃有贾季之难，阳子死之[④]。

【注释】

①宁：晋邑名，在今河南修武。

②山：温山，在今河南修武北。

③譓（huì）：辩察。

④贾季：晋国大夫，狐偃的儿子狐射姑，贾季是他的字。阳子：即阳处父。

【译文】

阳处父到卫国访问，返回晋国时，路过宁邑，住宿在宁嬴氏的旅舍里。宁嬴氏对妻子说："我一直在寻求有德行的君子，今天终于遇见这样的人。"于是就拜别妻子跟阳处父走了。阳处父在路上与宁嬴氏交谈，等到了河内温山之地，宁嬴又返回家中。他的妻子问道："你得到了所寻求的人，却又不随从他，你是怎样想的呢？”宁嬴回答说：“我看到他的外貌就很想跟他去，但听到他的言辞后又很厌恶他。外貌，是人性情的华采；言辞，是人外貌的枢机。人的身体能产生性情，是在心中形成的。言辞，是人身体的文饰。言辞文质彬彬并能表达出来，性情与外貌相符才能行为得体，互相背离就会出毛病。现在阳子外貌堂堂，但是他的言辞贫乏，不副其实啊。如果内在性情不足，而外表硬要装得很强大，最后仍将归于不足，因为内在很容易就被外在所改变了。如果内在情志与外貌相类似，而言辞却与之相反，那就使诚信受到了亵渎。言辞是用来表明诚信的，应当奉它如枢机，经过思考成熟然后再说出来，又怎么可能亵渎它呢！如今阳子的性情体现出他是善于辨察的，由此形成的外貌就掩盖了他的缺点，而且他的性情刚愎，自以为才能超群，不本着仁义办事而触犯别人，就会招致众人的怨恨。我担心不但得不到他的好处，反而会蒙受他的祸害，所以才离开他的。”第二年，发生了贾季发难的事件，阳子就死于此事之中。

赵宣子论比与党

【原文】

赵宣子言韩献子于灵公①，以为司马。河曲之役，赵孟使人以其乘车干行，献子执而戮之②。众咸曰：“韩厥必不没矣。其主朝升之，而暮戮其车，其谁安之！”宣子召而礼之，曰：“吾闻事君者比而不党。夫周以举义，比也；举以其私，党也。夫军事无犯，犯而不隐，义也。吾言女于君③，惧女不能也。举而不能，党孰大焉！事君而党，吾何以从政？吾故以是观女。女勉之。苟从是行也，临长晋国者，非女其谁？”皆告诸大夫曰：“二三子可以贺我矣！吾举厥也而中，吾乃今知免于罪矣。”

【注释】

①赵宣子：晋国正卿，赵衰的儿子，名盾，又称赵孟，谥宣子。韩献子：名厥（jué），谥献子。灵公：晋灵公，名夷皋。

②戮：本义杀死，这里用为惩罚。

③女：同“汝”，你。

【译文】

赵宣子把韩厥推荐给晋灵公，任命他为司马。河曲之战时，赵宣子让人用自己乘坐的战车去干扰军队的行列，韩厥把赶车的人抓了起来，并且杀了他。大家都说：“韩厥一定没有好下场。他的主人早晨刚让他升了官，晚上他就杀了主人的车夫，谁还能使他保住这个官位呢！”赵宣子召见了韩厥，并且以礼相待，说：“我听说事奉国君的人以义相结，而不结党营私。出于忠信，为国家推举正直的人，这是以义相结；举荐人才而徇私情，这是结党营私。军法是不能违犯的，犯了军法而不包庇，这叫义。我把你推荐给国君，怕的是你不能胜任。所举荐的人不能胜任，还有什么比结党营私更严重的呢！事奉君主却结党营私，我还凭什么来执政呢？所以我借这件事情来观察你是否正直。你努力去做吧。假如你能坚持这样公正行事，那么将来掌管晋国政务的，除了你还会有谁呢？”赵宣子遍告大夫们说：“你们诸位可以祝贺我了！我举荐的韩厥非常合适，我现在才知道自己可以不犯结党营私的罪了。”

赵宣子请师伐宋

【原文】

宋人弑昭公，赵宣子请师于灵公以伐宋①，公曰：“非晋国之急也。”对曰：“大者天地，其次君臣，所以为明训也。今宋人弑其君，是反天地而逆民则也，天必诛焉。晋为盟主，而不修天罚，将惧及焉。”公许之。乃发令于太庙，召军吏而戒乐正②，令三军之钟鼓必备。赵同曰：“国有大役，不镇抚民而备钟鼓，何也？”宣子曰：“大罪伐之，小罪惮之。袭侵之事，陵也。是故伐备钟鼓，声其罪也；战以于、丁宁③，儆其民也④。袭侵密声，为斩足事也。今宋人弑其君，罪莫大焉！明声之，犹恐其不闻也。吾备钟鼓，为君故也。”乃使旁告于诸侯，治兵振旅，鸣钟鼓，以至于宋。

【注释】

①昭公：宋昭公，宋国国君。灵公：晋灵公。

②太庙：帝王的祖庙。戒：预备，准备。乐正：乐官之长，主管钟鼓。

③于：古代一种青铜制的军乐器，形如圆筒，用槌击之而鸣。丁宁：古代一种乐器，也叫钲，形状如钟而较小。

④儆（jǐng）：告诫，警告。

【译文】

宋国人杀了宋昭公，赵宣子请求晋灵公出兵讨伐宋国，灵公说：“这并不是晋国的当务之急。”赵宣子回答道：“世上最大的莫过于天地之间的关系了，其次是君臣之间的关系，这成为一种明确的训诫了。如今宋国人杀了自己的国君，这是违反天地人伦的事情，一定要遭受上天的诛罚。晋国作为盟主，而不执行上天的惩罚，恐怕祸患就要到来了。”灵公答应了这一请求。于是在太庙里发布号令，召集军吏并且告知乐官，命令三军的钟鼓必须齐备。赵同问道：“国家有重大战役，不去安抚人民却准备钟鼓，这是为什么呢？”宣子回答说：“大罪就要讨伐它，小罪就要威吓它，偷袭、入侵这类事，是欺凌他人。所以讨伐要有钟鼓，以便声讨他们的罪行。打仗要使用于和丁宁两种乐器，是为了警告他国人民。偷袭和入侵要秘而不宣，是为了让对方暂时没有防备。现在宋国人杀了他们的国君，没有比这罪更大的了。用显明气势去声讨他们，这样还怕他们听不到呢。我们备齐钟鼓，是为了遵从君道的缘故呀。”于是派人到各国去告诉诸侯此事，然后整顿军队，振奋军容，一路上鸣钟击鼓，去攻打宋国。

灵公使钼麑杀赵宣子

【原文】

灵公虐，赵宣子骤谏，公患之，使钼麑贼之①，晨往，则寝门辟矣，盛服将朝，早而假寐。麑退，叹而言曰：“赵孟敬哉②！夫不忘恭敬，社稷之镇也。贼国之镇不忠，受命而废之不信，享一名于此，不如死。”触庭之槐而死。灵公将杀赵盾，不克。赵穿攻公于桃园③，逆公子黑臀而立之④，实为成公。

【注释】

①麑（ní）：晋国的大力士。

②赵孟：即赵盾，赵宣子。

③赵穿：晋国大夫，赵盾的堂兄弟。桃园：晋灵公的园林。

④黑臀（tún）：晋文公的儿子，晋襄公的弟弟。

【译文】

晋灵公暴虐无道，赵宣子多次劝谏不听，以至于灵公很讨厌他，于是派力士钼麑去暗杀赵宣子。清晨大力士钼麑前往赵府，看见卧室的门已经打开了，赵宣子穿戴好整齐隆重的朝服，正准备上朝，因为时间还早，便坐在那里闭目养神。钼麑见此情景立刻退了出来，感叹地说：“赵宣子真恭敬啊！不忘恭敬的人，是国家的栋梁。杀害国家的栋梁，就是不忠，而接受了国君的命令却不执行，就是不信。与其蒙受不忠、不信两个罪名中的任一个，还不如死了好。”想到这里便一头撞死在院子里的槐树上。灵公再次打算谋杀赵盾，也没成功。后来赵穿在桃园杀死了晋灵公，迎回晋文公的儿子公子黑臀，将他立为国君，那就是晋成公。

范武子退朝告老

【原文】

郤献子聘于齐[①]，齐顷公使妇人观而笑之[②]。郤献子怒，归，请伐齐。范武子退自朝[③]，曰："燮乎[④]，吾闻之，干人之怒，必获毒焉。夫郤子之怒甚矣，不逞于齐，必发诸晋国。不得政，何以逞怒？余将致政焉，以成其怒，无以内易外也。尔勉从二三子，以承君命，唯敬。"乃老。

【注释】

①郤献子：即郤克，晋国的卿。是一个跛子。

②齐顷公：齐国国君，名无野。

③范武子：晋国正卿，名士会。

④燮（xiè）：范武子的儿子范燮，又称范文子。

【译文】

郤献子出使齐国，齐顷公让宫中妇人们躲在帐幔后面偷看并讥笑他。郤献子大为愤怒，回到晋国以后，就请求发兵攻打齐国。范武子从朝中退下，对儿子说："燮儿呀，我听说，触犯了别人的愤怒，必然要获得报复。郤子的愤怒够大了，他在齐国没能得逞，那么一定要在晋国发泄出来。如果他不能在晋国执政，又怎么能宣泄他的愤怒呢？我准备辞让卿位给他，以便能够成全他的愿望，不要用国内的矛盾来代替国外的矛盾。我希望你努力随从众卿，以完成国君的命令，一切谨以恭敬从事。"于是就告老还乡了。

范武子杖文子

【原文】

范文子暮退于朝[①]。武子曰："何暮也？"对曰："有秦客廋辞于朝，大夫莫之能对也，吾知三焉。"武子怒曰："大夫非不能也，让父兄也。尔童子，而三掩人于朝。吾不在晋国，亡无日矣。"击之以杖，折委笄[②]。

【注释】

①范文子：范武子的儿子，即范燮。

②委：委貌冠，又称玄冠，是一种礼帽。笄（jī）：簪子。

【译文】

范文子很晚才退朝回来，范武子问道："为什么回来这么晚啊？"文子回答说："有位秦国来的客人在朝中讲隐语，大夫中没有一个能够回答出来，我知道便回答了其中的三条。"武子发怒说："大夫们不是不能回答，而是出于对长辈父兄的谦让。你是个年轻的孩子，却在朝中三次抢先而掩盖他人才华。如果不是我在晋国，你早就遭殃了！"说着范武子就用手杖打儿子，把范文子玄冠上的簪子都给打断了。

郤献子分谤

【原文】

靡笄之役①，韩献子将斩人②。郤献子驾③，将救之，至，则既斩之矣。郤献子请以徇，其仆曰："子不将救之乎？"献子曰："敢不分谤乎！"

【注释】

①靡笄：齐国山名，一说即今山东济南东南的历山。一说即今济南东北的华不注山。

②韩献子：即韩厥。

③郤献子：即郤克。在这次战役中他任晋军主帅。

【译文】

靡笄之战时，韩献子将要按军法处斩犯法之人。郤献子驾车前往，想要营救那人，等他赶到，那人已经被斩了。郤献子请求陈尸示众，他的仆从说："您原先不是想要救他吗？"郤献子说："事已至此，我岂敢不分担对韩将军的一些诽谤之言呢！"

张侯御郤献子

【原文】

靡笄之役，郤献子伤，曰："余病喙。"张侯御①，曰："三军之心，在此车也。其耳目在于旗鼓。车无退表，鼓无退声，军事集焉。吾子忍之，不可以言病。受命于庙，受脤于社②，甲胄而效死，戎之政也。病未若死，祗以解志。"乃左并辔，右援枹而鼓之③，马逸不能止，三军从之。齐师大败，逐之，三周华不注之山④。

【注释】

①喙（huì）：嘴；喘气。张侯：晋国大夫，又称解张。

②脤（shèn）：古代祭祀社稷用的生肉。社：土地神。

③辔（pèi）：驾驭牲口的嚼子和缰绳。枹（fú）：鼓槌。

④华不注：山名，在今山东济南东北。

【译文】

在靡笄战役中，郤献子受了箭伤，说："我痛苦得喘不过气了。"张侯正为他驾车，说："三军将士的心，都集中在我们这辆战车上了。他们眼睛都盯着我们车上的旗帜，耳朵都在听着我们车上的鼓声。只要我们战车上不挥动撤退的旗帜，不击打退兵的鼓声，使军心凝聚战事就能成功。您还是忍一忍吧，不可以说自己已经受重伤了。我们出征前在祖庙接受了命令，在土地神前接受了祭肉，身披盔甲而发誓要为国效死，这是军人的职责。虽然受伤了，所幸还没有死，您这样喊痛只会松懈我们的斗志。"说完张侯就用左手拉起马缰绳，用右手拿起鼓锤用力击打战鼓，战马狂奔不停，三军将士也都跟着向前冲杀。齐军大败，晋军猛追不舍，甚至环绕华不注山追了三圈，最后全胜而归。

师胜而范文子后入

【原文】

靡笄之役，郤献子师胜而返，范文子后入。武子曰①："燮乎，女亦知吾望尔也乎？"对曰："夫师，郤子之师也，其事臧②。若先，则恐国人之属耳目于我也，故不敢。"武子曰："吾知免矣。"

【注释】

①武子：范武子，范文子范燮的父亲。

②臧（zāng）：成功，胜利。

【译文】

靡笄战役，郤献子打了胜仗班师回国。范文子最后入城。范武子说："燮儿呀，你也应该知道我天天在盼望你早点回来吧？"文子回答说："军队，是主帅郤献子所统帅的军队，打了胜仗。倘若我率先凯旋，那么恐怕国内的人们将会把注意力集中到我身上，所以我不敢这样做。"武子说："我知道你懂得免祸了。"

郤献子等各推功于上

【原文】

靡笄之役，郤献子见，公曰[①]："子之力也夫！"对曰："克也以君命命三军之士[②]，三军之士用命，克也何力之有焉？"范文子见，公曰："子之力也夫！"对曰："燮也受命于中军[③]，以命上军之士，上军之士用命，燮也何力之有焉？"栾武子见[④]，公曰："子之力也夫！"对曰："书也受命于上军，以命下军之士，下军之士用命，书也何力之有焉？"

【注释】

①公：晋景公，名獳，公元前599年至前581年在位。

②克：郤克，即郤献子。

③燮（xiè）：范燮，即范文子。

④栾武子：名书，在靡笄战役中任下军的主将。

【译文】

靡笄之战胜利后，郤献子来朝见晋景公，景公说："我军获胜是你的功劳啊！"献子回答说："我郤克以君主的命令指挥三军将士，三军将士听从命令而勇敢战斗，我郤克有什么功劳可言呢？"接着范文子也来朝见晋景公。景公说："我军获胜是你的功劳啊！"文子回答说："我范燮从中军元帅那里接受命令，以此来命令上军的将士，上军将士服从命令而拼命奋战，我范燮又有什么功劳可言呢？"最后，栾武子也来朝见晋景公。景公说："我军获胜是你的功劳啊！"武子回答说："我栾书从上军主帅那里接受命令，以此来命令下军的将士，下军的将士服从命令而奋勇杀敌，我栾书又有什么功劳可言呢？"

车者论梁山崩

【原文】

梁山崩[1]，以传召伯宗[2]，遇大车当道而覆，立而辟之，曰："避传。"对曰："传为速也，若俟吾避，则加迟矣，不如捷而行。"伯宗喜，问其居，曰："绛人也[3]。"伯宗曰："何闻？"曰："梁山崩而以传召伯宗。"伯宗问曰："乃将若何？"对曰："山有朽壤而崩，将若何？夫国主山川，故川涸山崩，君为之降服、出次、乘缦[4]、不举，策于上帝，国三日哭，以礼焉。虽伯宗亦如是而已，其若之何？"问其名，不告；请以见，不许。伯宗及绛，以告，而从之。

【注释】

①梁山：晋国的山名，在今陕西韩城县。

②传：传车，古代驿站的专用车。伯宗：晋国大夫，孙伯纠的儿子。

③绛：绛城，晋国国都。

④缦：没有彩绘的帛，此指没有彩饰的车。

【译文】

梁山发生山体崩塌之事，晋景公用驿车召见伯宗，遇见一辆载重的大车在路中翻了，伯宗站起身来让它让路，说："速速避开我的驿车。"大车的车夫说："驿车所求的是速度快，如果等我这辆大车让路，那反倒慢了，不如从旁边走能更快些。"伯宗听了很惊喜，问车夫是哪里人，车夫说："是绛城人。"伯宗又问："在绛城听到什么情况吗？"车夫回答说："由于梁山发生了山崩，所以国君用驿车召见伯宗来商量。"伯宗问道："那你说应该怎么办好呢？"车夫回答说："梁山因为土壤松动才发生崩塌，又能怎么办呢？国家以山川河泽为主，因此一旦遇到河泽干涸山崩地裂，国君就要穿戴素服，到郊外去居住，乘坐没有彩饰的车子，取消平日的饮酒作乐，在简策上写文辞向上天祈祷，国人要哭三天，以庄重的典礼祭祀山川之神。即使是伯宗到来也只不过如此而已，还能有什么办法呢？"伯宗问他的姓名，车夫不肯讲；想请他一起去见晋景公，车夫也没答应。伯宗到了绛城，就把车夫的话报告给晋景公，景公照办了。

卷十二　晋语六

赵文子冠

【原文】

赵文子冠[①]，见栾武子，武子曰："美哉！昔吾逮事庄主[②]，华则荣矣，实之不知，请务实乎。"见中行宣子，宣子曰："美哉！惜也，吾老矣。"见范文子，文子曰："而今可以戒矣，夫贤者宠至而益戒，不足者为宠骄。故兴王赏谏臣，逸王罚之。吾闻古之王者，政德既成，又听于民，于是乎使工诵谏于朝，在列者献诗使勿兜[③]，风听胪言于市[④]，辨祆祥于谣，考百事于朝，问谤誉于路，有邪而正之，尽戒之术也。先王疾是骄也"。见郤驹伯[⑤]，驹伯曰："美哉！然而壮不若老者多矣。"见韩献子，献子曰："戒之，此谓成人。成人在始与善。始与善，善进善，不善蔑由至矣；始与不善，不善进不善，善亦蔑由至矣。如草木之产也，各以其物。人之有冠，犹宫室之有墙屋也，粪除而已，又何加焉。"见智武子，武子曰："吾子勉之，成、宣之后而老为大夫，非耻乎！成子之文，宣子之忠，其可忘乎！夫成子导前志以佐先君，导法而卒以政，可不谓文乎！夫宣子尽谏于襄、灵[⑥]，以谏取恶，不惮死进，可不谓忠乎！吾子勉之，有宣子之忠，而纳之以成子之文，事君必济。"见苦成叔子，叔子曰："抑年少而执官者众，吾安容子。"见温季子，季子曰："谁之不如，可以求之。"见张老而语之，张老曰："善矣，从栾伯之言，可以滋；范叔之教[⑦]，可以大；韩子之戒，可以成。物备矣，志在子。若夫三郤[⑧]，亡人之言也，何称述焉！智子之道善矣，是先主覆露子也。"

【注释】

①赵文子：即赵武，赵盾的孙子。冠：冠礼，古代男子举行的成人礼，结发戴冠。

②庄：赵文子的父亲赵朔，庄是他的谥号。

③工：乐师。兜：迷惑，受蒙蔽。

④风听：收集、采听。胪（lú）：传言，报告。

⑤郤（xì）驹伯：即郤锜，晋国的卿。

⑥襄：晋襄公。灵：晋灵公。

⑦栾伯：指栾武子，名书。范叔：指范文子，名燮。

⑧三郤：即郤驹伯郤锜，苦成叔子郤犨，温叔子郤至。

【译文】

赵文子举行了加冠成人典礼后，去拜见栾武子，武子说："成人美好啊！以前我有幸赶上侍奉你父亲庄子，他外表算是很美了，但华而不实，请你努力追求实质内涵吧。"赵文子去拜见中行宣子，宣子说："成人美好啊！可惜我老了。"他去拜见范文子，文子说："现在你可要有所警戒了，那贤明的人受到宠爱应该更加警戒，智慧不足的人会因为得宠而骄傲起来。所以振兴事业的君王奖赏那些敢于进谏的臣子，而贪图享乐的君王却惩罚他们。我听说古时候贤明的君王，在建立了德政之后，还能听取百姓的意见，于是叫瞎眼乐师在朝廷上诵读前代的箴言，在位的百官都可以献诗讽谏，从而使君王不受蒙蔽，在市井之中收集往来商旅的传言，在歌谣中辨别善恶，在朝廷上考察百官职事，在治国道路上询问相关毁誉，有邪曲不正的地方就纠正过来，这一切就是警惕戒备的全部方法了。我们的先王最痛恨的就是骄傲。"他去拜见郤驹伯，驹伯说："成人美好啊！但是壮年人不如老年人的地方多得很啊。"他去见韩献子，献子说："懂得谨慎警诫万事，这才叫成人了。成人的关键在于一开始就要亲近善人。善人再向你推荐善人，那么，不善的人就无法到你身边了；一开始就亲近不善的人，不善的人又引进不善的人，那么，善人也就无法到你身边了。这就好像草木的生长一样，各自以其同类聚在一起。人戴上成人冠冕，就如同宫室有了墙屋，只能扫除污秽而保持清洁罢了，其他还有什么可增益的呢？"他去拜见智武子，武子说："你好好努力吧！作为赵成子、宣子的后代，长大了还在做大夫，这不是耻辱吗！成子的文才，宣子的忠心，难道可以忘怀吗！成子通晓前代的典章，依靠这些去辅佐文公，精通法令而始终执行德政，这能说不是精通文辞吗！宣子在襄公、灵公时尽心谏诤，由于强谏而被灵公所憎恨，却还是不惜冒死进谏，这能不说他是忠吗！你好好努力吧，有宣子的忠心，同时再加上成子的文德，事奉君王就一定能成功。"他去拜见苦成叔子郤犨，叔子说："年少而当官的人很多，我容留你后怎么安排呢？"

他去拜见温季子郤至，季子说："你有什么比不上别人的地方，可以退而求其次。"赵文子去拜见张老，把各位卿大夫的话告诉了他。张孟说："好啊，听从栾伯的话，可以使自己不断进步；听范叔的教诲，可以恢宏自己的德行；听韩献子的告诫，有助于你成就事业。条件都具备了，能否做到就要看你自己的志向了。至于三郤的话，那是使人丧气的言论，有什么值得称道的呢？智子的话说得对呀，是先人的恩泽庇护并如雨露一样滋润着你啊。"

范文子不欲伐郑

【原文】

厉公将伐郑[①]，范文子不欲，曰："若以吾意，诸侯皆叛，则晋可为也。唯有诸侯，故扰扰焉。凡诸侯，难之本也。得郑忧滋长，焉用郑！"郤至曰："然则王者多忧乎？"文子曰："我王者也乎哉？夫王者成其德，而远人以其方贿归之，故无忧。今我寡德而求王者之功，故多忧。子见无土而欲富者，乐乎哉？"

【注释】

①厉公：晋厉公，名州蒲。

【译文】

晋厉公准备讨伐郑国，范文子不想发兵征伐，说："假如按照我的想法，诸侯都背叛，那么我国就可以有所作为了。正因为有一些诸侯归附了我们，所以搞得纷纷扰扰。那些鼓噪的诸侯，都是祸乱的根源。得到了郑国，忧患更加会增多，何必要对郑国用兵呢！"郤至说："那么这就是说称王天下的君王忧患就多了吗？"文子回答说："我们晋国也算是称王天下吗？称王天下的君主能够建立功德，远方的诸侯争先把本地的财货进贡给他，所以说没有忧患。如今我们晋国少功德，却要去求得称王天下的功业，所以会有很多的忧患。你看那些没有土地而想求得富有的国家，会安乐吗？"

晋败楚师于鄢陵

【原文】

厉公六年，伐郑，且使苦成叔及栾黡兴齐鲁之师[①]。楚恭王帅东夷救郑[②]。楚半阵，公使击之。栾书曰："君使黡也兴齐鲁之师，请俟之。"郤至曰："不可。楚师将退，我击之，必以胜归。夫阵不违忌，一间也；夫南夷与楚来而不与阵[3]，二间也；夫楚与郑阵而不与整，三间也；且其士卒在阵而哗，四间也；夫众闻哗则必惧，五间也。郑将顾楚，楚将顾夷，莫有斗心，不可失也。”公说。于是败楚师于鄢陵[4]，栾书是以怨郤至。

【注释】

①栾黡（yǎn）：栾书的儿子桓子。

②楚恭王：楚国国君，即楚共王，名审。东夷：指楚国东面的少数民族。

③南夷：南方的少数民族。因在晋国的南面，所以也称为南夷。

④鄢（yān）陵：晋邑名，在今河南鄢陵西北。

【译文】

晋厉公六年，晋国讨伐郑国，并且派苦成叔和栾黡分别前往齐国和鲁国请求出兵。楚恭王率领东方的夷人部落来援救郑国。楚军还未摆好全军阵势，晋厉公就下令发起进攻。栾书说：“君王已派栾黡他们到齐国和鲁国请求发兵，请等他们都到来后再进攻吧。”郤至说：“不行。楚军得知我们联合齐鲁大军将会撤退，我们这时进攻，必然会获胜而归。楚军列阵却不避忌月底的晦日，这是第一个可乘之机。南方的夷人与楚军到来以后却不列阵备战，这是第二个可乘之机。楚军与郑军虽然在排布阵势，却很不整齐，这是第三个可乘之机。况且他们的士兵在阵地上大声喧哗，这是第四个可乘之机。众人听到喧哗必然恐惧，这是第五个可乘之机。郑军观望楚军，楚军观望夷人，都没有战斗之心，所以我们不可错失良机啊。”晋厉公听了很高兴。于是在鄢陵大败楚军，栾书也因此而怨恨郤至。

郤至勇而知礼

【原文】

鄢之战，郤至以韎韦之跗注[1]，三逐楚平王卒[2]，见王必下奔退战。王使工尹襄问之以弓[3]，曰：“方事之殷也，有韎韦之跗注，君子也，属见不谷而下，无乃伤乎[4]？”郤至甲胄而见客，免胄而听命，曰：“君之外臣至，以寡君之灵，间蒙甲胄，不敢当拜君命之辱，为使者故，敢三肃之[5]。”君子曰：勇以知礼。

【注释】

①韎（mèi）韦：浅赤色的柔牛皮。跗注：古代的一种长军服，衣裤相连，裤长至脚背。

②楚平王：当作“楚共王”。

③工尹：楚国官名，掌管百工和手工业。襄：人名。

④无乃：表示委婉反问。难道不是；岂不是。伤：触冒；冲犯。

⑤肃：肃拜之礼，作揖垂手至地。

【译文】

鄢陵之战时，郤至穿着长至脚背浅红色的皮军服，连续三次追赶楚共王的士兵，他望见楚共王时，必定会跳下战车奔走而退出战斗的行列。于是楚共王就派工尹襄送一张弓给郤至，说："当战斗正激烈的时候，有一位身穿长至脚背浅红皮军服的将领，是个君子啊，当他遇见寡人就下车飞奔，这不是太累了吗？"郤至身披盔甲接见了工尹襄，脱去头盔听他传达楚共王的话，说："贵国君主的外臣郤至，托我们国君的威福，正穿戴着盔甲，因此不能下拜接受贤君的下问。为了感谢贤君所派的使者，谨行三个肃拜之礼！"君子评论说：郤至真是既勇敢又懂得礼仪之人啊！

范文子论内睦而后图外

【原文】

鄢之役，晋人欲争郑，范文子不欲，曰："吾闻之，为人臣者，能内睦而后图外，不睦内而图外，必有内争，盍姑谋睦乎①？考讯其阜以出，则怨靖②。"

【注释】

①盍：同"何"，何不。

②靖：平静，平息，使安定。

【译文】

在鄢陵之战中，晋国想争取郑国的归附。范文子却不同意，说："我听说，做人臣的，能够国内团结然后才能图谋国外，国内不团结而去图谋国外，必然会出现内部纷争，何不姑且想办法争取国内的团结呢？先去考查询问一下民情，然后再决定是否出兵，那么国内的怨声就会平息了。"

范文子论外患与内忧

【原文】

鄢之役，晋伐郑，荆救之。大夫欲战，范文子不欲，曰："吾闻之，君人者刑其民，成，而后振武于外，是以内和而外威。今吾司寇之刀锯日弊[①]，而斧钺不行[②]。内犹有不刑，而况外乎？夫战，刑也，刑之过也。过由大，而怨由细，故以惠诛怨，以忍去过。细无怨而大不过，而后可以武，刑外之不服者。今吾刑外乎大人，而忍于小民，将谁行武？武不行而胜，幸也。幸以为政，必有内忧。且唯圣人能无外患，又无内忧，讵非圣人[③]，必偏而后可。偏而在外，犹可救也，疾自中起，是难。盍姑释荆与郑以为外患乎？”

【注释】

①司寇：官名，掌管刑狱，纠察等事。弊：破损。

②斧钺：古代杀人的刑具。钺是大斧。

③讵（jù）：如果。

【译文】

在鄢陵之战时，晋国讨伐郑国，楚国出兵救郑国。晋国大夫们都想作战，范文子却不想作战，他说：“我听说，统治人民要使用刑罚来端正人民，只有把这件事做到了，然后才能对外显示武力，只有这样才能做到国内团结，使国外畏惧。现在我国司法官用来惩罚小民的刀锯，天天使用已经破损不堪了，而用来惩罚大臣的斧钺却并没有使用过。在国内尚且不能正确地施以刑典的，又何况对外呢？战争，就是一种刑罚，是用来惩罚过错的。过错多是由大臣造成的，而怨恨来自一般小民，因此要用恩惠来消除小民的怨恨，下狠心去除大臣的过错。只有小民没有怨恨，而大臣不犯过失，然后才可以用兵去惩罚国外那些不顺服的人。如今我国施惠于大臣，却对小民残酷无比，那么，靠谁来振作军威呢？军威不振而想打胜仗，只是一种侥幸罢了。依靠侥幸成功来治理国家，一定会有内忧。况且只有圣人才能做到既无外患，又无内忧，如果不是圣人，必然只有偏重于其一才行。如果偏失的其一在国外，那还可以补救，如果疾患发生在国内，那就难以应付了。我们何不姑且撇开楚国和郑国，先把它们作为晋国的外患呢？”

范文子论德为福之基

【原文】

鄢之役，荆压晋军，军吏患之，将谋。范匄自公族趋过之[①]，曰：“夷灶堙井[②]，非退而何？”范文子执戈逐之，曰：“国之存亡，天命也，童子何知焉？且不及而言，奸也，必为戮。”苗贲皇曰[③]：“善逃难哉！”既退荆师于鄢，将谷，范文子立于戎马之前，曰：“君幼弱，诸臣不佞，吾何福以及此！吾闻之，‘天道无亲，唯德是授。’吾庸知天之不授晋且以劝楚乎，君与二三臣其戒之！夫德，福之基也，无德而福隆，犹无基而厚墉也，其坏也无日矣。”

【注释】

①范匄（gài）：范文子的儿子，也称范宣子。公族：指公族大夫。

②堙（yīn）：堵塞。

③苗贲皇：即苗棼皇，晋国大夫。

【译文】

鄢陵之战时，楚军逼近晋军摆开阵势，晋军将士都很担忧，打算谋划如何应战。范匄以公族大夫的身份赶紧走上前说：“楚军现在把营地上的炉灶摧毁，又将水井堵塞，这不是撤退又是想怎样呢？”范文子拿起戈来就追打儿子范匄，说：“国家的存亡是出于天意，你小孩子懂得什么？而且并未征求你的意见，你就胡乱发言，这是奸行，一定要执行刑罚。”苗贲皇说：“范文子真是善于逃避灾难啊！”在鄢陵打败楚军之后，晋军想要食用楚军囤积的军粮，这时范文子站在大队兵马前面说：“我们的国君年幼，各位大臣又都没有才华，我们凭什么福分能得到这一战果呢！我曾听过这样一句话，‘天意不会特别亲近哪一个人，只授福给具有德义之人。’我们怎么能知道这不是上天授福给晋国而是以此来勉励楚国呢？国君和各位将士应当警惕啊！德是福的基础，没有德业而享有的福运太多，就好像地基没有打好，却在上面筑起了高墙，不知道哪一天它就倒塌了。”

范文子论私难必作

【原文】

反自鄢，范文子谓其宗、祝曰①：“君骄泰而有烈，夫以德胜者犹惧失之，而况骄泰乎？君多私，今以胜归，私必昭。昭私，难必作，吾恐及焉。凡吾宗、祝，为我祈死，先难为免。”七年夏②，范文子卒。冬，难作，始于三郤，卒于公③。

【注释】

①宗：宗人，掌家祭之礼。祝：家祝，祭祀时司告鬼神的人。

②七年：指晋厉公在位第七年。

③公：晋厉公。

【译文】

从鄢陵回国都以后，范文子对自己族里主持祭祀的宗人、祝史说：“我们国君傲慢奢侈却屡屡战胜壮大功业，那些以德行获取胜利的人尚且害怕失掉功业，更何况傲慢奢侈的人呢？国君宠幸的人太多，现在获胜归来，这种偏私情况肯定会显得更严重。这样的话，祸难必然要发生，我担心要轮到我头上了。凡是我的宗人、祝史，请你们为我祈祷，让我赶快死，以免遭到祸难。”晋厉公七年的夏天，范文子真的死了。冬天，晋国发生了祸难，一开始是厉公杀死“三郤”，最后厉公也被人杀害。

长鱼矫胁栾中行

【原文】

长鱼矫既杀三郤[①]，乃胁栾、中行而言于公曰[②]：“不杀此二子者，忧必及君。”公曰：“一旦而尸三卿，不可益也。”对曰：“臣闻之，乱在内为宄[③]，在外为奸，御宄以德，御奸以刑。今治政而内乱，不可谓德。除鲠而避强[④]，不可谓刑。德刑不立，奸宄并至，臣脆弱，不能忍俟也。”乃奔狄。三月，厉公弑。

【注释】

①长鱼矫：晋国大夫，厉公的近臣。

②栾：栾书。中行：中行偃，也称中行献子，晋国大夫。

③宄（guǐ）：奸邪、作乱。

④鲠（gěng）：阻塞。此指祸乱。

【译文】

长鱼矫杀了三郤以后，又劫持了栾书、中行偃，对晋厉公说：“假如不杀掉这两个人，忧患必然会降临到国君身上。”厉公说：“一天之内已经使三位卿陈尸示众，不能再多杀了。”长鱼矫回答说：“我听说，祸乱发生在内称为作乱，发生在外叫窃夺，制止内乱要用德教，抵御外国窃夺要用刑罚。如今治理国政却不能制止内乱，不能称作有德。想除掉阻碍国家的祸害却避让强暴之徒，不能称之为威刑。德教和刑罚都没有建立，内乱外患就会一起发生，微臣生命脆弱，不能再这样等下去了。”于是就逃奔到临近的狄国。过了三个月，晋厉公果真被杀害了。

韩献子不从栾中行召

【原文】

栾武子、中行献子围公于匠丽氏①，乃召韩献子②，献子辞曰："弑君以求威，非吾所能为也。威行为不仁，事废为不智，享一利亦得一恶，非所务也。昔者吾蓄于赵氏，赵孟姬之谗③，吾能违兵。人有言曰：'杀老牛莫之敢尸。'而况君乎？二三子不能事君，安用厥也！"中行偃欲伐之，栾书曰："不可。其身果而辞顺。顺无不行，果无不彻。犯顺不祥，伐果不克。夫以果戾顺行，民不犯也，吾虽欲攻之，其能乎！"乃止。

【注释】

①栾武子：即栾书。中行献子：即中行偃。匠丽氏：晋厉公的嬖臣。

②韩献子：即韩厥。

③孟姬：赵盾儿子赵朔的妻子，晋景公的姐姐。孟姬之谗：指鲁成公八年，孟姬向晋景公进谗言，杀害赵同、赵括一事。

【译文】

栾武子、中行献子把晋厉公包围在匠丽氏家，然后召见韩献子，韩献子拒绝说："杀害国君来立威，这不是我所能做到的。对国君施威是不仁，办事不成是不明智，虽然得到一种好处，却也得到一个恶名，这不是我愿意做的。从前我蓄养在赵氏家里，在孟姬进谗言陷害赵氏族人时，我能做到违抗命令而不出兵。民间有句俗话说：'即使杀一头老牛，尚且没有人愿意做主。'更何况要杀的是国君呢？你们几位既然不能继续事奉国君，何必要用我韩厥呢！"中行偃准备诛伐韩献子，栾书说："不行。韩厥办事果断，说话有道理。道理办事就没有行不通的，办事果断就没有达不到目的的。违犯了道理行事不吉祥，讨伐果断的人不会成功。他果断而又顺理行事，百姓不会违犯他，我们虽然有心想进攻他，能办得到吗！"于是就取消了讨伐。

卷十三　晋语七

栾武子立悼公

【原文】

既弑厉公，栾武子使智武子、彘恭子如周迎悼公①。庚午，大夫逆于清原。公言于诸大夫曰："孤始愿不及此，孤之及此，天也。抑人之有元君，将禀命焉。若禀而弃之，是焚谷也；其禀而不材，是谷不成也。谷之不成，孤之咎也；成而焚之，二三子之虐也。孤欲长处其愿，出令将不敢不成，二三子为令之不从，故求元君而访焉。孤之不元，废也，其谁怨？元而以虐奉之，二三子之制也。若欲奉元以济大义，将在今日；若欲暴虐以离百姓，反易民常，亦在今日。图之进退，愿由今日。"大夫对曰："君镇抚群臣而大庇荫之②，无乃不堪君训而陷于大戮，以烦刑、史③，辱君之允令，敢不承业？"乃盟而入。辛巳，朝于武宫。定百事，立百官，育门子，选贤良，兴旧族，出滞赏，毕故刑，赦囚系，宥闲罪，荐积德，逮鳏寡④，振废淹，养老幼，恤孤疾，年过七十，公亲见之，称曰"王父"，敢不承。

【注释】

①彘（zhì）恭子：即士鲂，士会的儿子。食邑在彘，恭是他的谥号。悼公：晋悼公，即前文的孙周。

②庇荫：庇护。

③刑：指掌管刑法的官。史：负责记事的史官。

④鳏（guān）寡：鳏夫寡妇。鳏，指丧妻的男子。

【译文】

在杀害晋厉公以后，栾武子派智武子和士鲂到周都迎接孙周晋悼公。庚午那天，大夫们都到清原去迎接。晋悼公对大夫们说："我本来没想到能有今天，我如今能走到即位为君的地步，这是天意啊。臣民之所以要拥立贤明的新国君，想来就是禀受天命。假如接受了天命又不听从，那就好比把保障饥饱的谷子烧掉；禀受天命而不成材，那就好比谷子没有成熟。谷子没有成熟，那是我的罪过；谷子成熟了却将它烧掉，那就是你们的暴虐了。我想长久地维持君位，发号施令不敢不成熟，你们发布命令百姓不听从，所以百姓就要求助于明君而质问你们了。如果我不成器，就会被废除君位，那又能怨谁呢？但是如果国君贤明而你们却暴虐地对待百姓，那就是你们太专制了。如果你们想拥立贤君以成大义，就在今天决定；如果你们想施行暴虐使百姓离散，违反百姓事奉国君的常法，也在今天决定。你们好好考虑一下，是尊奉我为国君还是废黜我，今天都由你们决定。”大夫们回答说：“国君安抚群臣而且大力庇护我们，难道我们会不去很好地接受国君的训令而使自己陷于重罪被处死，以至于麻烦法官、史官来为我们定罪记过，而且有辱国君的信令，我们怎敢不受命侍奉君王基业？”于是悼公与君臣就开始订结盟约，进入了国都。辛巳那天，悼公到武公庙朝祭。议定国家大事，任命百官，教育大夫的嫡子，选用贤良，提拔旧臣的子孙，补赏前朝滞后未赏的有功之臣，停止过去的刑罚，大赦囚犯，对嫌疑犯予以宽免，举荐蓄积德义之人，救济鳏夫寡妇，起用被废黜埋没的贤才，抚养老人幼童，抚恤孤儿残疾，年过七十的老人，悼公亲自接见，敬称他们为“王父”，因此举国上下没有不服从命令的。

悼公即位

【原文】

二月乙酉，公即位。使吕宣子将下军，曰：“邲之役，吕锜佐智庄子于上军[①]，获楚公子縠臣与连尹襄老，以免子羽。鄢之役，亲射楚王而败楚师，以定晋国而无后，其子孙不可不崇也。”使彘恭子将新军，曰：“武子之季、文子之母弟也[②]。武子宣法以定晋国，至于今是用。文子勤身以定诸侯，至于今是赖。夫二子之德，其可忘乎！”故以彘季屏其宗[③]。使令狐文子佐之，曰：“昔克潞之役，秦来图败晋功，魏颗以其身却退秦师于辅氏[④]，亲止杜回，其勋铭于景钟[⑤]。至于今不育，其子不可不兴也。”君知士贞子之帅志博闻而宣惠于教也，使为太傅[⑥]。知右行辛之能以数宣物定功也，使为元司空。知栾纠之能御以和于政也，使为戎御。知荀宾之有力而不暴也，使为戎右。栾伯请公族大夫，公曰：“荀家惇惠，荀会文敏[⑦]，黡也果敢，无忌镇静[⑧]，使兹四人者为之。夫膏粱之性难正也，故使惇惠者教之，使文敏者导之，使果敢者谂之，使镇静者修之。惇惠者教之，则遍而不倦；文敏者导之，则婉而入；果敢者谂之，则过不隐；镇静者修之，则壹。”使兹四人者为公族大夫。公知祁奚之果而不淫也，使为元尉。知羊舌职之聪敏肃给也，使佐之。知魏绛之勇而不乱也，使为元司马。知张老之智而不诈也，使为元候[⑨]。知铎遏寇之恭敬而信强也，使为舆尉。知籍偃之惇帅旧职而恭给也，使为舆司马[⑩]。知程郑端而不淫，且好谏而不隐也，使为赞仆[⑪]。

【注释】

①邲（bì）之役：指鲁宣公十二年六月晋、楚两国发生在邲地的著名战役。

吕锜（qí）：吕相的父亲。智庄子：即荀首，晋国下军大夫，食邑在智。

②武子：范武子，名士会，士鲂的父亲。文子：范文子，名士燮，士鲂的哥哥。

③彘（zhì）季：即彘恭子，因他是士会的小儿子，故又称彘季。

④潞：邻近晋国的狄族邦国名。魏颗：令狐文子的父亲。辅氏：晋地名，今陕西大荔东。

⑤杜回：秦国的大力士。景钟：景公钟。

⑥士贞子：即士渥浊，士穆子的儿子。太傅：官名。教导王子的官。

⑦荀家：晋国大夫。荀会：荀家的族人。

⑧黡（yǎn）：栾书的儿子栾桓子。无忌：韩厥的儿子公族穆子。

⑨元司马：中军司马。张老：即张孟，晋国大夫。元候：中军负责侦探谍报的官。

⑩铎遏寇：晋国大夫。舆（yú）尉：上军尉。籍偃：即籍游，晋国大夫。舆司马：上军司马。

⑪程郑：晋国大夫。赞仆：官名，乘马御。

【译文】

二月乙酉日，晋悼公即位。他任命吕宣子为下军元帅，说："在邲之战中，吕锜身为上军辅佐智庄子，俘获了楚国公子縠臣与连尹襄老，才使子羽免于祸难归国。在鄢陵之战中，吕锜亲自射中了楚恭王的眼睛并打败了楚军，安定了晋国，而他的后代却没有当大官的，如今他的子孙不可不提拔。"他任命彘恭子为新军元帅时说："他是范武子的小儿子，范文子的同母兄弟。范武子申明法令，安定了晋国，直到今天还在使用他制定的法令。范文子一生劳苦勤勉才平定了诸侯，直到今天我们还在仰赖他的功绩。这两个人的功德，难道可以忘记吗！"因此让彘季卫护他的宗族。任命令狐文子为新军元帅时说："以前战胜潞国的战役中，秦国曾图谋打败晋国，魏颗亲自在辅氏击退了秦军，亲手俘虏了杜回，他的功勋铭刻在景公钟上。直到今天后代还没得到举荐，他的儿子不可不起用。"悼公知道士贞子专心致志，博学多闻，而且致力于教育，就让他任宫中太傅。知道右行辛擅长计算推理，明白万物变化而成就功业，让他任司空。知道栾纠善于驾车来配合军政，让他任国君战车的御者。知道荀宾力气大而不暴虐，让他任车右。栾伯请求委任公族大夫，悼公说："荀家朴实敦厚，荀会好学聪明，栾黡果敢决断，无忌沉着镇定，便让这四个人当公族大夫。对于那些油腔滑调生性骄横难以矫正的富家子弟，之所以要让朴实宽厚的人教育他们，让好学聪明的人辅导他们，让果敢决断的人告诫他们，让沉着镇定的人修正他们。因为由朴实宽厚的人教育他们，就会变得处事周全而不懈怠；由好学聪明的人辅导他们，就会变得柔顺而明事理；由果敢决断的人告诫他们，就会知道过失而不隐瞒；由沉着镇定的人去修正他们，就会变得稳重专一。”于是就让这四个人任公族大夫。悼公知道祁奚果断而不放纵，便让他任中军尉。知道羊舌职聪明敏捷，让他辅佐祁奚。知道魏绛勇敢而不乱纪，让他任中军司马。知道大夫张老智慧而不欺诈，让他任中军的元候。知道铎遏寇恭敬而诚实坚强，让他任上军尉。知道籍偃始终忠于职守而且恭顺有礼，便让他任上军司马。知道程郑品行端正不邪恶，而且善于直言进谏而毫不隐晦，便让他任赞仆。

悼公始合诸侯

【原文】

始合诸侯于虚朾以救宋①，使张老延君誉于四方，且观道逆者。吕宣子卒，公以赵文子为文也，而能恤大事，使佐新军。三年②，公始合诸侯。四年，诸侯会于鸡丘，于是乎布命、结援、修好、申盟而还。令狐文子卒，公以魏绛为不犯，使佐新军。使张老为司马，使范献子为候奄。公誉达于戎。五年，诸戎来请服，使魏庄子盟之，于是乎始复霸。四年，会诸侯于鸡丘，魏绛为中军司马，公子扬干乱行于曲梁③，魏绛斩其仆。公谓羊舌赤曰：“寡人属诸侯，魏绛戮寡人之弟，为我勿失。”赤对曰：“臣闻绛之志，有事不避难，有罪不避刑，其将来辞。”言终，魏绛至，授仆人书而伏剑。士鲂、张老交止之。仆人授公，公读书曰：“臣诛于扬干，不忘其死。日君乏使，使臣狃中军之司马。臣闻师众以顺为武，军事有死无犯为敬。君合诸侯，臣敢不敬？君不说，请死之。”公跣而出④，曰：“寡人之言，兄弟之礼也。子之诛，军旅之事也，请无重寡人之过。”反役，与之礼食，令之佐新军。

【注释】

①虚朾（chēng）：宋地名，确址不详。旧传一说在今山东泗水县境。一说在今河南睢县。

②三年：晋悼公三年。

③扬干：晋悼公的弟弟。曲梁：晋地名，在今河北邯郸东南鸡丘附近。

④跣（xiǎn）：光着脚，不穿鞋袜。

【译文】

晋悼公初次会合诸侯是在虚朾，目的是援救宋国。他遣使张老到各诸侯国去宣扬国君的美誉，并且观察哪些诸侯是有德义的，哪些诸侯是逆乱的。吕宣子死后，悼公认为赵文子有文德，而且能够关心军国大事，便派他辅佐新军。悼公三年，悼公开始会合各国诸侯。悼公四年，各国诸侯在鸡丘会盟，于是他就开始发布命令，要求各国缔结援助条约，彼此修复友好关系，重申盟约，然后才回国。令狐文子死后，悼公认为魏绛军纪严整，便派他辅佐新军。任命张老为司马，范献子为候奄。长此以往，晋悼公的声誉便传到了其他戎族部落。悼公五年，各戎族部落前来请求归服，悼公便派魏庄子前去与他们结盟，于是晋国开始重新称霸诸侯。悼公四年，在鸡丘与诸侯们会盟，当时魏绛任中军司马，公子扬干在曲梁扰乱了军队的行列，魏绛杀了他的车夫。悼公对羊舌赤说："寡人会合诸侯，魏绛却羞辱寡人的弟弟，下令给我抓起来，不要让他跑掉。"羊舌赤回答说："我听说魏绛是一个刚正不阿的志士，他遇事不躲避危难，有了罪过不逃避刑罚，恐怕他将会自己前来说明情况。"刚说完这话，魏绛就到了，他把书信交给仆人，就准备拔剑自刎。士鲂和张老一齐劝阻他。仆人把信交给了悼公，悼公读了他的信，信中说："我惩罚扬干，知道犯了死罪。现在国君缺乏使唤的人，所以让我担任中军的司马。我听说军队服从命令才能显出威武，宁死不犯军法才是恭敬。如今君主会合诸侯，我怎敢不敬奉职守？君主为此不高兴，我愿请求一死。"悼公看完书信急忙光着脚就跑出来了，说："寡人所说的话，是出于兄弟之礼。你对扬干的治罪，是按军法办事，请您不要加重寡人的过错。"从盟会回国后，悼公在太庙设宴以礼款待魏绛，并任命他为新军副帅。

祁奚荐子午以自代

【原文】

祁奚辞于军尉，公问焉，曰："孰可？"对曰："臣之子午可①。人有言曰：'择臣莫若君，择子莫若父。'午之少也，婉以从令，游有乡，处有所，好学而不戏。其壮也，强志而用命，守业而不淫。其冠也②，和安而好敬，柔惠小物，而镇定大事，有直质而无流心，非义不变，非上不举。若临大事，其可以贤于臣。臣请荐所能择而君比义焉。"公使祁午为军尉，殁平公，军无秕政③。

【注释】

①午：祁午，祁奚的儿子。

②冠：指男子二十岁举行冠礼。

③平公：晋平公，名彪。秕政（bǐ）：弊政。指不良的有害的政治措施。

【译文】

祁奚请求辞去军尉之职，晋悼公问他："那么谁可以接替你呢？"祁奚回答说："我的儿子祁午可以。曾有人说：'挑选臣子莫如君主，挑选儿子莫如父母。'祁午小时候，婉顺听话，外出游玩时必事先告诉父母去向，走到哪里逗留都会告知住所，喜欢学习而不爱嬉戏打闹。长大后，博闻强记，而且遵从父母的命令，能够坚守学业而不胡作非为。二十岁举行冠礼之后，为人和气安详，喜欢恭敬有礼，对小事情表现出柔和仁爱的态度，而面临大事能够镇静不慌，性格质朴耿直而不放纵自己，不符合礼义的事不做，没有尊长的命令不擅自行动。如果叫他亲临处理国家大事，可以比我做得更好。请允许小臣推荐我的儿子并由君王决定是否妥当。"于是悼公便委任祁午为军尉。一直到晋平公去世，军队中真没有出现过错误的政令。

魏绛谏悼公伐诸戎

【原文】

五年①，无终子嘉父使孟乐因魏庄子纳虎豹之皮以和诸戎②。公曰："戎、狄无亲而好得，不若伐之。"魏绛曰："劳师于戎，而失诸华③，虽有功，犹得兽而失人也，安用之？且夫戎、狄荐处，贵货而易土。予之货而获其土，其利一也；边鄙耕农不儆，其利二也；戎、狄事晋，四邻莫不震动，其利三也。君其图之！"公说，故使魏绛抚诸戎，于是乎遂伯。

【注释】

①五年：晋悼公五年（公元前 569 年）。

②无终：邻近晋国的戎族邦国名。嘉父：无终国的国君。孟乐：无终国的大臣。魏庄子：即魏绛。

③华：华夏，指中原地区国家。

【译文】

晋悼公五年，无终国国君嘉父派孟乐凭借向魏绛献虎豹皮的关系，请求晋国与戎族各部落和好。悼公说："戎人、狄人与我们没有亲缘恩义却贪得财货，不如讨伐它们。"魏绛说："对戎人用兵，而失掉中原各国，即使成功，就像获得禽兽而失掉了人一样，有什么用处呢？而且戎人、狄人聚族而居，重视财货而轻视土地。给予它们财货而获得他们的土地，这是第一个好处；边境一带耕作的农民不再警戒担忧，这是第二个好处；戎人、狄人事奉晋国，四方的邻国没有不恐惧的，这是第三个好处。请君王仔细地考虑这件事！”悼公听了很高兴，便派魏绛安抚戎族各部落，于是就称霸天下了。

悼公使韩穆子掌公族大夫

【原文】

韩献子老，使公族穆子受事于朝①。辞曰："厉公之乱②，无忌备公族，不能死。臣闻之曰：'无功庸者，不敢居高位。'今无忌，智不能匡君，使至于难，仁不能救，勇不能死，敢辱君朝以忝韩宗，请退也。"固辞不立。悼公闻之，曰："难虽不能死君而能让，不可不赏也。"使掌公族大夫。

【注释】

①穆子：韩厥的长子，名无忌，晋国的公族大夫。

②厉公之乱：指栾书、中行偃杀害晋厉公的事件。

【译文】

韩献子年老辞位，晋悼公让公族大夫穆子继任卿位在朝中掌管政事。穆子推辞说："在厉公被杀时，我作为公族大夫，不能以身殉难。我听说：'没有功劳的平庸之人，不敢居于高位。'现在我论智慧不能匡正国君，而使他遭到祸难，论仁义我不能拯救君王，论勇气不能以身效死，怎敢再玷辱君朝并辱没韩氏宗族呢？请允许我辞退。"穆子执意推辞而不肯就任。悼公听说后，说："虽然不能为君殉死，但能谦让，不能不奖赏他。"就让他主管公族大夫。

悼公使魏绛佐新军

【原文】

悼公使张老为卿①，辞曰："臣不如魏绛。夫绛之智能治大官，其仁可以利公室不忘，其勇不疚于刑，其学不废其先人之职。若在卿位，外内必平。且鸡丘之会②，其官不犯而辞顺，不可不赏也。"公五命之，固辞，乃使为司马。使魏绛佐新军。

【注释】

①张老：即张孟，晋国大夫。

②鸡丘之会：指晋悼公四年在鸡丘与诸侯会盟。

【译文】

晋悼公任命张老为卿，张老辞谢说："我的才华不如魏绛。魏绛的智慧能胜任卿这样的重要官职，他的仁爱使他能不忘记有利于国家，他的勇敢果断而无愧于执法，他爱好学习而不废弃先人的职事。如果他担任卿，无论内外都必然平安。而且在鸡丘之会上，他身居官位严行执法，而言辞却很逊顺，因此不能不奖赏他。"悼公五次任命张老为卿，他都执意推辞，于是便让他任中军司马。任命魏绛为新军副帅。

悼公赐魏绛女乐歌钟

【原文】

十二年，公伐郑，军于萧鱼①。郑伯嘉来纳女、工、妾三十人②，女乐二八，歌钟二肆，及宝镈③，辂车十五乘④。公锡魏绛女乐一八、歌钟一肆，曰："子教寡人和诸戎、狄而正诸华，于今八年，七合诸侯，寡人无不得志，请与子共乐之。"魏绛辞曰："夫和戎、狄，君之幸也。八年之中，七合诸侯，君之灵也。二三子之劳也，臣焉得之？"公曰："微子，寡人无以待戎，无以济河，二三子何劳焉！子其受之。"君子曰："能志善也。"

【注释】

①萧鱼：郑邑名，在今河南许昌附近。

②郑伯：郑简公，名嘉。工：乐师。

③镈（bó）：古代青铜制的一种乐器，形状似钟而较小。

④辂（lù）车：大车。

【译文】

晋悼公十二年，悼公讨伐郑国，军队驻扎在萧鱼地带。郑简公送来仕女、乐师、妾三十人，女乐十六人，歌钟二架，以及珍贵的乐器镈和大辂车十五辆。悼公赐给魏绛女乐八人，歌钟一架，说："你教导寡人与戎、狄各部落媾和，整顿中原各国，到现在已经八年，其间七次会合诸侯，寡人没有不得意的，请让我与你共同分享这些礼物。”魏绛辞谢说：“与戎、狄部落媾和，这是君王的幸运啊。八年之间，七次会合诸侯，这是君王的威灵，以及其他各位大夫的功劳啊，我怎么能独自得到这些礼物呢？”悼公说：“要是没有你，寡人是无法宽仁对待戎、狄的，也不能渡过黄河征服郑国，其他大夫又有什么功劳呢！你还是接受吧。”君子都评论说：“悼公能记住别人的好处啊。”

司马侯荐叔向

【原文】

悼公与司马侯升台而望曰①：“乐夫！”对曰：“临下之乐则乐矣，德义之乐则未也。”公曰：“何谓德义？”对曰：“诸侯之为，日在君侧，以其善行，以其恶戒，可谓德义矣。”公曰：“孰能？”对曰：“羊舌肸习于春秋②。”乃召叔向使傅太子彪③。

【注释】

①司马侯：即汝叔齐，晋国大夫。

②羊舌肸（xī）：即叔向，晋国大夫。

③太子彪：晋悼公的太子，名彪，即后来的晋平公。

【译文】

晋悼公与司马侯一起登上高台眺望，说：“真快乐啊！”司马侯回答说：“居高临下观景看到的快乐就是快乐了，但是，德义的快乐却还谈不到啊。”悼公问道：“什么叫作德义？”司马侯回答说：“诸侯的所作所为，天天在国君的旁边，以他们的善行作为效法的榜样，以他们的恶行作为自己的鉴戒，就可以称得上德义了。”悼公问道：“谁能做到这些呢？”司马侯回答说：“叔向熟悉历史典籍。”于是悼公就召见叔向，叫他指导太子彪。

卷十四　晋语八

阳平教平公灭栾氏

【原文】

平公六年，箕遗及黄渊、嘉父作乱①，不克而死。公遂逐群贼，谓阳毕曰："自穆侯以至于今，乱兵不辍②，民志不厌，祸败无已。离民且速寇，恐及吾身，若之何？"阳毕对曰："本根犹树，枝叶益长，本根益茂，是以难已也。今若大其柯，去其枝叶，绝其本根，可以少闲。"公曰："子实图之。"对曰："图在明训，明训在威权，威权在君。君抡贤人之后有常位于国者而立之，亦抡逞志亏君以乱国者之后而去之，是遂威而远权。民畏其威，而怀其德，莫能勿从。若从，则民心皆可畜。畜其心而知其欲恶，人孰偷生？若不偷生，则莫思乱矣。且夫栾氏之诬晋国久也，栾书实覆宗，弑厉公以厚其家，若灭栾氏，则民威矣，今吾若起瑕、原、韩、魏之后而赏立之③，则民怀矣。威与怀各当其所，则国安矣，君治而国安，欲作乱者谁与？"君曰："栾书立吾先君，栾盈不获罪④，如何？"阳毕曰："夫正国者，不可以暱于权⑤，行权不可以隐于私。暱于权，则民不导；行权隐于私，则政不行。政不行，何以导民？民之不导，亦无君也，则其为暱与隐也，复害矣，且勤身。君其图之。若爱栾盈，则明逐群贼，而以国伦数而遣之，厚箴戒图以待之。彼若求逞志而报于君，罪孰大焉，灭之犹少。彼若不敢而远逃，乃厚其外交而勉之，以报其德，不亦可乎？"公许诺，尽逐群贼而使祁午及阳毕适曲沃逐栾盈，栾盈出奔楚。遂令于国人曰："自文公以来有力于先君而子孙不立者，将授立之，得之者赏。"居三年，栾盈昼入，为贼于绛⑥。范宣子以公入于襄公之宫，栾盈不克，出奔曲沃，遂刺栾盈，灭栾氏。是以没平公之身无内乱也。

【注释】

①箕遗及黄渊、嘉父：三人都是晋国大夫，是栾盈的党羽。

②穆侯：桓叔的父亲。辍：停止。

③瑕：瑕嘉。原：原轸。韩：韩万。魏：毕万，晋厉公灭魏，封毕万于魏。这四人都有功于晋国。

④先君：指晋悼公。栾盈：即栾怀子，栾书的孙子，栾黡的儿子。

⑤暱（nì）：同"昵"，亲近。

⑥绛：晋国首都，在今山西侯马市。

【译文】

晋平公六年，箕遗、黄渊、嘉父发动叛乱，还没成功就被杀了。于是平公驱逐了他们的同党，对阳毕说："自从穆侯以来到现在，叛乱没有停止过，民心不足，祸乱不断。背弃百姓将招致外患，恐怕要落在我身上，怎么办？"阳毕回答说："祸乱的本根犹如大树一样，枝叶越长，本根也就更加茂盛，所以祸乱难以止息。现在如果用大斧，砍去它的枝叶，断绝它的本根，可以稍微平息一下。"平公说："请你设法谋划这件事。"阳毕回答说："谋划的关键在于有明确的教令，明确的教令在于是否有权威，权威掌握在国君手中。国君要选择那些世代对晋国有功的贤人后代，并将他们扶持起来，还要挑出那些肆意妄为损君乱国者的后代予以驱逐，这样就能展示国君的权威，使政权长存。百姓惧怕国君的权威，而怀念他的恩德，就没有不服从的了。如果都服从的话，那民心就可以蓄积培养了。蓄积培养民心就能知道他们的欲望好恶，那么谁还会苟且偷生呢？如果不苟且偷生，那民心就不会思乱了。况且栾氏欺罔晋国已经很久了，栾书颠覆了晋国的大宗，杀害了厉公而增加了他自家的权势。如果消灭了栾氏，那么百姓就畏惧国君的权威了。现在如果重新起用瑕嘉、原轸、韩万、毕万的后代，赏赐扶持他们，那么百姓就会感念君王的恩德了。权威与感怀各得其所的话，那么国家就安定了，您如此治国而使国家安定，就算有想叛乱的人，又有谁来附和他呢？"平公说："栾书曾拥立我的先君，栾盈本身也并没有犯罪，为什么要灭绝栾氏呢？"阳毕回答说："治国的人，不能只图眼前的权宜之计，谋划国家大事，不可以因为有私恩便隐蔽罪过。只图眼前的权宜之计，百姓便得不到良好训导；因有私恩便隐蔽罪过，那么政事便不能推行。政事不能推行，那用什么来训导人民？人民不可训导，也就等于没有君主一样了。那么只图眼前权宜之计与由于私恩而隐蔽罪过，反而害国了，而且还要劳苦君主。您好好考虑考虑吧。如果喜爱栾盈，那就公开驱逐他的同党，用治国的道德伦理列数他的罪过，然后把他遣送到边远之地，严厉地规诫他，以防备他图谋不轨。如果栾盈肆意妄为要报复您的话，那罪行就没有比它再大了，即使灭绝了他的宗族还嫌不够。如果他不敢谋反而逃到远方，那就给他所逃往的国家多送些礼物，请他们给予照顾，以此来报答他的恩德，这样做不是也可以吗？"平公同意了阳毕的建议，驱逐了栾氏所有的党羽，并派祁午、阳毕到曲沃去驱逐栾盈，栾盈出奔到了楚国。平公于是对国人下令说："自从晋文公以来，凡是对先君有功而他的子孙没有做官的，将授予爵位官职，能寻访到有功者子孙的给以奖赏。"过了三年，栾盈在大白天进入晋国，到首都绛城作乱。范宣子把平公送到襄公的祀庙去避难，栾盈没有成功，逃到曲沃，于是晋军杀死了栾盈，灭掉了栾氏的族党。因此直到平公死，晋国没有发生过内乱。

辛俞从栾氏出奔

【原文】

栾怀子之出[1]，执政使栾氏之臣勿从[2]，从栾氏者为大戮施。栾氏之臣辛俞行[3]，吏执之，献诸公。公曰："国有大令，何故犯之？"对曰："臣顺之也，岂敢犯之？执政曰'无从栾氏而从君'，是明令必从君也。臣闻之曰：'三世事家，君之；再世以下，主之。'事君以死，事主以勤，君之明令也。自臣之祖，以无大援于晋国，世隶于栾氏，于今三世矣，臣故不敢不君。今执政曰'不从君者为大戮'，臣敢忘其死而叛其君，以烦司寇。"公说，固止之，不可，厚赂之。辞曰："臣尝陈辞矣，心以守志，辞以行之，所以事君也。若受君赐，是堕其前言。君问而陈辞，未退而逆之，何以事君？"君知其不可得也，乃遣之。

【注释】

①栾怀子：即栾盈。

②执政：指正卿范宣子。

③辛俞：栾盈的家臣。

【译文】

栾盈出奔到楚国，执政的范宣子下令栾氏的家臣不得随从，随从栾氏的一律施以杀戮之刑，陈尸示众。栾氏的家臣辛俞违令追随栾盈出奔，被官吏抓住，献给了晋平公。平公说："国家有重大禁令，你为什么要触犯它？"辛俞回答说："我是在服从命令，哪里敢触犯它呢？执政说'不要跟从栾氏而要跟从国君'，这是明确规定必须服从国君的。我听说：'三代为大夫的家臣，要事奉大夫如国君，两代以下，要事奉大夫如主人。'事奉国君要不惜以身殉死，事奉主人要勤勉尽责，这是国君明确的命令。从我的祖父起，因为在晋国没有多大的依靠，世代隶属于栾氏，到现在已经三代了，微臣我因此不敢不把栾氏当作国君一样去事奉。如今执政说'不随从国君命令的要施以杀戮'，我怎敢忘记被杀死而背叛我的君主，来麻烦司法官对我用刑呢？"平公听了很高兴，继续执意挽留他跟随栾氏，但辛俞不肯，平公便用厚礼来笼络他。但辛俞辞谢说："我已经陈述过自己的想法了，人心是用来守住志向的，言辞则要付诸实行，这样才能事奉君主。如果我接受了您的赏赐，那就颠覆了我先前说过的话。您问我之时我就是这样陈述的，然而还未退下我就违背了它，那凭什么来事奉您呢？"平公知道自己不可能得到辛俞，于是便放他走了。

叔向母谓羊舌氏必灭

【原文】

叔鱼生[①]，其母视之，曰："是虎目而豕喙，鸢肩而牛腹，溪壑可盈，是不可餍也[②]，必以贿死。"遂不视。杨食我生[③]，叔向之母闻之，往，及堂，闻其号也，乃还，曰："其声，豺狼之声，终灭羊舌氏之宗者，必是子也。"

【注释】

①叔鱼：即羊舌鲋，叔向的同母弟弟，晋国大夫。

②餍（yàn）：满足。

③杨食我：叔向的儿子，名伯石。叔向的封邑在杨，故以此作为子孙的姓氏。

【译文】

叔鱼刚生下来时，他的母亲仔细看后，说："这孩子虎眼猪嘴，鹰肩牛腹，溪壑尚有盈满的时候，他的欲望却不会满足，将来必然会因贪财受贿而死。"于是就不亲自养育。杨食我出生的时候，叔向的母亲闻讯前往看望，刚走到堂前，听到婴儿的哭声就往回走，说："这哭声像是豺狼的叫声，最终使羊舌氏一族灭亡的，一定是这个孩子了。"

叔孙穆子论死而不朽

【原文】

鲁襄公使叔孙穆子来聘[①]，范宣子问焉，曰："人有言曰'死而不朽'，何谓也？"穆子未对。宣子曰："昔匄之祖[②]，自虞以上为陶唐氏，在夏为御龙氏[③]，在商为豕韦氏，在周为唐、杜氏[④]。周卑，晋继之，为范氏，其此之谓也？"对曰："以豹所闻，此之谓世禄，非不朽也。鲁先大夫臧文仲[⑤]，其身殁矣，其言立于后世，此之谓死而不朽。"

【注释】

①叔孙穆子：叔孙豹，鲁国的卿。

②匄（gài）：范匄，即范宣子。

③虞：虞舜，相传舜是有虞部落的首领，故史称虞舜。陶唐氏：即尧，尧最

初居于陶，后封在唐，故史称陶唐氏。御龙氏：陶唐氏的后代。

④豕韦氏：尧的后代，在商时为豕韦氏。唐、杜：国名。豕韦氏在商末改国号为唐，周成王灭唐后迁至杜，称杜伯。

⑤臧文仲：鲁国的卿。

【译文】

鲁襄公派叔孙穆子出使晋国，范宣子问他说："古人有句话说'死而不朽'，这是什么意思呢？"穆子没有回答。范宣子说："从前我的祖先，在虞舜以前是陶唐氏，在夏朝时是御龙氏，在商朝是豕韦氏，在周朝是唐、杜氏。周王室衰微以后，我的先祖到晋国继承前人事业，成为范氏。所谓'死而不朽'，恐怕就是指这种情形吧？"穆子回答说："据我所耳闻，这可以称作世代享有禄位，并非不朽。鲁国先大夫臧文仲，他的身虽死了，但他所言还流传在后世，这可以被称为'死而不朽。'"

范宣子与和大夫争田

【原文】

范宣子与和大夫争田[①]，久而无成。宣子欲攻之，问于伯华[②]。伯华曰："外有军，内有事。赤也，外事也，不敢侵官。且吾子之心有出焉，可征讯也。"问于孙林甫，孙林甫曰："旅人，所以事子也，唯事是待。"问于张老，张老曰："老也以军事承子，非戎，则非吾所知也。"问于祁奚，祁奚曰："公族之不恭，公室之有回，内事之邪，大夫之贪，是吾罪也。若以君官从子之私，惧子之应且憎也。"问于籍偃，籍偃曰："偃也以斧钺从于张孟，日听命焉，若夫子之命也，何二之有？释夫子而举，是反吾子也。"问于叔鱼，叔鱼曰："待吾为子杀之。"叔向闻之，见宣子曰："闻子与和未宁，遍问于大夫，又无决，盍访之訾祏[③]。訾祏实直而博，直能端辨之，博能上下比之，且吾子之家老也。吾闻国家有大事，必顺于典刑，而访谘于耇老[④]，而后行之。"司马侯见，曰："吾闻子有和之怒，吾以为不信。诸侯皆有二心，是之不忧，而怒和大夫，非子之任也。"祁午见，曰："晋为诸侯盟主，子为正卿，若能靖端诸侯，使服听命于晋，晋国其谁不为子从，何必和？盍密和，和大以平小乎！"宣子问于訾祏，訾祏对曰："昔隰叔子违周难于晋国[⑤]，生子舆为理，以正于朝，朝无奸官；为司空，以正于国，国无败绩。世及武子，佐文、襄为诸侯，诸侯无二心。及为卿，以辅成、景，军无败政。及为成师[⑥]，居太傅，端刑法，缉训典，国无奸民，后之人可则，是以受随、范[⑦]。及文子成晋、荆之盟，丰兄弟之国，使无有间隙，是以受郇栎⑧。今吾子嗣位，于朝无奸行，于国无邪民，于是无四方之患，而无外内之忧，赖三子之功而飨其禄位。今既无事矣，而非和，于是加宠，将何治为？”宣子说，乃益和田而与之和。

【注释】

①和大夫：晋国和邑的大夫。

②伯华：即羊舌赤，伯华是他的字。

③訾祏（zī shí）：范宣子的家臣。

④谘（zī）：同“咨”。耇（gǒu）老：年高有德的贤人。

⑤隰（xí）叔子：杜伯的儿子。周宣王杀杜伯，隰叔子避难至晋国。

⑥成、景：晋成公、晋景公。成：当为“景”。韦昭注：此“成”当为“景”字误。

⑦随、范：晋邑名，士会的封邑。他初封随，故称随武子，后改封范，故称范武子。

⑧郇（xún）、栎：晋国邑名，范文子的封邑。郇在今山西临猗西南。栎大约在今河北。

【译文】

范宣子与和大夫争讼田地的边界，很久没有解决争端。宣子想攻打他，询问伯华。伯华说：“对外有军事，对内有政事。我是管对外军事行动的，不敢侵犯职权干涉内政。您如果有对外用兵之心，可以把我召来询问。”问到孙林甫，孙林甫说：“我是客居晋国的人，是事奉您的，只恭候为您做内务事。”问到张老，张老说：“我从军事上辅佐您，不是军事问题，就不是我所知道的了。”问到祁奚，祁奚说：“公族中有不恭敬的事，公室中有不公正的事，朝廷中的政事不正当，大夫们贪

赃枉法，这是我的罪过。如果作为国君的官而给您办私事，那么恐怕您表面上应承我，而内心也要憎恨我。”问到籍偃，籍偃说：“我是跟从张孟执掌刑法的，每天都听他的命令，如果是他的命令，那还有什么二话可说的？抛开张孟的命令而擅自行动，那也是违反了您的命令啊。”问到叔鱼，叔鱼说：“等我替你杀了他。”叔向听说后，便去见宣子说：“听说您与和大夫的事没有平息，问遍了大夫们，仍没有一个解决办法，何不去询访訾祏。訾祏正直而且学识渊博，正直就能公正地分辨是非，学识渊博就能上下进行比较，而且他又是您的老家臣。我听说国家发生大事，一定要遵循常规办事，还要寻访咨询年高有德的贤人，然后才能行动。”司马侯来进见宣子，说：“我听说您对和大夫很恼怒，我不相信有这回事。诸侯们对晋国有二心，您不忧虑这个，反而恼怒和大夫，这不是您应该做的。”祁午来进见，说：“晋国是诸侯的盟主，您是正卿，如果能够平定端正诸侯，使他们悦服而听从晋国的命令，那么晋国还有谁不听从您，岂止是和大夫呢？何不同他亲密和好，用大德来平息小怨呢！”宣子问到訾祏，訾祏回答说：“从前隰叔子躲避周难到了晋国，生了子舆当了法官，后来整肃朝政，使朝廷没有奸佞的官员；当了司空，治理国家，国家没有败坏的功业。传到范武子，辅佐文公、襄公称霸诸侯，诸侯没有二心。等做了卿，得以辅佐晋成公、景公，军队中没有败坏的政事。直到做了景公的军师，官居太傅，端正刑法，搜集整理训导的法规，使国家没有奸刁的百姓，后世之人可以遵从效法，因此受封随、范二邑。到范文子时，完成了晋、楚的会盟，加深了兄弟国家间的友谊，使各国之间没有嫌隙，因此受封郇、栎二邑。现在您继承了职位，在朝中没有奸诈的行为，国内没有邪恶的百姓，此时四方没有灾害，国家也没有外患内忧，这都是仰赖着三位先辈的功劳而享受禄位。如今国家太平无事，您却怨恨和大夫，如果此时君王加封宠于您，您将怎样治理国事呢？”宣子听了很高兴，于是就主动多给和大夫田地与他和好。

师旷论乐

【原文】

平公说新声①，师旷曰②：“公室其将卑乎！君之明兆于衰矣。夫乐以开山川之风也，以耀德于广远也。风德以广之，风山川以远之，风物以听之，修诗以咏之，修礼以节之。夫德广远而有时节，是以远服而迩不迁。”

【注释】

①平公：晋平公。新声：指郑、卫等地民间流行的新音乐。

②师旷：晋国的乐师，名旷，字子野。

【译文】

晋平公喜欢一种新乐曲，师旷说："晋国恐怕要没落了吧！君王已经出显衰亡的征兆了。音乐是用来交流各地的教化的，以便光耀德行并传播到广阔辽远的地方。宣扬德行来推广音乐，教化各地使音乐到达远方，使万物都受到音乐的感化，作诗来歌咏它，制礼来节制它。德行传播到四方、使劳作遵照时节，举动符合礼节，因此远方的人来归服，近处的人不迁居。"

叔向谏杀竖襄

【原文】

平公射鴳[①]，不死，使竖襄搏之[②]，失。公怒，拘将杀之。叔向闻之，夕，君告之。叔向曰："君必杀之。昔吾先君唐叔射兕于徒林，殪[③]，以为大甲，以封于晋。今君嗣吾先君唐叔，射鴳不死，搏之不得，是扬吾君之耻者也。君其必速杀之，勿令远闻。"君忸怩，乃趣赦之。

【注释】

①鴳：一种小鸟，即今所谓鹌鹑。

②竖襄：竖是宫中的小臣，名襄。

③兕（sì）：犀牛。徒林：林名。殪（yì）：死，射死。

【译文】

晋平公田猎时射落一只鹌鹑，没有射死，便派竖襄去捕捉，但没捉到。平公大怒，把竖襄拘禁起来将要杀了他。叔向听说后，晚上去拜见平公，平公就把这件事告诉了叔向。叔向说："您一定要杀掉他。从前我们先君唐叔在徒林射犀牛，一箭就将它射死了，并用它的皮做成一副大铠甲，因此被封于晋国。现在您继承了我们先君唐叔的王位，射鹌鹑没有射死，派人去捉也没有捉到，这是张扬我们君王的耻辱啊。君主一定要赶快杀掉他，不要让这件事传到远处去。"平公脸上露出羞愧的神色，于是急忙赦免了竖襄。

叔向论比而不别

【原文】

叔向见司马侯之子①，抚而泣之，曰："自此其父之死，吾蔑与比而事君矣②！昔者此其父始之，我终之；我始之，夫子终之，无不可。"籍偃在侧，曰："君子有比乎？"叔向曰："君子比而不别。比德以赞事，比也；引党以封己，利己而忘君，别也。"

【注释】

①司马侯：即汝叔齐，晋国大夫。

②蔑：没有。比：比肩；结党。

【译文】

叔向看到司马侯的儿子，抚慰一番后哭泣起来，说："自从他的父亲死后，再也没有和我比肩合作去事奉国君的人了。以前他的父亲倡导于前，我完成于后；我倡导于前，他父亲就会完成于后，没有办不成的事。"这时籍偃在旁边，说："君子有相互接近的吗？"叔向回答说："君子并肩合作，但不另结为朋党。同德同心，而且遇事互相帮助，这叫'比'；拉拢而结为同党以便自肥，营私利己而忘记君王，这叫'别'。"

叔向论务德无争先

【原文】

宋之盟，楚人固请先歃①。叔向谓赵文子曰："夫霸王之势，在德不在先歃，子若能以忠信赞君，而裨诸侯之阙②，歃虽在后，诸侯将载之，何争于先？若违于德而以贿成事，今虽先歃，诸侯将弃之，何欲于先？昔成王盟诸侯于岐阳，楚为荆蛮，置茅蕝③，设望表④，与鲜卑守燎⑤，故不与盟。今将与狎主诸侯之盟，唯有德也，子务德无争先，务德，所以服楚也。"乃先楚人。

【注释】

①歃（shà）：歃血。指口含牲畜的血。一说以指蘸血，涂于口旁。是古代订盟时的一种仪式。

②裨：弥补，补救。

③茅蕝（jué）：古代朝会时表示位次的茅束。

④望表：祭祀山川时所立的木制牌位。

⑤鲜卑：古代东北方的少数民族。燎：庭燎，庭院中点燃的柴薪。

【译文】

在宋国那次会盟中，楚国使者执意请求领先歃血盟誓。叔向对赵文子说："霸主的威势，关键在于德行，而不在于谁领先歃皿，如果你能用忠信来辅佐国君，弥补其他诸侯的缺失，即使歃血在后，各国的诸侯也都会拥戴你，何必一定要争先呢？如果违背德行而靠财货贿赂去成就大事，今天即使领先歃血，将来各国诸侯也都会抛弃你，何必一定争着领先呢？以前周成王在岐山的南面与诸侯会盟，楚国被认为是荆蛮，只负责放置盟会上表示位次的茅草束，设立望表，与鲜卑一起守候庭院中点燃的火堆，还不能参与盟会。而现在他们竟然能够和我们晋国轮流主持诸侯的盟会，那只能是因为楚国积德的缘故啊。你要努力修德，不必去争谁先歃血，只有努力修德，才能压服楚国。"于是就让楚国先歃血。

赵文子请免叔孙穆子

【原文】

虢之会①，鲁人食言，楚令尹围将以鲁叔孙穆子为戮②，乐王鲋求货焉不予③。赵文子谓叔孙曰："夫楚令尹有欲于楚，少懦于诸侯。诸侯之故，求治之，不求致也。其为人也，刚而尚宠，若及，必不避也。子盍逃之？不幸，必及于子。"对曰："豹也受命于君，以从诸侯之盟，为社稷也。若鲁有罪，而受盟者逃，必不免，是吾出而危之也。若为诸侯戮者，鲁诛尽矣，必不加师，请为戮也。夫戮出于身实难，自他及之何害？苟可以安君利国，美恶一心也。"文子将请之于楚，乐王鲋曰："诸侯有盟未退，而鲁背之，安用齐盟？纵不能讨，又免其受盟者，晋何以为盟主矣，必杀叔孙豹。"文子曰："有人不难以死安利其国，可无爱乎！若皆恤国如是，则大不丧威，而小不见陵矣。若是道也果，可以教训，何败国之有！吾闻之曰：'善人在患，弗救不祥；恶人在位，不去亦不祥。'必免叔孙。"固请于楚而免之。

【注释】

①虢之会：指鲁昭公元年诸侯国在东虢会盟，再次提出要停止战争。

②令尹围：楚恭王的儿子。叔孙穆子：即叔孙豹。

③乐王鲋（fù）：即乐桓子，晋国大夫。

【译文】

在郑国虢地会盟时，鲁国人自食其言。楚国的令尹围要把鲁国的叔孙穆子杀掉，乐王鲋向叔孙穆子索取财货说是为他求情，穆子不肯给。赵文子对叔孙穆子说："楚国的令尹围想得到楚国的王位，认为诸侯们都很弱小。诸侯会盟的事，是求得解决问题，不仅仅是要求都到会就行了。令尹围的为人，刚愎自用而且好自尊宠，如果被他碰上，肯定无法躲避。你何不逃走呢？万一发生不幸，一定会危及到你生命。"叔孙穆子回答说："我奉国君的命令，前来参加诸侯会盟的，是为了国家。如果鲁国有罪，而来参加会盟的使者逃了，那么鲁国一定免不了被讨伐，这等于是我出使会盟反倒危害了国家。如果我被诸侯们杀害，那对鲁国的诛伐也就到此为止了，必定不会再兴师问罪了，请杀了我吧。被杀戮是出于自身犯罪的话，那确实很难堪，如果是由于他人连累到自己，又有什么妨害呢？如果可以使国君平安，对国家有利，生与死都是一样的。"赵文子想向楚国求情，乐王鲋说："诸侯缔结盟约，还没散会，而鲁国就违背它，那又何必都来缔结盟约呢？纵然不去讨伐鲁国，却又要赦免鲁国来参加会盟的使者，那晋国还凭什么作盟主呢？一定要杀死叔孙豹。"文子说："有人不惜一死以保卫国家利益，这样的人难道可以不加爱护吗！如果都能这样爱护国家，那么大国就不会丧失威

严，小国也不会受到欺凌了。如果按照这个道理去实行，就可以教悔训导百姓，又怎么能败坏国家呢！我听说：‘好人有患难，不救他不吉祥；恶人在位，不除掉也不吉祥。’因此，一定要赦免叔孙豹。”赵武子坚决向楚国请求，因而赦免了叔孙豹。

赵文子为室张老谓应从礼

【原文】

赵文子为室，斫其椽而砻之[①]，张老夕焉而见之，不谒而归。文子闻之，驾而往，曰：“吾不善，子亦告我，何其速也？”对曰：“天子之室，斫其椽而砻之，加密石焉[②]；诸侯砻之；大夫斫之；士首之。备其物，义也；从其等，礼也。今子贵而忘义，富而忘礼，吾惧不免，何敢以告？”文子归，令之勿砻也。匠人请皆斫之，文子曰：“止。为后世之见之也，其斫者，仁者之为也，其砻者，不仁者之为也。”

【注释】

①斫（zhuó）：砍。砻（lóng）：磨。

②密石：纹理细密的磨石。

【译文】

赵文子建造宫室，砍削房椽后又加以磨光，张老傍晚到文子那里看见后，没有拜见文子就回来了。文子听说这事后，乘车拜见张老，说：“我有不对的地方，您也要当面告诉我，为什么走得这么快呢？”张老回答说：“天子的宫殿，砍削房椽后要先粗磨，然后再用密纹石细磨；诸侯宫室的房椽只需粗磨；大夫家的房椽只需加以砍削；士的房子只要砍掉椽头就可以了。备物得其所宜，这是义；遵从尊卑的等级，这是礼。现在你显贵了却忘掉义，富有了却忘掉礼，我怕你如此建造不能免祸，怎么敢公然告诉你呢？”文子回家后，命令停止磨光房椽。匠人建议把它们全部砍掉，文子说：“不必这样。为了能让后代人看到，那些砍削的，是知仁义的人做的，那些打磨过的，是不仁之人所为啊。”

赵文子称贤随武子

【原文】

赵文子与叔向游于九原[1]，曰：“死者若可作也，吾谁与归？”叔向曰：“其阳子乎[2]！”文子曰：“夫阳子行廉直于晋国，不免其身，其知不足称也。”叔向曰：“其舅犯乎！”文子曰：“夫舅犯见利而不顾其君，其仁不足称也。其随武子乎[3]！纳谏不忘其师，言身不失其友，事君不援而进，不阿而退。”

【注释】

①九原：当作九京，晋国的墓地。

②阳子：阳处父，晋国太傅。

③随武子：即范武子，范文子的父亲。范武子有封邑在随，故又称随武子。

【译文】

赵文子与叔向到晋国的墓地巡游，文子说：“如果死者可以复生的话，我们跟谁在一起呢？”叔向回答说：“那应该是跟阳子在一起！”文子说：“阳子在晋国处事廉洁正直，然而不免被害身亡，他的智慧不值得称道。”叔向说：“那应该是晋文公的舅舅子犯了！”文子说：“子犯只看到保全自身的利益，而不顾及辅佐他的国君治国，他的仁义不值得称道。那应该是随武子吧！他向国君进谏不忘记自己的老师，讲自身的行为不遗漏自己的朋友，事奉国君不结党营私以求进升，而且不忘举荐贤人，从不阿谀奉承而辞退不贤的人。”

秦后子谓赵孟将死

【原文】

秦后子来奔[1]，赵文子见之，问曰：“秦君道乎？”对曰：“不识”。文子曰：“公子辱于敝邑，必避不道也。”对曰：“有焉。”文子曰：“犹可以久乎？”对曰：“鍼闻之，国无道而年谷和熟，鲜不五稔[2]”。文子视日曰：“朝夕不相及，谁能俟五！”文子出，后子谓其徒曰：“赵孟将死矣！夫君子宽惠以恤后，犹恐不济。今赵孟相晋国，以主诸侯之盟，思长世之德，历远年之数，犹惧不终其身。今忨日而愒岁[3]，怠偷甚矣，非死逮之，必有大咎。”冬，赵文子卒。

【注释】

①秦后子：名鍼（zhēn），秦景公的弟弟。鲁昭公元年为避害出奔至晋国。

②稔（rěn）：年，古代谷一熟为年。

③愒（kài）：荒废。忨（wán）：贪爱；苟安。

【译文】

秦后子逃奔到晋国，赵文子见到他，问道："秦国的国君有道吗？"后子回答说："不知道。"文子说："公子屈尊来到敝地，一定是为了避开无道之君吧！"后子回答："是有这回事。"文子说："秦国还能维持多久呢？"后子回答说："我听说，国君无道而能五谷丰登的，至少可以维持五年。"文子看着太阳的影子说："我看是早晨到不了晚上，谁说还能等待五年呢！"文子出去后，后子对他的随从说："赵文子快要死了！君子宽和惠爱而关心未来，这还唯恐不能成功。现在赵孟辅佐晋国，主持各国诸侯的会盟，思考如何才能建立长久的功德，使它能经历长远的年代，还怕不能善始善终这一生呢。如今他苟安度日而荒废岁月，如此懈怠偷生够严重的了，如果不是死亡降临到他身上，必然有大难临头。"到了冬天，赵文子果真死了。

医和视平公疾

【原文】

平公有疾，秦景公使医和视之①，出曰："不可为也。是谓远男而近女，惑以生蛊；非鬼非食，惑以丧志。良臣不生，天命不祐。若君不死，必失诸侯。"赵文子闻之曰："武从二三子以佐君为诸侯盟主，于今八年矣，内无苛慝②，诸侯不二，子胡曰'良臣不生，天命不祐'？"对曰："自今之谓。和闻之曰：'直不辅曲，明不规暗，拱木不生危③，松柏不生埤。'吾子不能谏惑，使至于生疾，又不自退而宠其政，八年之谓多矣，何以能久！"文子曰："医及国家乎？"对曰："上医医国，其次疾人，固医官也。"文子曰："子称蛊，何实生之？"对曰："蛊之慝，谷之飞实生之。物莫伏于蛊，莫嘉于谷，谷兴蛊伏而章明者也。故食谷者，昼选男德以象谷明，宵静女德以伏蛊慝。今君一之，是不飨谷而食蛊也，是不昭谷明而皿蛊也。夫文'虫''皿'为'蛊'，吾是以云。"文子曰："君其几何？"对曰："若诸侯服不过三年，不服不过十年，过是，晋之殃也。"是岁也，赵文子卒，诸侯叛晋，十年，平公薨④。

【注释】

①医和：秦国医官，名和。

②苛慝（kē tè）：暴虐邪恶。慝，邪恶；伤害。

③暗（àn）：愚昧；昏暗。拱木：径粗两臂合围的大树。

④薨（hōng）：古代称诸侯或有爵位的大官死去。

【译文】

晋平公生病了，秦景公派医和来查看他的病情，医和出来后说："这病已经不可能治愈了。这是疏远男人而亲近女人，受到迷惑而生了蛊病；不是因为鬼神作祟，也不是出于饮食不当，而是受到女色迷惑而丧失意志。良臣将要死去，上天也无法保佑。倘若国君有幸不死，也必然会失去诸侯拥护。"赵文子听后，说："我随从诸位卿大夫辅佐国君成为诸侯的盟主，到如今已八年了，国内没有暴乱邪恶，诸侯同心同德，你为什么说'良臣将要死去，上天也不能保佑'呢？"医和回答说："我是针对自今以后而说的。我听说：'正直的无法辅正邪曲的，明智的不能规谏昏暗的，粗大的树不能长在又高又险之地，松柏不能生长在低洼潮湿的地方。'您不能诤谏君主贪恋女色，以至于使他生病，又不能自己引退，反而以执政为荣，认为八年盟主之尊就已够多了，这样怎么能长久呢！"文子问："医官也能医治国家吗？"医和回答说："上等的医生能够医治国家，次一等的只会医治病人，这本来就是医生的职责。"文子又问："你所说的蛊，实际从哪里生出来的呢？"医和回答说："蛊的伤害，是从谷子扬起的灰尘中生发出来的。万物之中没有不隐藏蛊的，也没有比谷子更好的东西，谷气兴起，蛊就隐藏起来，而且谷子不霉烂生虫，人吃了就得益聪明。所以吃粮谷的人，白天选择有德的男子亲近，这就像因吃谷子而变聪明，夜晚与有德的女子一起休息而有节制，才能降服蛊的邪恶伤害。如今君王不分昼夜亲近女人，这就如同不享用粮谷而去吃蛊虫，就不会像吃谷的人那样聪明，而是做

了盛装蛊的器皿。那文字中的'虫'和'皿'二字合成就是'蛊'字，因此我才这么说的。"文子说："那么平公还能活多久呢？"医和回答说："如果诸侯都服从，最多活上三年，若诸侯们不服从，最多不会超过十年，超过了这个限度，就是晋国的灾难了。"这一年，赵文子去世了，诸侯也都背叛了晋国，又过了十年，平公也去世了。

叔向论忧德不忧贫

【原文】

叔向见韩宣子，宣子忧贫，叔向贺之，宣子曰："吾有卿之名，而无其实，无以从二三子，吾是以忧，子贺我何故？"对曰："昔栾武子无一卒之田①，其宫不备其宗器②，宣其德行，顺其宪则，使越于诸侯，诸侯亲之，戎狄怀之，以正晋国，行刑不疚，以免于难。及桓子骄泰奢侈③，贪欲无艺，略则行志，假贷居贿，宜及于难，而赖武之德④，以没其身。及怀子改桓之行⑤，而修武之德，可以免于难，而离桓之罪，以亡于楚。夫郤昭子⑥，其富半公室，其家半三军，恃其富宠，以泰于国，其身尸于朝，其宗灭于绛。不然，夫八郤，五大夫三卿，其宠大矣，一朝而灭，莫之哀也，唯无德也。今吾子有栾武子之贫，吾以为能其德矣，是以贺。若不忧德之不建，而患货之不足，将吊不暇，何贺之有？"宣子拜稽首焉，曰："起也将亡，赖子存之，非起也敢专承之，其自桓叔以下嘉吾子之赐。"

【注释】

①栾武子：即栾书，晋国的上卿。

②宗器：祭祀用的礼器。

③桓子：栾桓子，栾书的儿子栾黡。

④武：指栾武子。

⑤怀子：栾怀子，栾黡的儿子栾盈。

⑥郤（xì）昭子：即郤至，晋国的卿。

【译文】

叔向去拜见韩宣子，宣子正为自己贫困而忧愁，叔向反而祝贺他。韩宣子说："我空有正卿的虚名，却没有正卿实际应有的财产，简直无法与卿大夫们交际往来，我正因此发愁，而你却祝贺我，是什么缘故呢？"叔向回答说："从前栾武子没有百顷的田产，家里置备不齐祭祀的礼器，可是他能宣扬德行，遵循法制，而使自己的好名声传播到各诸侯国，诸侯都亲近他，戎、狄等外族都能归向他，他依靠这些匡正而强盛了晋国，而且执行的法令没有弊病，所以避免了灾难。传到他儿子桓子却骄傲奢侈，贪得无厌，忽视法令任意妄为，借贷牟利，囤积财物，这很容易就遭到祸难，但他依赖了他父亲栾武子的余德，才得以善终。到了怀子辅政之时，改变了桓子的不法行为，继而发扬武子的美德，本可以凭此免除祸难，但是受到他父亲桓子罪恶的连累，所以只好逃亡到楚国去。再看那郤昭子，他的财富抵得上晋国王室的一半，他的家人在三军将帅中占了一半，依仗着他的财富和君王的宠幸，在晋国以泰斗自居而骄横跋扈。结果他自己被杀，陈尸示众在朝野之上，他的宗族也在绛城被灭绝。不信你再看这些，那郤氏八人，有五个做大夫，三个做卿，他们受到的宠幸够大了，然而一旦被消灭，没有谁来为他们悲哀，就是因为他们没有德行啊。如今你像栾武子那样清贫，我认为您也能具备他的美德，所以向您道贺。如果您不去忧虑自己不能立德，而只去忧虑财物不足，恐怕我将为您担忧都来不及，又有什么可祝贺的呢？”韩宣子听后下拜叩头，说：“我韩起将要灭亡之际，幸亏您保全了我，这不是我韩起一个人敢单独承受的，恐怕从我的祖宗桓叔以下的子孙，都要感激您的赐教。”

卷十五　晋语九

叔向论三奸同罪

【原文】

士景伯如楚[①]，叔鱼为赞理。邢侯与雍子争田[②]，雍子纳其女于叔鱼以求直。及断狱之日，叔鱼抑邢侯，邢侯杀叔鱼与雍子于朝。韩宣子患之，叔向曰："三奸同罪，请杀其生者而戮其死者。"宣子曰："若何？"对曰："鲋也鬻狱[③]，雍子贾之以其子，邢侯非其官也而干之。夫以回鬻国之中，与绝亲以买直，与非司寇而擅杀，其罪一也。"邢侯闻之，逃。遂施邢侯氏，而尸叔鱼与雍子于市。

【注释】

①士景伯：士弥牟，晋国的刑法官。

②邢侯：晋国大夫。雍子：晋国大夫。

③鲋（fù）：羊舌鲋，即叔鱼。鬻（yù）狱：借诉讼案件收取贿赂。

【译文】

士景伯到楚国去，正赶上叔鱼代行理官审理案件。是邢侯和雍子争夺田地之事，雍子把自己的女儿嫁给叔鱼，以求得诉讼的胜利。等到判决的那天，叔鱼强制判决邢侯败诉，于是邢侯便在当天就杀了叔鱼和雍子。韩宣子为这件事忧虑万分，叔向说："三个奸人罪状相同，请杀了活着的人并把死人施以戮刑陈尸示众。"宣子问："为什么要这样做？"叔向回答说："叔鱼贪赃枉法，雍子出卖女儿以此去收买法官，邢侯不是审理案件的官员却冒然干预法律。像那种以奸邪手段出卖国家的法律，与用以弃绝亲人来换得胜诉，与不是法官而擅自杀人，其罪行都是一样的。"邢侯听到消息后，赶紧逃跑了。于是就处罚邢侯家属，并把叔鱼和雍子的尸体陈列在闹市之中示众。

中行穆子帅师伐狄围鼓

【原文】

中行穆子帅师伐狄[①]，围鼓[②]。鼓人或请以城叛，穆子不受，军吏曰："可无劳师而得城，子何不为？"穆子曰："非事君之礼也。夫以城来者，必将求利于我。夫守而二心，奸之大者也；赏善罚奸，国之宪法也。许而弗予，失吾信也；若其予之，赏大奸也。奸而盈禄，善将若何？且夫狄之憾者以城来盈愿，晋岂其无？是我以鼓教吾边鄙贰也。夫事君者，量力而进，不能则退，不以安贾贰。”令军吏呼城，儆将攻之，未傅而鼓降。中行伯既克鼓，以鼓子苑支来③。令鼓人各复其所，非僚勿从。鼓子之臣曰夙沙厘，以其孥行④，军吏执之，辞曰：“我君是事，非事土也。名曰君臣，岂曰土臣？今君实迁，臣何赖于鼓？”穆子召之，曰：“鼓有君矣，尔心事君，吾定而禄爵。”对曰：“臣委质于狄之鼓⑤，未委质于晋之鼓也。臣闻之：委质为臣，无有二心。委质而策死，古之法也。君有烈名，臣无叛质。敢即私利以烦司寇而乱旧法，其若不虞何！”穆子叹而谓其左右曰：“吾何德之务而有是臣也？”乃使行。既献，言于公⑥，与鼓子田于河阴，使夙沙厘相之。

【注释】

①中行穆子：中行伯，名荀吴，谥号穆子，是中行偃的儿子，晋国的卿。狄：白狄，此指鲜虞国。在今河北境内。

②鼓：国名，姬姓，是白狄的别种。在今河北晋县境。

③苑支：鸢鞮，鼓国国君。

④夙沙厘：鼓国的大臣。孥（nú）：妻子和子女。

⑤委质：向君主献礼，表示献身。引申为臣服。

⑥公：晋顷公。

【译文】

中行穆子率领军队讨伐狄人，包围了鼓国。鼓国有人请求献城叛降，但穆子不接受。军吏说：“可以不兴师动众而得到城邑，您为什么不接受呢？”穆子回答说：“这不是事奉君主的礼节。献城来叛降的人，一定想在我们这里得到好处。守城而怀有二心，这是最奸滑的人；奖赏善良，惩罚奸恶，这是国家的大法。如果允许献城投降而不予以奖赏，就是我们失信；如果给予他们奖赏，就是奖赏大奸。奸邪而获得优厚的利禄，那么善良的人又将会怎样呢？况且狄人中心怀不满的人以献城来满足他们的愿望，晋国难道就没有这样的人了吗？我接受他们献城，就是用鼓国的例子来教导我们边疆的人怀有二心啊。事奉君主要衡量自己的实力再决定是否进攻，实力达得到就进攻无法达到就撤退，不能为了获得成功而收买怀有二心的叛降者。”于是就命令军吏向城中呼喊，告诫他们将要进攻，结果还未交战，鼓国人就投降了。中行穆子在攻克鼓国以后，带着鼓国国君苑支回到晋国。命令鼓人各自回到自己的住处，不是鼓君的侍役不准随从。鼓国国君的臣子中有个叫夙沙厘的，带领妻子儿女跟从鼓君，军吏抓住了他，他说：“我事奉我的国君，而不是事奉国土。所以命名为君臣，难道是叫土臣吗？如今国君迁徙了，我在鼓国还干什么呢？”穆子召见了他，说：“鼓国已有新的国君，你可以一心事奉新君，我安排你俸禄和爵位。”夙沙厘回答说：“我臣服于狄族的鼓君，而并没有臣服于晋国的鼓君。我听说：向君主献礼称臣，就不能再有二心。献身而成为臣属，就要效忠到死，这是古代流传下来的法则。君主要有显赫的名声，身为臣子不能有背叛的事实。我怎敢追求私利而扰乱旧法来烦劳法官定罪呢？如果都这样，遇到意料不到的祸患晋国将怎么办呢？”穆子感叹地对其左右的人说：“我应当怎样修德才能得到这样的臣子呢？”于是就让夙沙厘随行。穆子献了战功之后，对晋顷公说了这件事，顷公便把河阴一带的田地给了鼓君，并让夙沙厘辅佐鼓君。

范献子戒人不可以不学

【原文】

范献子聘于鲁[①]，问具山、敖山[②]，鲁人以其乡对。献子曰：“不为具，敖乎？”对曰：“先君献、武之讳也[③]。”献子归，遍戒其所知曰：“人不可以不学。吾适鲁而名其二讳，为笑焉，唯不学也。人之有学也，犹木之有枝叶也。木有枝叶，犹庇荫人，而况君子之学乎？”

【注释】

①范献子：即范鞅，范宣子的儿子。

②具山、敖山：鲁国的两座山名。

③献、武之讳：鲁献公名具，鲁武公名敖。

【译文】

范献子到鲁国出使访问，问及具山和敖山，鲁国人用两山的乡名来回答。献子说：“难道不叫作具山和敖山吗？”鲁人回答说：“那是我们先君鲁献公、鲁武公的名讳啊。”献子回国后，普遍告戒他所相识的人说：“一个人不可以不学习。我到鲁国去就犯了他们二位先君的名讳，惹人家笑话，就因为我平时不学习啊。一个人有学问，就好像树木上长满了枝叶。树木长满了枝叶，还能让人遮阳乘凉，更何况是君子有学问呢？”

董叔欲为系援

【原文】

董叔将娶于范氏[①]，叔向曰："范氏富，盍已乎！"曰："欲为系援焉。"他日，董祁愬于范献子曰[②]："不吾敬也。"献子执而纺于庭之槐[③]，叔向过之，曰："子盍为我请乎？"叔向曰："求系，既系矣；求援，既援矣。欲而得之，又何请焉？"

【注释】

①董叔：晋国大夫。范氏：指范宣子的女儿，范献子的妹妹，名祁。

②愬：同"诉"，诉说。董祁：董叔的妻子，即范宣子的女儿祁，因嫁给董叔，故称董祁。

③纺：通"绷"。捆绑，悬挂。

【译文】

董叔将要娶范献子的妹妹范祁做妻子，叔向说："范家富有，这亲事门第悬殊，何不就此放下呢！"董叔回答说："我正想借婚姻的联系来攀附范氏家族呢。"婚后某一天，董妻范祁向范献子诉说："董叔不尊敬我。"献子就把董叔抓来捆绑在院子里的槐树上。正巧叔向经过那里，董叔说："你何不替我去求求情呢？"叔向说："你过去谋求联系，现在已经系上了；想求攀援，也已经攀援上了。你想得到的都已经得到了，还有什么可请求的呢？"

赵简子欲有斗臣

【原文】

赵简子曰[①]："鲁孟献子有斗臣五人。我无一，何也？"叔向曰："子不欲也。若欲之，肸也待交捽可也[②]。"

【注释】

①赵简子：赵鞅，也称赵孟，晋国的卿。

②肸：羊舌肸，即叔向。捽（zuó）：揪；抓。此指发生冲突。

【译文】

赵简子问道："鲁国大夫孟献子有五个勇士保护他，而我却一个也没有，这是什么缘故呢？”叔向回答说：“这是因为你不想要啊。如果想要的话，那么我叔向都等待为你去相交揪斗呢。”

阎没叔宽谏魏献子无受贿

【原文】

梗阳人有狱①，将不胜，请纳赂于魏献子，献子将许之。阎没谓叔宽曰②：“与子谏乎！吾主以不贿闻于诸侯，今以梗阳之贿殃之，不可。”二人朝，而不退。献子将食，问谁于庭，曰：“阎明、叔褒在。”召之，使佐食。比已食，三叹。既饱，献子问焉，曰：“人有言曰：‘唯食可以忘忧。’吾子一食之间而三叹，何也？”同辞对曰：“吾小人也，贪。馈之始至，惧其不足，故叹。中食而自咎也，曰：岂主之食而有不足？是以再叹。主之既已食，愿以小人之腹，为君子之心，属餍而已③，是以三叹。”献子曰：“善。”乃辞梗阳人。

【注释】

①梗阳：魏氏封邑，在今山西清源南。

②阎没：阎明。叔宽：叔褒。两人都是晋国大夫。

③餍（yàn）：吃饱；满足。

【译文】

有个梗阳人与别人打官司，眼看就要败讼，于是就向魏献子奉送贿赂准备买个人情，魏献子打算答应这件事。他的下属阎没对叔宽说：“我与你一同去劝谏他吧！我们的主人一向以不受贿赂而闻名于诸侯，现在因为梗阳人行贿而损害了名声，那是万万不可以的。”两人拜见魏献子之后，就留在那里没走。魏献子准备吃饭时，问谁还在庭院里，侍从回答说：“阎明、叔褒在。”魏献子叫他俩进来，让他们陪自己一起进食。两人在吃饭期间，先后叹息了三次。饱食以后，魏献子问起这件事，说：“人们常说：‘只有进食才可以忘记忧愁。’你们在吃一顿饭的时间里叹息了三次，是什么原因呢？”两人异口同声地答道：“我们都是小人，贪心不足。食物刚送上来的时候，担心不够吃，因此叹息。吃到一半之时，却又私下在心里责备自己说：主人赐给我们食物，哪有不够吃的道理呢？所以再次叹息。等到您吃完饭了，我们告诫自己，但愿我们小人的胃口，也像君子的心思一样，只要吃饱也就知足了。因此第三次叹息。”魏献子说：“讲得好。”于是拒绝了梗阳人的贿赂。

董安于辞赵简子赏

【原文】

下邑之役[①]，董安于多[②]。赵简子赏之，辞，固赏之，对曰："方臣之少也，进秉笔，赞为名命，称于前世，立义于诸侯，而主弗志。及臣之壮也，耆其股肱以从司马，苛慝不产。及臣之长也，端委韠带以随宰人[③]，民无二心。今臣一旦为狂疾，而曰'必赏女'，与余以狂疾赏也，不如亡！"趋而出，乃释之。

【注释】

①下邑：即晋阳，晋邑名。

②董安于：赵简子的家臣。

③端：玄端，黑赤色的礼服。委：委貌，礼帽。韠（bì）：皮制的蔽膝。宰人：宰官；卿大夫总管家务的家臣。

【译文】

在下邑之战中，董安于立了很多战功。赵简子要奖赏他，他推辞不接受，赵简子执意要奖赏他，他说："当我年少的时候，在朝廷担任执笔大臣，帮助撰写文告诏令，在前朝得到称赞，建立大义于各国的诸侯之中，可是您却没有重视。当我到了壮年的时候，您喜好招致得力的股肱之臣来随从司马治理军队，使军中没有发生暴虐邪恶的事情。到我年老时，穿上宽衣大带的朝服，跟随宰官治理民事，使百姓没有二心。如今我一旦参加战争，如同得了疯狂症一样，却说：'一定要奖赏你'，与其接受您给与我这狂疾之下的奖赏，还不如逃跑！"说完便快步走了出去，赵简子于是就放弃了赏赐董安于这件事。

赵简子以晋阳为保鄣

【原文】

赵简子使尹铎为晋阳[①]。请曰："以为茧丝乎？抑为保鄣乎[②]？"简子曰："保鄣哉！"尹铎损其户数。简子戒襄子曰[③]："晋国有难，而无以尹铎为少，无以晋阳为远，必以为归。"

【注释】

①尹铎：赵简子的家臣。晋阳：赵氏的封邑。在今山西太原南。

②茧丝：泛指赋税。因敛赋如抽丝于茧。抑：抑制。

③襄子：赵襄子，名无恤，赵简子的儿子。

【译文】

赵简子派遣尹铎治理晋阳。尹铎请示说："是让晋阳人提供赋税呢？还是使晋阳成为您可靠的保障呢？"简子说："当然是保障了！"于是尹铎便减少了户税的数目。简子告诫他的儿子襄子说："晋国一旦发生了祸乱，请你不要认为尹铎年少无知，也不要嫌晋阳距这里太远，一定要投奔那里。"

邮无正谏赵简子无杀尹铎

【原文】

赵简子使尹铎为晋阳，曰："必堕其垒培。吾将往焉，若见垒培，是见寅与吉射也①。"尹铎往而增之。简子如晋阳，见垒怒曰："必杀铎也而后入。"大夫辞之，不可，曰："是昭余仇也。"邮无正进②，曰："昔先主文子少衅于难③，从姬氏于公宫，有孝德以出在公族④，有恭德以升在位，有武德以羞为正卿，有温德以成其名誉，失赵氏之典刑，而去其师保⑤，基于其身，以克复其所。及景子长于公宫，未及教训而嗣立矣，亦能纂修其身以受先业⑥，无谤于国，顺德以学子，择言以教子，择师保以相子。今吾子嗣位，有文之典刑，有景之教训⑦，重之以师保，加之以父兄，子皆疏之，以及此难。夫尹铎曰：'思乐而喜，思难而惧，人之道也。委土可以为师保，吾何为不增？'是以修之，庶曰可以鉴而鸠赵宗乎！若罚之，是罚善也。罚善必赏恶，臣何望矣！"简子说，曰："微子，吾几不为人矣！"以免难之赏赏尹铎。初，伯乐与尹铎有怨⑧，以其赏如伯乐氏，曰："子免吾死，敢不归禄。"辞曰："吾为主图，非为子也。怨若怨焉。"

【注释】

①寅：荀寅，赵午的舅舅。吉射：范吉射，荀寅的女婿。

②邮无正：邮良伯乐，晋国大夫。

③文子：赵文子，即赵武，赵简子的祖父。

④姬氏：庄姬，赵文子的母亲，晋景公的女儿。公族：指公族大夫。

⑤师保：太师、太傅、太保、少师、少傅、少保等官，统称为师保。

⑥纂（zuǎn）：通"缵"，继承。

⑦文：指赵文子。典刑：掌管刑罚；常刑，常法。景：指赵景子。

⑧伯乐：即邮无正，伯乐是他的字。

【译文】

赵简子派尹铎治理晋阳，说："一定要拆毁那里的壁垒。我将要到那里巡视，如果看见了那壁垒，那就像又见到荀寅和范吉射一样了。"尹铎去往晋阳后就增高了壁垒。赵简子到达晋阳，看见壁垒后就大怒道："一定要先杀了尹铎以后我再进城。"大夫们请求不要杀，简子不肯，说："这是炫耀我的仇敌啊。"邮无正走上前，说："从前先主赵文子年少时遭受祸难，跟随母亲姬氏在景公宫中生活，因为有孝顺之德才做了公族大夫，有恭敬之德而晋升为卿，有勇武之德而担任正卿，有温顺之德而成就美名，虽然他未能得到赵氏的常法，又失去了师保的教养，这都是由于他自身的修养，才得以恢复先人的德业。到您的父亲景子，也生长在公宫，还没来得及受到师保的教悔训导，就继承了先主的官爵，他也能加强自身的修养去继承先人的德业，在国内外没有人说诽谤他的坏话，他顺从道德来教养儿子访学，选择善言来教育儿子，挑选贤良的师保来辅导儿子。现在您继承了爵位，有祖父赵文子修正的常法，有父亲景子的教诲训导，再加上有贤良师保的督导，加上同族父兄的辅助，而您却统统疏忽这些，以至于遭到这场祸难。尹铎说：'想到安乐就会感到高兴，想到危难就会产生恐惧，这是人之常情。壁垒可以当作师保一样时刻督导自己，我为什么不把它增高呢？'所以他修筑增高了壁垒，这样可以作为鉴戒而且能安定赵氏宗族啊！如果处罚尹铎，那就是处罚好人。处罚好人就必定奖赏坏人，做臣下的还有什么指望呢！"简子听了很高兴，说："如果没有你，我几乎不能算是人了！"于是就用免除祸难的军功来奖赏尹铎。起初，邮无正与尹铎有怨仇，尹铎带着奖赏到邮无正那里，说："您免除了我的死罪，怎敢不把这奖赏归您享用呢。"邮无正辞谢说："我是为君主考虑，不是为你啊。怨仇还是怨仇。"

铁之战赵简子等三人夸功

【原文】

铁之战①，赵简子曰："郑人击我，吾伏弢衉血②，鼓音不衰。今日之事，莫我若也。"卫庄公为右③，曰："吾九上九下，击人尽殪④。今日之事，莫我加也。"邮无正御，曰："吾两鞁将绝⑤，吾能止之。今日之事，我上之次也。"驾而乘材，两鞁皆绝。

【注释】

①铁之战：指鲁哀公二年，齐国运粮给晋国的范氏，范吉射前往迎接，赵简子率军拦阻，双方在铁丘进行的战役。铁，卫地名，在今河南濮阳北。

②弢（tāo）：藏弓的袋。峈（kè）血：咯血，呕血。

③卫庄公：卫灵公的太子蒯聩，因图谋弑母未成功，逃亡至晋国。右：车右。

④殪（yì）：死，杀死。

⑤鞁（bèi）：驾马马具的总称。此指马肚带。

【译文】

在铁丘战役之后，赵简子说："当郑国军队攻击我军时，我伏在弓袋上呕血，但是我击打战鼓的声音却一直没有停。今天这场战事，也没有人能比得上我的功劳之大。"卫庄公担任战车的车右，说："我在战车上九上九下，凡是被我击打过的敌人都死了。今天这场战事，没有人能超过我的功劳。"邮无正为赵简子驾御战车，说："我战车上两匹马的肚带都快要断了，我却能控制它继续奔驰。今天这场战事，我的功劳仅次于最有功的。"当他驾车辗过了一根横木，两根马肚带立即就都断了。

卫庄公祷

【原文】

卫庄公祷，曰："曾孙蒯聩以谆赵鞅之故[①]，敢昭告于皇祖文王、烈祖康叔、文祖襄公、昭考灵公[②]，夷请无筋无骨，无面伤，无败用，无陨惧，死不敢请。"简子曰："志父寄也。"

【注释】

①蒯（kuǎi）聩：即卫庄公。赵鞅（yāng）：赵简子，亦称志父，赵孟。

②文王：周文王。康叔：周文王的儿子，卫国的始祖。襄公：卫襄公，卫庄公的祖父。灵公：卫灵公，卫庄公的父亲。

【译文】

卫庄公祷告，说："曾孙蒯聩因为辅佐赵鞅的缘故，谨敢向我皇祖文王、烈祖康叔、文祖襄公、英明的父王灵公祈告，不要让我断筋折骨，不要毁伤我的面容，不要失败，不要出现摔落车下的惊惧惨状，至于生死，就不敢请求祖宗保佑了。"赵简子说："我就托你一起祈祷了。"

史黯谏赵简子田于蝼

【原文】

赵简子田于蝼[①]，史黯闻之[②]，以犬待于门。简子见之，曰："何为？"曰："有所得犬，欲试之兹囿。"简子曰："何为不告？"对曰："君行臣不从，不顺。主将适蝼而麓不闻[③]，臣敢烦当日。"简子乃还。

【注释】

①蝼：晋国国君的园囿。

②史黯：即史墨，晋国的太史，当时任赵简子的史官。

③麓：主管苑囿的官。

【译文】

赵简子到国君的园囿打猎，史黯听说这事以后，牵着一只猎犬守候在园门外。赵简子看到他，就问道："这是在干什么？"史黯回答说："我得到这只猎犬，想叫它在这园囿中试一试。"简子说："那你为什么不禀告我呢？"史黯回答说："君主出行，臣下不随从，那是违背礼。现在您将要到园囿打猎，而主管园囿的麓官却不知道，所以小臣怎敢麻烦值日官通报呢。"赵简子便回去了。

少室周知贤而让

【原文】

少室周为赵简子之右[①]，闻牛谈有力[②]，请与之戏，弗胜，致右焉。简子许之，使少室周为宰[③]，曰："知贤而让，可以训矣。"

【注释】

①少室周：赵简子车右及家宰，善礼让。右：车右。

②牛谈：赵简子的仆从。

③宰：家宰，卿大夫家中总管家务的家臣。

【译文】

少室周担任赵简子的车右，听说牛谈力气很大，便请求和他比试一番，结果没有获胜，于是就将车右的职位让给了牛谈。赵简子很赞许这件事，便委任少室周为家里的总管，说："知道他人贤能而知礼让，这就可以作为效法的榜样了。"

史黯论良臣

【原文】

赵简子曰："吾愿得范、中行之良臣①。"史黯侍，曰："将焉用之？"简子曰："良臣，人之所愿也，又何问焉？"对曰："臣以为不良故也。夫事君者，谏过而赏善，荐可而替否，献能而进贤，择材而荐之，朝夕诵善败而纳之。道之以文，行之以顺，勤之以力，致之以死。听则进，否则退。今范、中行氏之臣不能匡相其君，使至于难；君出在外，又不能定，而弃之，则何良之为？若弗乘，则主焉得之？夫二子之良，将勤营其君，复使立于外，死而后止，何日以来？若来，乃非良臣也。"简子曰："善。吾言实过矣。"

【注释】

①范：范吉射。中行：中行寅，即荀寅。

【译文】

赵简子说："我希望能得到范吉射、中行寅手下的良臣。"史黯在一旁侍候，说："想得到范氏、中行氏那样的良臣做什么？"简子说："良臣是人所希望的，又有什么可问的呢？"史黯回答说："我认为他们算不上良臣，所以才问的。事奉君主的人，应当诤谏君主的过失，鼓励君主的善行，要举荐好的同时去除不好的，贡献自己的才能进荐贤人，选择有才能的加以推荐，一早一晚讲述善恶成败的事迹给君主听。用文德来引导君主，帮助君主实行正道，勤心尽力为君主效劳，不惜以生命来捍卫君主。君主能听从采纳，就进身朝庭辅政，不能听从采纳，就辞官退隐。现在范氏、中行氏的臣子，不能匡正辅助他们的君主，以至于使君主遭到祸难；君主出逃到国外，又不能使他获得安定，反而弃君而去，那么又算什么良臣呢？倘若他们不抛弃君主的话，您又怎么能得到他们呢？如果真是范氏、中行氏的良臣，就应当辛勤地为君主谋划营建国家，使君主在国外重新获得土地和爵位，一直到死为止，能做到这些，哪一天能到您这儿来呢？倘若真来了，就不是什么良臣了。"赵简子说："讲得好，我的话确实错了。"

赵简子问贤于壮驰兹

【原文】

赵简子问于壮驰兹曰[①]："东方之士孰为愈？"壮驰兹拜曰："敢贺！"简子曰："未应吾问，何贺？"对曰："臣闻之：国家之将兴也，君子自以为不足；其亡也，若有余。今主任晋国之政而问及小人，又求贤人，吾是以贺。"

【注释】

①壮驰兹：晋国大夫。

【译文】

赵简子向壮驰兹询问说："东方的人士哪个贤能？"壮驰兹下拜说："祝贺您！"简子说："你还未回答我的发问，为什么就祝贺呢？"壮驰兹回答说："我听说：国家将要兴盛之际，君子总是自认为有很多不足之处；国家将要衰亡了，便觉得自己很了不起。现在您掌管晋国的国政，而问及我这样的小人，还寻求贤能之士，我因此祝贺您。"

窦犨谓君子哀无人

【原文】

赵简子叹曰："雀入于海为蛤[①]，雉入于淮为蜃[②]。鼋鼍鱼鳖[③]，莫不能化，唯人不能。哀夫！"窦犨侍[④]，曰："臣闻之：君子哀无人，不哀无贿；哀无德，不哀无宠；哀名之不令，不哀年之不登。夫范、中行氏不恤庶难[⑤]，欲擅晋国，今其子孙将耕于齐，宗庙之牺为畎亩之勤[⑥]，人之化也，何日之有！"

【注释】

①蛤：蚌或蛤蜊。

②雉：野鸡。淮：淮水。蜃（shèn）：大蛤蜊。

③鼋（yuán）：俗称癞头鼋。鼍（tuó）：即扬子鳄，鼍龙。

④窦犨（chōu）：晋国大夫。

⑤范：范吉射。中行氏：中行寅，即荀寅。

⑥牺：古代宗庙祭祀用的纯色牲畜。畎（quǎn）亩：田地。

【译文】

赵简子感叹说："鸟雀飞到海里变成了蚌蛤，野鸡飞入淮河变成大蛤蜊，癞头鼋、扬子鳄和鱼鳖等，没有不能变化的，只有人不能变化，真可悲哀啊！"窦犨在一旁侍奉，说："我听说：君子哀叹没有贤人，从不哀叹没有钱财；哀叹没有德行，从不哀叹得不到宠爱；哀叹名声不被传扬，从不哀叹不能长寿。范氏、中行氏不体恤百姓的苦难，想在晋国擅政，如今他的子孙流落到齐国务农耕地，这就如同原本是用作祭祀宗庙的牛羊变成了到田地中辛勤耕作。人的变化，何日不在发生呢！"

赵襄子使新稚穆子伐狄

【原文】

赵襄子使新稚穆子伐狄①，胜左人、中人②，遽人来告③。襄子将食，寻饭有恐色④。侍者曰："狗之事大矣，而主之色不怡，何也？"襄子曰："吾闻之：德不纯而福禄并至，谓之幸。夫幸非福，非德不当雍，雍不为幸，吾以是惧。"

【注释】

①赵襄子：即赵无恤，赵简子的儿子，晋国正卿。新稚穆子：即新稚狗，谥号穆子，晋国大夫。

②左人：古邑名，在今河北唐县西北。中人：古邑名，在今河北唐县西南。

③遽人：传递消息和命令的人。

④寻饭：当作"专饭"。"专"即古"抟"字。

【译文】

赵襄子派新稚穆子去讨伐狄人，攻取了左人、中人二地，传人来禀告此事。赵襄子正准备吃饭，将饭捏成团，脸上露出恐惧的神色。侍者说："新稚狗获胜算是大好事了，可您的脸色却露出不高兴的样子，是什么原因呢？”赵襄子答道：“我听说：没有纯厚的德行，然而福与禄却一齐来到，这叫作侥幸。侥幸不是福，没有德行担当不起和睦快乐，和睦快乐不是靠侥幸获得的，我因此感到恐惧。”

智果论智瑶必灭宗

【原文】

智宣子将以瑶为后①，智果曰②：“不如宵也。”宣子曰：“宵也佷③。”对曰：“宵之佷在面，瑶之佷在心。心佷败国，面佷不害。瑶之贤于人者五，其不逮者一也。美鬓长大则贤，射御足力则贤，伎艺毕给则贤，巧文辩惠则贤，强毅果敢则贤。如是而甚不仁。以其五贤陵人，而以不仁行之，其谁能待之？若果立瑶也，智宗必灭。”弗听。智果别族于太史为辅氏。及智氏之亡也，唯辅果在。

【注释】

①智宣子：智甲，晋国的卿。瑶：智瑶，即智伯，智宣子的儿子。

②智果：晋国大夫。

③宵：智宵，智宣子的庶子。佷（hěn）：毒辣，凶狠。本作“很”。

【译文】

智宣子想要立儿子智瑶为继承人，智果说：“立智瑶不如立智宵。”宣子说：“智宵刚愎凶狠。”智果回答说：“智宵的凶狠在表面，而智瑶的凶狠在心里。内心凶狠就会败坏国家，而表面凶狠并没有妨害。智瑶比别人好的地方有五点，他赶不上别人的地方只有一点。容颜俊美而且身材高大则是一好；擅长射箭精于驾车，力气充沛则是一好；各种技艺无不通晓则是一好；巧于文辞，善辩聪慧则是一好；刚毅果断是一好。他有这些长处却很不仁爱。用他的这五种过人之处去欺凌别人，行使不仁爱之事，那么谁又能宽容待他呢？如果真的立智瑶为继承人，智氏宗族必然会灭亡。”智宣子不听。于是智果到太史那里与智氏宗族划分开，并改姓为辅氏。等到智氏灭亡时，只有辅果一支保全下来。

士茁谓土木胜惧其不安人

【原文】

智襄子为室美[1]，士茁夕焉[2]。智伯曰："室美夫！"对曰："美则美矣，抑臣亦有惧也。"智伯曰："何惧？"对曰："臣以秉笔事君。志有之曰：'高山峻原，不生草木。松柏之地，其土不肥。'今土木胜，臣惧其不安人也。"室成，三年而智氏亡。

【注释】

①智襄子：即智伯，襄子是他的谥号。

②士茁：智伯的家臣。

【译文】

智襄子建造的房屋很华美，晚上士茁到襄子那里。智伯说："我的居室多美啊！"士茁回答说："美是美极了，但是我也有点担忧。"智伯说："有什么可担忧的呢？"士茁回答道："我以掌管文笔来事奉您。传记上有句话说：'极高的山和陡峭的峻岭，不生长草木。松柏下面的土地，土质不肥。'现在您大兴土木，把房子建造得太华丽了，我担心它会使人无法安宁啊。"果然，房屋建成三年后，智氏就灭亡了。

智伯国谏智襄子

【原文】

还自卫，三卿宴于蓝台[1]，智襄子戏韩康子而侮段规[2]。智伯国闻之[3]，谏曰："主不备，难必至矣。"曰："难将由我，我不为难，谁敢兴之！"对曰："异于是。夫郤氏有车辕之难[4]，赵有孟姬之谗[5]，栾有叔祁之诉[6]，范、中行有亟治之难，皆主之所知也。《夏书》有之曰：'一人三失，怨岂在明？不见是图。'《周书》有之曰：'怨不在大，亦不在小。'夫君子能勤小物，故无大患。今主一宴而耻人之君相，又弗备，曰'不敢兴难'，无乃不可乎？夫谁不可喜，而谁不可惧？蜹蚁蜂虿[7]，皆能害人，况君相乎！"弗听。自是五年，乃有晋阳之难。段规反，首难，而杀智伯于师，遂灭智氏。

【注释】

①三卿：指智襄子、韩康子、魏桓子。蓝台：晋地名，今所在地不详。

②韩康子：韩虎，韩宣子的曾孙，韩庄子的儿子。段规：魏桓子的相。

③智伯国：晋国大夫。

④车辕之难：指郤犨和长鱼矫争田，郤氏抓住长鱼矫，并把其父母妻子都绑在车辕上，后长鱼矫得宠于晋厉公，杀害了三郤。

⑤赵：指赵同、赵括。孟姬：赵文子之母庄姬。庄姬与赵婴私通，赵婴被哥哥赵同、赵括放逐，庄姬向晋景公进谗，杀害了赵同、赵括。

⑥栾：栾盈。叔祁之诉：指栾盈的母亲叔祁与人私通，栾盈不满，母子结仇，后阳毕向晋平公献策，栾氏被灭。

⑦蚋（ruì）：蚊子类的小虫。虿（chài）：蝎子类的毒虫。

【译文】

智襄子从卫国返回晋国，与韩康子、魏桓子三人在蓝台宴会，智襄子戏弄韩康子还言辞侮辱了段规。智伯国听说后，劝谏说："主人若不防备的话，灾难必然将会到来了。"智襄子说："是不是有灾难要由我决定，我不发难，谁敢对我发难呢！"智伯国说："恐怕不是这样。那郤氏遭受车辕之难，赵氏曾被孟姬进谗言致死，栾盈被母亲叔祁污蔑说他想作乱而最终栾氏被灭，范氏、中行氏在亟治遭难而被杀害，这些都是主人所知道的啊。《夏书》上有句话说：'一个人屡犯过失，结下的怨毒不在明处。应当在还没显露之时就加以防范。'《周书》上有句话说：'怨恨不在于大，也不在于小。'君子能注意小事情，所以才没有大的患难。如今主人您在一次宴会上就羞辱了人家的君主和国相，又不加戒备，还说人家'不敢发难'，这恐怕不行吧？谁不可以让人高兴，而谁又不令人担心惧怕的呢？连蚊子、蚂蚁、黄蜂、蝎子都能害人，更何况是君主和国相呢！"但是智襄子不听劝告。从这五年之后，就发生了晋阳之难。段规回国后，首先策划发难，然后在军中杀了智伯，于是消灭了智氏。

晋阳之围

【原文】

晋阳之围，张谈曰[①]："先主为重器也，为国家之难也，盍姑无爱宝于诸侯乎？"襄子曰："吾无使也。"张谈曰："地也可[②]。"襄子曰："吾不幸有疾，不夷于先子[③]，不德而贿。夫地也求饮吾欲，是养吾疾而干吾禄也。吾不与皆毙。"襄子出，曰："吾何走乎？"从者曰："长子近，且城厚完。"襄子曰："民罢力以完之，又毙死以守之[4]，其谁与我？"从者曰："邯郸之仓库实。"襄子曰："浚民之膏泽以实之[5]，又因而杀之，其谁与我？其晋阳乎！先主之所属也，尹铎之所宽也，民必和矣。"乃走晋阳，晋师围而灌之，沉灶产蛙，民无叛意。

【注释】

①张谈：也称张孟谈，赵襄子的家臣。

②地：赵襄子的臣。

③先子：指赵襄子的父亲赵简子。

④斃（bì）：死，拼死。

⑤浚（jùn）：压榨，榨取。

【译文】

晋阳被围困，张谈说："先主赵简子置办各种贵重的礼器，就是为了解救国家危难的，何不姑且不要吝惜财宝而献礼向诸侯求援呢？"襄子说："我没有合适的使者啊。"张谈说："地可以做使者。"襄子说："不幸的是我德行有缺失，比不上我的先人，不能依靠德行去贿赂诸侯来此救援。地这个人只晓得满足我的欲望，这是在助长我的过失而只为求取我的俸禄啊。我不能交与他去求援而等待一起灭亡。"襄子准备出走，说："我到何处去呢？"侍从说："长子邑距离近，而且城墙厚实完整。"襄子说："民众已经精疲力竭修筑了它，再让他们拼死守卫它，谁还能与我同心协力呢？"侍从说："邯郸邑的仓库很充实。"襄子说："那是榨取了民脂民膏才充实起来的，现在又要使他们的性命受到伤害，谁还肯为我出力呢？我还是去晋阳吧！那是先主曾经嘱咐过我的逃难之地，尹铎对待那里的百姓宽厚仁惠，所以人民定能同心同德。"于是便投奔晋阳。晋军包围了晋阳，而且决堤放水灌城，致使百姓家的炉灶都淹没在水中，甚至生出了虾蟆，然而人民却丝毫没有背叛之意。

卷十六　郑语

史伯为桓公论兴废

【原文】

桓公为司徒，甚得周众与东土之人，问于史伯曰①："王室多故，余惧及焉，其何所可以逃死？"史伯对曰："王室将卑，戎、狄必昌，不可偪也②。当成周者，南有荆蛮、申、吕、应、邓、陈、蔡、随、唐；北有卫、燕、狄、鲜虞、潞、洛、泉、徐、蒲；西有虞、虢、晋、隗、霍、杨、魏、芮③；东有齐、鲁、曹、宋、滕、薛、邹、莒④；是非王之支子母弟甥舅也，则皆蛮、荆、戎、狄之人也。非亲则顽，不可入也。其济、洛、河、颍之间乎！是其子男之国，虢、郐为大⑤，虢叔恃势，郐仲恃险，是皆有骄侈怠慢之心，而加之以贪冒。君若以周难之故，寄孥与贿焉，不敢不许。周乱而弊，是骄而贪，必将背君，君若以成周之众，奉辞伐罪，无不克矣。若克二邑，鄢、弊、补、舟、依、㽥、历、莘⑥，君之土也。若前莘后河，右洛左济，主芣、騩而食溱、洧⑦，修典刑以守之，是可以少固。"

公曰："南方不可乎？"对曰："夫荆子熊严生子四人：伯霜、仲雪、叔熊、季紃。叔堪逃难于濮而蛮⑧，季紃是立⑨，薳氏将起之⑩，祸又不克。是天启之心也，又甚聪明和协，盖其先王。臣闻之，天之所启，十世不替。夫其子孙必光启土，不可逼也。且重，黎之后也，夫黎为高辛氏火正，以淳耀敦大，天明地德，光照四海，故命之曰'祝融'，其功大矣"。

【注释】

①史伯：即伯阳父，周的太史，思想家。

②偪（bī）：同"逼"，接近，靠近。

③虢（guó）：姬姓古国，分为东虢、西虢、北虢。隗（wěi）：古国名，在今湖北秭归东。芮（ruì）：古国名，在今陕西省。

④莒（jǔ）：古国姓。

⑤郐（kuài）：古诸侯国名。

⑥鄢（yān）、弊、补、丹、依、㽥（tāo）、历、莘（shēn）：是邻近虢、郐的八个城邑。

⑦芣（fú）騩（guī）：芣山和騩山。溱（zhēn）：溱水，在今河南密县东南流与洧水相合。洧（wěi）：洧水，即今河南省。

⑧濮（pú）：古代少数民族地名。

⑨季紃：即熊紃，熊严的小儿子。楚国国君。

⑩蒍（wěi）氏：楚国大夫。

【译文】

郑桓公担任周幽王的司徒，深得西周民众和周土以东百姓的人心，他问太史伯说："现在周王室多变故，我担心灾祸降临到在我身上，躲到哪里才可以逃避一死呢？"史伯回答说："周王室将要衰败，四周戎、狄肯定会昌盛起来，不能接近它们。在周都洛邑，南面有楚蛮、申、吕、应、邓、陈、蔡、随、唐九国；北面有卫、燕、狄、鲜虞、潞、洛、泉、徐、蒲九国；西面有虞、虢、晋、隗、霍、杨、魏、芮八国；东面有齐、鲁、曹、宋、滕、薛、邹、莒八国；这些国家除了不是周王的同姓支族、母弟甥舅之类的亲戚，就都是蛮、夷、戎、狄之类的少数民族。他们不是周室亲属就是凶顽之民，因此不能到那里去。应选择去济水、洛水、黄河、颍水之间那一带吧！这一地带都是封为子、男爵位的国家，其中虢国和郐国最大，虢叔凭仗着地理优势，郐仲依仗着地势险要，他们都有骄傲奢侈疏忽怠慢的思想，再加上非常贪婪冒失。您如果因为周王室遭难的缘故，送给他们一些财货然后把妻子儿女和剩余财物寄放到那里，他们不敢不答应。周王室日渐混乱而衰败，这些人骄侈贪婪，必然会背叛国君，您如果率领大周朝的民众，奉天子之命去讨伐他们的罪恶，没有不成功的。如果攻克了虢、郐两国，那么鄢、弊、补、舟、依、㽥、历、莘八邑，就都是您的国土了。如果前面有莘邑，后面有黄河，右面有洛水，左面有济水，主祭芣山和騩山，饮溱、洧两河的水，遵循旧法来守卫这片土地，那你的地位就可以稍稍稳固了。”

桓公说：“那南方不可以吗？”史伯回答说：“楚王熊严生了伯霜、仲雪、叔堪、熊紃这四个儿子。叔堪逃难到了濮地随从了蛮俗而居，最终熊紃被立为国君，薳氏打算重新立叔堪为国君，后来又因遭祸难而没有成功。这是上天开启了熊紃的心志啊，他既聪慧明智又能很好地团结和协臣民，功德超过了他的先王。我听说，上天所开导点化的，历经十代也不会被更替。他的子孙必然会光大祖业而继续开拓疆土，是不可以轻易靠近的。而且他们是重、黎的后代，那黎是高辛氏的火官，因为他淳朴敦厚而博大，有如日月的光明又如大地的厚德，光辉普照四海，所以被命名为‘祝融’，可见他的功劳算是够大了”。

【原文】

“夫成天地之大功者，其子孙未尝不章，虞、夏、商、周是也。虞幕能听协风，以成乐物生者也。夏禹能单平水土，以品处庶类者也。商契能和合五教，以保于百姓者也。周弃能播殖百谷蔬，以衣食民人者也。其后皆为王公侯伯。祝融亦能昭显天地之光明，以生柔嘉材者也，其后八姓于周未有侯伯。佐制物于前代者，昆吾为夏伯矣，大彭、豕韦为商伯矣[①]。当周未有。已姓昆吾、苏、顾、温、董，董姓鬷夷、豢龙[②]，则夏灭之矣。彭姓彭祖、豕韦、诸稽，则商灭之矣。秃姓舟人，则周灭之矣。妘姓邬、郐、路、偪阳，曹姓邹、莒，皆为采卫，或在王室，或在夷、狄，莫之数也。而又无令闻，必不兴矣。斟姓无后。融之兴者，其在芈姓乎？芈蓍姓越，不足命也[③]。蛮芈蛮矣，唯荆实有昭德，若周衰，其必兴矣。姜、嬴、荆芈，实与诸姬代相干也。姜，伯夷之后也，嬴，伯翳之后也[④]。伯夷能礼于神以佐尧者也，伯翳能议百物以佐舜者也。其后皆不失祀而未有兴者，周衰其将至矣。”

公曰：“谢西之九州，何如？”对曰：“其民沓贪而忍，不可因也。唯谢、郏之间[⑤]，其冢君侈骄，其民怠沓其君，而未及周德；若更君而周训之，是易取也，且可长用也。”

公曰：“周其弊乎？”对曰：“殆于必弊者也。《泰誓》曰：‘民之所欲，天必从之。’今王弃高明昭显，而好谗慝暗昧[⑥]；恶角犀丰盈，而近顽童穷固。去和而取同。夫和实生物，同则不继。以他平他谓之和，故能丰长而物归之；若以同裨同，尽乃弃矣。故先王以土与金木水火杂，以成百物，是以和五味以调口，刚四支以卫体，和六律以聪耳，正七体以役心，平八索以成人，建九纪以立纯德[⑦]，合十数以训百体。出千品，具万方，计亿事，材兆物，收经入，行姟极。故王者居九畡之田[⑧]，收经入以食兆民，周训而能用之，和乐如一。夫如是，和之至也。于是乎先王聘后于异姓，求财于有方，择臣取谏工而讲以多物，务和同也。声一无听，物一无文，味一无果，物一不讲。王将弃是类也而与剸同⑨，天夺之明，欲无弊，得乎？

【注释】

①大彭：祝融的孙子，彭姓，封在大彭。豕（shǐ）韦：祝融的孙子，彭姓，别封在豕韦。

②鬷（zōng）夷、豢（huàn）龙：都是董姓的古国。

③蘷（kuí）越：芈姓的古国。蛮芈：指楚国叔熊逃难至濮而从蛮俗。

④伯翳（yì）：即伯益，相传善于畜牧和狩猎，被舜任为虞官，是嬴姓各族的祖先。

⑤谢：周宣王舅舅申伯的封国，在今河南唐河南。州：二千五百家。郏（jiá）：古邑名，在今河南郏县。

⑥谗慝（tè）：邪恶奸佞。暗昧：愚昧；昏庸。

⑦七体：指人的耳、目、口、鼻七窍。八索：指人的首、腹、足、股、目、口、耳、手八个部分。古人以人体八个部分应八卦。九纪：指人的内脏，即心、肺、肝、脾、肾、胃、肠、胆、膀胱。

⑧姟（gāi）：古同“垓”，数字，古代一万万为垓。九畡（gāi）：中央加上八极为九畡，指九州辽阔的土地。

⑨剸（zhuān）：专擅。

【译文】

“凡是成就天地完成大功业的人，他的子孙后代没有不显耀的，虞、夏、商、周都是这样的。虞幕能用耳朵判断和风的声音，因此能很好地促成万物生长。夏禹能治理水土，因此能使万物生长各得其所。商契能整合协调五教，以此来教养保护百姓。周弃能播种繁殖百谷和蔬菜，以此来供给百姓衣食。所以他们的后代都成为了王公侯伯。祝融也能昭明显扬天地的光明，以此来培育滋润嘉美的五谷材木，但他的后代八姓在周朝没有做诸侯之长的。在前代辅助治理国事的人中，昆吾已是夏朝的诸侯之长了，大彭、豕韦也是商朝的诸侯之长。但在当今的周朝尚且没有。已姓的昆吾、苏、顾、温、董五国，董姓的鬷夷、豢龙二国，则在夏代就已经灭亡了。彭姓的彭祖、豕韦、诸稽，则在商代就灭亡了。秃姓的舟人，则在周代就灭亡了。妘姓的邬、郐、路、偪阳，曹姓的邹、莒，都属采服、卫服的边远地区，有的在王室附近，有的在夷、狄境内，无法统计清楚数字了。而且他们又没有美名显扬，肯定不能兴盛了。斟姓没有后嗣。祝融的后代能够兴盛的，恐怕是在芈姓吧？芈姓的蘷、越二国不足以受命。居处在蛮地的芈姓已经半蛮化了，只有楚国确实有明德，如果周朝衰亡，那楚国必然会兴盛起来。姜姓、嬴姓和楚国的芈姓，他们实际上与姬姓交相更替称雄交锋。姜姓是伯夷的后代，嬴姓是伯翳的后代。伯夷能礼敬神灵来辅佐尧，伯翳能使百物各得其宜来辅佐舜。他们的后代虽然都没有失掉祭祀先祖，却没有兴盛的，看来周朝的衰亡将要来临了。”

桓公说：“谢国西面的九州，怎么样？”史伯回答说：“那里的百姓杂沓贪婪而且残忍，不能接近他们。只有谢国和郏地之间的国家，他们的国君奢侈骄横，百姓怠慢他们的君王，而且还不具有周室忠信的德行；如果更换国君而用忠信全面教导他们，那是很容易获取这一地区的，而且可以长久役使下去。”

桓公说：“周朝真的将会衰败吗？”史伯回答说：“差不多一定要衰落败亡了。《泰誓》上说：‘百姓所向往的，上天必定会遵从。’现在周幽王抛弃光明正大有德行的人，却喜欢任用邪恶奸佞和愚昧昏庸的人；讨厌贤明正直的人，而去亲近愚顽鄙陋的人。排斥与自己意见不一致的正确主张，采纳与自己相同的错误说法。其实只有使不同变得和谐才能生成万物，盲目同一就不能后继发展。把其他不同的东西加以协调平衡才叫和谐，所以才能丰富发展而使万物归于统一；如果用相同的东西再去添加相同的，那么用尽了之后就被抛弃了。所以先王把土和金、木、水、火相配合，从而生成万物。因此调配出了五种滋味以适合人的口味，强健四肢来保卫身体，调和六种音律使它悦耳动听，端正七窍来为心所役使，协调身体耳、目等八个部位使人能完成整体动作，建置九种内脏以树立纯正的德行，合成十种官爵等级来训导百官。于是产生了千种品位，具备了上万方法，计算成亿的事物，经营万亿的财物，取得万兆的收入，采取无数的行动。所以君王拥有了九州辽阔的土地，取得收入来供养万民，用忠信来全面教化和使用他们，使他们能够和谐安乐如一家人。这样的话，就是和谐所达的极点了。于是先王从异姓的家族中聘娶王后，向四方各地求取财货，选择敢于直谏的人为官而去讨论处理众多的事务，努力做到和谐而不是同一。只有一种声音就没有可听之处，内容单一就没有什么文采，只存在一种味道就不能体现出美味的效果，事物单一就无法进行衡量比较。周幽王却要抛弃这种和谐的法则而去与专擅同一。所以上天夺取了他的理智，他想不衰败，能得愿以偿吗？

【原文】

“夫虢石父谗谄巧从之人也，而立以为卿士，与剸同也；弃聘后而立内妾[①]，好穷固也；侏儒戚施，实御在侧，近顽童也；周法不昭，而妇言是行，用谗慝也；不建立卿士，而妖试幸措，行暗昧也。是物也，不可以久。且宣王之时有童谣，曰：‘檿弧箕服[②]，实亡周国。’于是宣王闻之，有夫妇鬻是器者，王使执而戮之。

府之小妾生女而非王子也，惧而弃之。此人也，收以奔褒。天之命此久矣，其又何可为乎？《训语》有之曰：‘夏之衰也，褒人之神化为二龙，以同于王庭，而言曰：‘余，褒之二君也。’夏后卜杀之与去之与止之，莫吉。卜请其漦而藏之③，吉。乃布币焉而策告之，龙亡而漦在，椟而藏之，传郊之。’及殷、周，莫之发也。及厉王之末，发而观之，漦流于庭，不可除也。王使妇人不帏而噪之，化为玄鼋④，以入于王府。府之童妾未既龀而遭之，既笄而孕⑤，当宣王时而生。不夫而育，故惧而弃之。为弧服者方戮在路，夫妇哀其夜号也，而取之以逸，逃于褒。褒人褒姁有狱⑥，而以为入于王，王遂置之，而嬖是女也，使至于为后而生伯服⑦。天之生此久矣，其为毒也大矣，将使候淫德而加之焉。毒之酋腊者，其杀也滋速。申、缯、西戎方强⑧，王室方骚，将以纵欲，不亦难乎？王欲杀太子以成伯服，必求之申，申人弗畀，必伐之。若伐申，而缯与西戎会以伐周，周不守矣！缯与西戎方将德申，申、吕方强，其隩爱太子亦必可知也⑨，王师若在，其救之亦必然矣。王心怒矣，虢公从矣，凡周存亡，不三稔矣！君若欲避其难，其速规所矣，时至而求用，恐无及也！”

公曰：“若周衰，诸姬其孰兴？”对曰：“臣闻之，武实昭文之功，文之祚尽，武其嗣乎！武王之子，应、韩不在，其在晋乎！距险而邻于小，若加之以德，可以大启。”公曰：“姜、嬴其孰兴？”对曰：“夫国大而有德者近兴，秦仲、齐侯，姜、嬴之隽也，且大，其将兴乎？”公说，乃东寄帑与贿⑩，虢、郐受之，十邑皆有寄地。

【注释】

①后：指申后，周幽王的王后。内

妾：指褒姒。

②檿（yǎn）弧：山桑木做的弓。箕服：箕草编的箭囊。

③漦（chí）：渗流；鱼或龙之类的涎沫。

④厉王：周厉王。帏：裙正面的一幅。鼋（yuán）：俗称癞头鼋。

⑤既龀（chèn）：古同“龀”，谓乳齿换尽。笄（jī）：古时女子十五岁举行笄礼，盘发插簪，表示成年。

⑥褒姁（xū）：人名。

⑦嬖（bì）：宠爱。伯服：周幽王与褒姒所生的儿子。

⑧缯（zēng）：姒姓古国，在今河南方城一带。西戎：古代西北戎族的总称。

⑨畀（bì）：给与。隩（ào）：古同“奥”，深。

⑩帑（nú）：古同“孥”，妻子儿女。亦指财产。

【译文】

“那虢石父是个挑拨离间、巴结奉承、巧于媚从的人，幽王却立他为卿士，这是专门喜欢同一；抛弃了聘娶的王后而立内妾褒姒，这是喜欢鄙陋无识而顽固的人；把侏儒、驼背置于身边取乐，这是亲近愚顽昏暗的人；使周朝的法制不能昭明，而且一切听从女人的话行事，这是在任用邪恶奸佞挑拨是非的人；不任用卿士，却宠信任用妖言惑众的谗佞小人，这是行为暗昧啊。这些处理事务的做法，都是不能够使国家长久的。而且周宣王时就曾有一首童谣说：‘山桑木弓，箕草箭袋，实则要灭亡周朝。’那时宣王听到后，正巧有一对夫妇在卖这种弓箭器物，于是就派人把他们抓来想杀掉。这时王府里有小妾生了个女孩而不是周王的孩子，她因为害怕而抛弃了女婴。那对夫妇捡到了女婴后逃亡到了褒国。这是上天早已安排很久了的事，又怎么能

够改变它呢？《周书·训语》上说：‘夏朝衰亡的时候，褒国的神变成两条龙，同时聚居于王庭，并且说道：‘我们是褒国的两位君王。’夏王占卜的结果是杀掉两条龙，或是放走或是留下它们，都不吉利。夏王又占卜后，请人把龙的唾液贮藏起来，结果吉利。于是就陈列玉帛，用简策书写告诉龙，龙跑了可是唾液还在，夏王就把它用精致的木匣贮藏起来，传送到郊外祭祀它。’到了商代、周代，都没有打开过。到周厉王末年，打开来一看，唾液便流到了庭前，清除不掉。周王叫妇人不穿下衣裙正面的一幅而欢叫呼喊，结果唾液变成了一只黑鼋，进入了王府。王府里有一个还未换尽乳牙的童妾就遇上了它，等她十五岁举行笄礼以后竟然怀孕了，到宣王当政时生下了婴儿。没有丈夫却生了孩子，所以婢妾害怕便抛弃了婴儿。卖弓和箭袋的一对夫妇正在路上受到追杀，夫妇可怜那女婴夜里啼哭，就捡了她躲藏起来，逃亡到了褒国。褒国的褒姁犯了罪，就把褒姒献给了周王，随后周王便赦免了褒姁，而且还十分宠爱褒姒，就立她为王后而生了伯服。上天降生这个祸害已经很久了，她的毒害够大了，就要趁周王失德而留下这个女子。正所谓那毒性厉害的醇酒遇到腊肉，它害人的速度就越发快了。申国、缯国和西戎正强盛，而周王室正骚乱不安，此时幽王还要放纵私欲，王室想不衰败不也是很难吗？幽王想要杀掉太子宜臼而改立伯服，肯定要求申国交出太子，申国不给，幽王一定会去讨伐申国。如果幽王去讨伐申国，缯国与西戎就会联合起来攻打周幽王，周王朝就保不住了。缯国与西戎正想借机报答申国，而申国和吕国此时也正强盛，它们深爱太子也是可以预料的。幽王的军队如果攻打申国，吕国去救援申国也是必然的。幽王心中因此愤怒了，虢公一定会顺从他，周朝的存亡，看来不出三年了。您如果想逃避这场灾难，要赶快考虑好逃亡的地方，等到灾难来临才去想办法，恐怕就来不及了！”

桓公说：“如果周朝衰败的话，各个姬姓的诸侯中哪个会兴盛？”史伯回答说：“我听说，周武王确实发扬了周文王的功德，文王的福祚竭尽了，应该是武王继承吧！武王的儿子，应侯和韩侯已经不在了，那就应该是晋国了吧！晋国地势险要，和它接邻的都是小国，再加上修行德政，就可以大大开拓疆土。”桓公说：“姜姓和嬴姓诸侯中哪个会兴盛？”史伯回答说：“国土广大而且有德义的国家差不多都能兴盛，秦仲和齐侯，是姜姓和嬴姓中的俊杰，又是大国，恐怕他们该兴盛了吧？”桓公听了很高兴，于是就向东寄放妻儿和财货，虢国、郐国果然接受了，甚至周边十邑之内也都有了桓公寄放财货的地方。

平王之末秦晋齐楚代兴

【原文】

幽王八年而桓公为司徒①，九年而王室始骚，十一年而毙。及平王之末，而秦、晋、齐、楚代兴，秦庄、襄于是乎取周土②，晋文侯于是乎定天子，齐庄、僖于是乎小伯③，楚蚡冒于是乎始启濮④。

【注释】

①幽王八年：周幽王八年，公元前 774 年。桓公：郑桓公。

②庄：秦庄公。襄：秦襄公。

③庄：齐庄公。僖：齐僖公，名禄父。

④蚡（fén）冒：楚国国君，名熊眴。濮（pú）：古地名。

【译文】

周幽王八年，郑桓公任司徒，九年周王室开始扰乱不安，十一年周幽王和郑桓公就都死了。到了周平王末年，秦国、晋国、齐国、楚国取而代之兴盛，秦庄公、秦襄公在这期间获取了周王室的土地，晋文侯在这期间安定了周天子，齐庄公、齐僖公在这期间成为了诸侯中小的霸主，楚王蚡冒在这期间开始开辟了南蛮的濮地。

卷十七　楚语上

申叔时论傅太子之道

【原文】

庄王使士亹傅太子箴①，辞曰："臣不才，无能益焉。"王曰："赖子之善善之也。"对曰："夫善在太子，太子欲善，善人将至；若不欲善，善则不用。故尧有丹朱②，舜有商均③，启有五观④，汤有太甲，文王有管、蔡⑤。是五王者，皆有元德也，而有奸子。夫岂不欲其善？不能故也。若民烦，可教训。蛮、夷、戎、狄，其不宾也久矣，中国所不能用也。"

王卒使傅之。问于申叔时，叔时曰："教之'春秋'，而为之耸善而抑恶焉，以戒劝其心；教之'世'，而为之昭明德而废幽昏焉，以休惧其动；教之'诗'，而为之导广显德，以耀明其志；教之'礼'，使知上下之则；教之'乐'，以疏其秽而镇其浮；教之'令'，使访物官；教之'语'，使明其德，而知先王之务用明德于民也；教之'故志'，使知废兴者而戒惧焉；教之'训典'，使知族类，行比义焉。

"若是而不从，动而不悛，则文咏物以行之，求贤良以翼之。悛而不摄，则身勤之，多训典刑以纳之，务慎惇笃以固之。摄而不彻，则明施舍以导之忠，明久长以导之信，明度量以导之义，明等级以导之礼，明恭俭以导之孝，明敬戒以导之事，明慈爱以导之仁，明昭利以导之文，明除害以导之武，明精意以导之罚，明正德以导之赏，明齐肃以耀之临。若是而不济，不可为也。且夫诵诗以辅相之，威仪以先后之，体貌以左右之，明行以宣翼之，制节义以动行之，恭敬以临监之，勤勉以劝之，孝顺以纳之，忠信以发之，德音以扬之，教备而不从者，非人也。其可兴乎！夫子践位则退⑥，自退则敬，否则赧。"

【注释】

①庄王：楚庄王，名旅。士：楚国大夫。太子箴：楚庄王的儿子，名箴，即楚恭王。

②丹朱：尧的儿子，名朱。相传他傲慢荒淫，所以尧禅位于舜。

③商均：舜的儿子，名均，封地在商，故名商均。相传他昏庸无能，所以舜禅位于禹。

④启：禹的儿子，传说中夏朝国王。五观：启的五个儿子，行事荒唐，常到洛水北岸狩猎，不理民事，被后羿夺去王位。也有说是一子之名。

⑤管、蔡：管叔鲜和蔡叔度，周文王的儿子。武王去世，成王年幼，周公摄政，两人不服，和商纣王的儿子武庚一起发动叛乱，后被周公平定。

⑥夫：发语词。子：指太子。

【译文】

楚庄王派遣士亹教导太子箴，士亹辞谢说："我没有才能，不能对太子有所增益。"庄王对他说："靠您良好的才德可以使他变好。"士亹回答说："变好的关键在于太子，太子想变好，有才德的人就会到他身边；如果太子不想变好，有才德的人教导他也没用。所以尧有丹朱，舜有商均，启有五规，商汤有太甲，周文王有管叔、蔡叔那样的不肖子孙。这五位君王，都算是具有大德了，却生有不肖子孙。难道他们不想子孙变好吗？只是因为他们的不肖子孙不能达到的缘故。如果说百姓纷乱，可以教育训导。那么诸如蛮、夷、戎、狄这些少数民族，他们不顺服已经很久了，但是中原国家并不能使他们顺从自己啊。"

庄王最终还是让士亹去教导太子。士亹只好去询问申叔时，叔时说："用历史来教育他，从而使他懂得褒扬善行而贬抑邪恶，以此来戒勉他的心；用先王的处世之道来教育他，从而使他知道有德行的人能名声显扬，昏庸的人要被废黜，以此来鼓励和约束他的行为；用《诗经》来教育他，对他宣导并广泛显扬先王的美德，以此来彰明他的志向；用礼仪来教育他，使他知道尊卑上下的法度；用音乐来教育他，以此来洗涤他身上的污秽，使他稳重而不轻浮；用法令来教育他，使他懂得百官的职事；用治国的嘉言来教育他，使他发扬美德，从而知道先王所致力于以德对待百姓的美好行为；教给他古书载记的内容，使他懂得历代成败兴衰的道理而能使他引起警戒；用先王的训典来教育他，使他知道宗族的发展繁衍，而

且行为符合道义。

“如果这样教导还不听从，依旧举动失当而不改正，那就用文辞托物进行讽谏去劝导他，寻求贤良之士来辅佐他。改正了还不稳固，那就以自身勤勉来带动他，多讲述典法常刑来教导他使他接受，努力审慎地用淳厚笃实的品德来稳固他。稳固了却不通达事理，那就阐明推己及人的道理，引导他为人要忠诚；阐明如何可以使国家长久的道理，引导他讲诚信；阐明度量关系上要适度，引导他处事得宜而讲求义；阐明上下等级的秩序，引导他遵循礼法；阐明谦恭克俭的道理，引导他遵从孝道；阐明恭敬警戒的原则，引导他如何成功处事；阐明要以慈爱之心待人，引导他施行仁德；阐明要利人利物，引导他具有文德；阐明要铲恶除暴的重要性，引导他树立武德；阐明办案要精于观察揣摩对方心思，引导他如何慎加刑罚；阐明待人要无所偏私，引导他正确赏赐；阐明做事要专一严肃，使他明了如何磊落临朝理事。如果这样教导还不成功，那就不能做他的老师了。暂且利用吟诵诗歌来辅导他，用礼仪来帮助他，以礼相待来影响他，身体力行来辅助他，制订节义来约束他，端庄恭敬地监督他，殷勤恳切地劝勉他，以孝顺之心对待他，用忠诚信义来启发他，用好的声誉来激扬他，如此全面教导还不听从的话，那就不是一个可以教育好的人了。难道这样的人还能有所成就吗！所以，当那样的太子即位您就引退，自己引退就能显示出自重，否则就会时常感到惭愧。”

子囊议恭王之谥

【原文】

恭王有疾，召大夫曰：“不穀不德①，失先君之业，覆楚国之师，不穀之罪也。若得保其首领以殁，唯是春秋所以从先君者，请为‘灵’若‘厉’。”大夫许诺。王卒，及葬，子囊议谥②。大夫曰：“王有命矣。”子囊曰：“不可。夫事君者，先其善不从其过。赫赫楚国，而君临之，抚征南海③，训及诸夏，其宠大矣。有是宠也，而知其过，可不谓‘恭’乎？若先君善，则请为‘恭’。”大夫从之。

【注释】

①不穀（gǔ）：是先秦诸侯之长的谦称，本为周天子所用，后常被诸侯等引用。

②子囊：即公子贞，楚国的令尹，楚恭王的弟弟。

③南海：指南方一带。

【译文】

楚恭王生病了，召见大夫们说：“我没有德行，丧失了先君的霸业，倾覆了楚国的军队，这是我的罪过啊。如果我能够保全尸首而死去，只要是在春秋二季庙祭时能追随先君，请谥作‘灵’或者‘厉’。”大夫们答应了。恭王死后，等到下葬时，子囊和大家商议谥号。大夫们说：“君王已经有过命令了。”子囊说：“那不可以。事奉君王的人，议定谥号时首先要举出他的善行，而不能依从他的过失。威名赫赫的楚国，由我们的君王统治它，安抚并征服了南方一带，教令施及到中原各国，他的尊荣可谓庞大了。有这样的尊荣，而且知道自己的过失，难道不可以称作‘恭’吗？如果首先举出君王的善行，那就请定谥号为‘恭’。”大夫们听从了他的意见。

屈建祭父不荐芰

【原文】

屈到嗜芰[①]。有疾，召其宗老而属之[②]，曰：“祭我必以芰。”及祥[③]，宗老将荐芰，屈建命去之[④]。宗老曰：“夫子属之。”子木曰：“不然。夫子承楚国之政，其法刑在民心而藏在王府，上之可以比先王，下之可以训后世，虽微楚国，诸侯莫不誉。其祭典有之曰：国君有牛享，大夫有羊馈，士有豚犬之奠，庶人有鱼炙之荐，笾豆、脯醢则上下共之[⑤]，不羞珍异，不陈庶侈。夫子不以其私欲干国之典。”遂不用。

【注释】

①屈到，楚国的卿，名子夕。芰：菱角。

②宗老：大夫家里掌管祭祀的家臣。

③祥：祭名，父母死十三个月而祭叫“小祥”，二十五个月而祭叫“大祥”。

④屈建：屈到的儿子，名子木，楚国大夫。

⑤笾（biān）豆：古代祭祀时盛果品的竹器和盛肉的木器。脯醢（hǎi）：果干和肉酱。

【译文】

屈到喜欢吃菱角。他患重疾时，叫来负责祭祀的家臣嘱咐说：“祭祀我的时候，一定要用菱角。”到了他死后的祥祭时，家臣准备供奉菱角，屈建命令把它拿掉。家臣说：“这是您父亲嘱托的。”屈建说：“不能这样。我父亲执掌楚国的政事，他制定的法令记在百姓的心中，同时也收藏在王府里，对上可以比同于先王，对下可以训导后人，即使没有楚国，各国诸侯也没有谁不称赞的。祭祀的法典上说：祭祀国君要用牛，祭祀大夫用羊，祭祀士用小猪和狗，祭祀普通人用烤鱼，竹筵木器里装的果干和肉酱，则从国君到普通百姓都可以用。不进献珍贵稀少和罕见的东西，不陈列品类繁多的食品。我父亲也不能因为自己的嗜好而违犯国家的法典。”于是祭祀时就没使用菱角。

伍举论台美而楚殆

【原文】

灵王为章华之台，与伍举升焉[①]，曰：“台美夫！”对曰：“臣闻国君服宠以为美，安民以为乐，听德以为聪，致远以为明。不闻其以土木之崇高、彤镂为美，而以金石匏竹之昌大、嚣庶为乐[②]；不闻其以观大、视侈、淫色以为明，而以察清浊为聪。

“先君庄王为匏居之台[③]，高不过望国氛，大不过容宴豆[④]，木不妨守备，用不烦官府，民不废时务，官不易朝常。问谁宴焉，则宋公、郑伯[⑤]；问谁相礼，则华元、驷骓[⑥]；问谁赞事，则陈侯、蔡侯、许男、顿子，其大夫侍之。先君以是除乱克敌，而无恶于诸侯。今君为此台也，国民罢焉，财用尽焉，年谷败焉，百官烦焉，举国留之，数年乃成。愿得诸侯与始升焉，诸侯皆距无有至者。而后使太宰启疆请于鲁侯，惧之以蜀之役[⑦]，而仅得以来。使富都那竖赞焉，而使长鬣之士相焉[⑧]，臣不知其美也。

【注释】

①伍举：即椒举。

②金：钟。石：石磬。匏（páo）：笙。竹：箫管。

③庄王：楚庄王。匏居：台名。

④豆：盛食品的高脚盘。

⑤宋公：指宋文公，名鲍。郑伯：指郑襄公，名坚。

⑥华元：宋国的卿。驷骓（fēi）：即公子骓，郑穆公的儿子。

⑦蜀之役：指鲁成公二年，楚国攻伐鲁国直到蜀地的战役。鲁国恐惧，因此派人和楚国结盟。蜀，鲁地。

⑧鬣（liè）：本义哺乳动物颈上生长的长毛，此指长长的胡须。

【译文】

楚灵王建造了章华台，和伍举一起登上高台，说：“这高台真壮美啊！”伍举回答说：“我听说国君把重用贤人而受到尊崇当作美，把安抚百姓当作快乐，把能听从有德之人的谏言当作聪慧灵敏，把能招致远方的人归附当作贤明。没有听说把土木建筑的高大和雕梁画栋的壮观当作美，把钟磬笙箫等演奏乐队的盛大和喧哗当作快乐；也没有听说过把观赏的场面大、看到的东西奢侈、迷乱于姿色当作目光明亮，而把能分辨音乐的清浊当作耳朵灵敏。

“我们先君楚庄王建造的匏居台，其高度不过是可以观望国家吉凶云气，台之大只不过能够容纳宴会所用的杯盘，所用的木材不妨碍国家守备之用，财用不动用官府的开支，役使百姓不耽误农时生产，官吏不打乱日常的政务。问及准备宴请谁，则有宋公和郑伯主管；问及由谁导引朝见的礼节，则有华元和驷騑主管；问及由谁辅佐宴会事务，则是陈侯、蔡侯、许男和顿子这些国君，他们的大夫们各自陪侍自己的国君。先君就靠这些消除祸乱，战胜敌国，而在诸侯之中从没留下恶名。现在您建造了这高台，使国家和百姓疲惫不堪，钱财都用尽了，年谷收不上来，百官繁忙，举国上下都来建造它，消耗了好几年才建成。希望有诸侯前来庆贺，想和他们一起首次登上高台，可是诸侯们都予以拒绝而没有一个来的。后来您竟派太宰启疆去请鲁侯，并用蜀地之战威胁他，他才勉强前来。然后遣使俊美娴雅的少年辅佐宴会事务，长鬓美须的士人相伴左右，我不知道这华台有什么可称为美的。

【原文】

“夫美也者，上下、内外、小大、远近皆无害焉，故曰美。若于目观则美，缩于财用则匮，是聚民利以自封而瘠民也，胡美之为？夫君国者，将民之与处，民实瘠矣，君安得肥？且夫私欲弘侈[①]，则德义鲜少；德义不行，则迩者骚离而远者距违。天子之贵也，唯其以公侯为官正，而以伯子男为师旅。其有美名也，唯其施令德于远近，而小大安之也。若敛民利以成其私欲，使民蒿焉忘其安乐，而有远心，其为恶也甚矣，安用目观？

“故先王之为台榭也，榭不过讲军实，台不过望氛祥。故榭度于大卒之居，台度于临观之高。其所不夺穑地[②]，其为不匮财用，其事不烦官业，其日不废时务。瘠硗之地[③]，于是乎为之；城守之木，于是乎用之；官僚之暇，于是乎临之；四时之隙，于是乎成之。故《周诗》曰：‘经始灵台，经之营之。庶民攻之，不日成之。经始勿亟，庶民子来。王在灵囿，麀鹿攸伏[④]。’夫为台榭，将以教民利也，不知其以匮之也。若君谓此台美而为之正，楚其殆矣！”

【注释】

①弘侈：大而多。

②穑（sè）地：农田。

③瘠硗（qiāo）：贫瘠硗薄。谓土地坚硬不肥沃。

④灵囿：天子畜养鸟兽的园林。麀（yōu）鹿：母鹿。

【译文】

“所谓美，是指对上下、内外、大小、远近都没有害，这才叫美。如果用眼睛看起来是美的，而乱取财用使之匮乏，这是聚敛民财使自己富有却让百姓贫困啊，这有什么可美的呢？身为国君，要与百姓共处，百姓贫穷了，国君怎么能独自肥厚呢？况且那私欲太大又多，就会使德义变得鲜少；倘若德义不能施行，就会使近处的人忧愁叛离而远方的人抗拒违命。天子的尊贵，只因为他把公、侯当作官长，让伯、子、男统率军队。天子能享有美名，只因为他把美德布施给远方和近处的人，而能使大小国家都得到安定。如果聚敛民财只为满足自己的私欲，使百姓忧虑而失去安乐，从而产生叛离之心，那么所带来的罪恶可就太大了，眼睛看上去好看又有什么用呢？

“所以先王建造台榭，榭不过是用来讲习军事实战，台不过是用来观望气象吉凶。因此榭只要能在上面可以检阅大批士卒，台只要能达到登临观望气象吉凶的高度就行了。它所修建的地方不侵占农田，它建造的消耗不使国家的财用匮乏，这件事务不烦扰正常的政务，建造占用的时间不荒废农时。选择贫瘠的土地，就在那里建造它；选取建造城防剩余的木料，就用这些建造它；要让官吏在闲暇的时候前去指挥；趁着四季农闲时间，可以作为建造台榭的时机。所以《周诗》上说：‘开始营建灵台，经营它，营建它。百姓共同来营造，没用几天就完成了。开始营建时不要着急，百姓就像孝顺父母一样都来了。周王来到蓄养鸟兽的园林，母鹿悠然卧伏。’建造台榭，是为了教导百姓勤勉，要让百姓得到利益，没听说是为了使百姓因此匮乏的。如果您认为这高台很美而且筑台之事做得正确，那么楚国可就危险了！”

范无宇论国为大城未有利者

【原文】

灵王城陈、蔡、不羹①，使仆夫子皙问于范无宇②，曰：“吾不服诸夏而独事晋何也，唯晋近我远也。今吾城三国，赋皆千乘，亦当晋矣。又加之以楚，诸侯其来乎？”对曰：“其在志也，国为大城，未有利者。昔郑有京、栎③，卫有蒲、戚，宋有萧、蒙，鲁有弁、费④，齐有渠丘，晋有曲沃，秦有徵、衙⑤。叔段以京患庄公，郑几不克，栎人实使郑子不得其位。卫蒲、戚实出献公，宋萧、蒙实弑昭公，鲁弁、费实弱襄公，齐渠丘实杀无知，晋曲沃实纳齐师，秦徵、衙实难桓景，皆志于诸侯，此其不利者也。

“且夫制城邑若体性焉，有首领股肱，至于手拇毛脉，大能掉小，故变而不勤。地有高下，天有晦明，民有君臣，国有都鄙，古之制也。先王惧其不帅，故制之以义，旌之以服，行之以礼，辩之以名，书之以文，道之以言。既其失也，易物之由。夫边境者，国之尾也，譬之如牛马，处暑之既至，蝱之既多⑥，而不能掉其尾，臣亦惧之。不然，是三城也，岂不使诸侯之心惕惕焉⑦？”子皙复命，王曰：“是知天咫，安知民则？是言诞也。”右尹子革侍⑧，曰：“民，天之生也。知天，必知民矣。是其言可以惧哉！”三年，陈、蔡及不羹人纳弃疾而弑灵王⑨。

【注释】

①灵王：楚灵王。陈：楚地名，原为陈国，后并入楚地。蔡：楚地名，原为蔡国，鲁昭公十一年被楚国灭后并入楚地。不羹：楚地名，原为不羹国，有西、东二不羹，西不羹在今河南襄城东南，东不羹在今河南舞阳北。

②仆夫子皙：即仆皙父，楚国大夫。范无宇：即申无宇，楚国大夫。

③京：郑邑名，郑庄公的弟弟共叔段的封邑，在今河南荥阳东南。栎：郑邑名，郑庄公的儿子子元的封邑，在今河南禹县。

④弁（biàn）、费：鲁邑名，鲁国大夫季氏的封邑。弁在今山东境内。费在今山东费县西南的费城。

⑤徵（zhēng）、衙：秦邑名，秦公子鍼的封邑。

⑥蝱（méng）：牛虻，大的称虻，小的称蝱。

⑦惕惕：恐惧。惊恐不安心绪不宁的样子。

⑧右尹：楚国官名。子革：楚国大夫，也称郑丹或然丹，郑国大夫子然之子。

⑨弃疾：公子弃疾，楚恭王的儿子，名熊居，即楚平王。

【译文】

楚灵王修筑陈国、蔡国、不羹国的城墙，派子皙去询问范无宇，说：“我不能使中原各国归附，他们只事奉晋国是什么原因呢？我觉得只是因为晋国离他们近而我国离他们远。现在我修筑三国的城墙，他们各出一千辆战车，也相当于晋国了。再加上楚国的兵力，诸侯们该来归附了吧？”范无宇回答说：“书籍上记载说，国家修筑大城，没有什么好处。以前郑国有京城、栎城，卫国有蒲城、戚城，宋国有萧城、蒙城，鲁国有弁城、费城，齐国有渠丘城，晋国有曲沃城，秦国有徵城、衙城。叔段因为京城而给郑庄公制造忧患，郑国几乎不能战胜他，最终是栎人傅瑕使郑子丢掉了君位。卫国蒲城、戚城的邑主驱逐了卫献公，宋国萧城、蒙城的邑主杀害了宋昭公，鲁国弁城、费城的邑主削弱了鲁襄公的势力，齐国渠丘的邑主杀了公孙无知，晋国曲沃的邑主纳齐军进城而祸乱国家，秦国徵城、衙城的邑主发难逼迫秦桓公和秦景公，这些都在各诸侯国有过记载，这些也都是不好的例子。

“况且修筑城邑就像人的身体一样，有头和四肢，延展到手指、毛发和血脉，重大的部位能调动小的部位，所以行动起来并不劳累。地势有高有低，天气有阴有晴，人分为君和臣，国家有国都和边邑，这是自古以来的制度。先王恐怕有人不遵守，所以用德义来制约它，用服饰来彰显它，用礼仪来推行它，用名号来分辨它，用文字来记载它，用语言来表述它。直到最终丧失了它，才知道是改变了尊卑秩序的缘故。边境地区，就像是国家的尾部，譬如牛马，处暑到了，牛虻蚊虫开始聚得多了，所以就不能依靠摆动尾巴甩掉它们了，我怕国家也会这样。否则这三座城，岂不能使诸侯的心里感到惊恐不安吗？”子皙回报楚灵王，灵王说：“这人稍微懂得天道，可哪里知道治民的法则呢？这些话真是荒诞极了。”右尹子革在旁陪侍，说：“百姓是上天所生的，既然懂得天道，必然也是知晓民意了。他的这些话应该引起警惕啊！”过了三年，陈国、蔡国和不羹国的人们接纳了弃疾，杀死了楚灵王。

左史倚相儆申公子亹

【原文】

左史倚相廷见申公子亹①，子亹不出，左史谤之②，举伯以告。子亹怒而出，曰：“女无亦谓我老耄而舍我③，而又谤我！”左史倚相曰：“唯子老耄，故欲见以交儆子。若子方壮，能经营百事，倚相将奔走承序，于是不给，而何暇得见？昔卫武公年数九十有五矣，犹箴儆于国④，曰：‘自卿以下至于师长士，苟在朝者，无谓我老耄而舍我，必恭恪于朝，朝夕以交戒我；闻一二之言，必诵志而纳之，以训导我。’在舆有旅贲之规，位宁有官师之典，倚几有诵训之谏，居寝有亵御之箴，临事有瞽史之导，宴居有师工之诵。史不失书，蒙不失诵，以训御之，于是乎作《懿》戒以自儆也⑤。及其没也，谓之睿圣武公。子实不睿圣，于倚相何害。《周书》曰：‘文王至于日中昃，不皇暇食⑥。惠于小民，唯政之恭。’文王犹不敢骄。今子老楚国而欲自安也，以御数者，王将何为？若常如此，楚其难哉！”子亹惧，曰：“老之过也。”乃骤见左史。

【注释】

①倚相：楚国的史官。申公子亹（wěi）：即申公史老，楚国的长老。

②谤：责备。

③女：你。老耄（mào）：指衰老。

④卫武公：卫国国君，名和。箴儆：规戒。

⑤宴居：闲居。一般指公余无事时。《懿》(yì)：指《诗经·大雅·抑》。

⑥文王：周文王。昃（zè）：太阳偏西。不皇：同“不遑”。来不及；没有时间。

【译文】

左史倚相要在朝廷会见申公子亹，子亹不肯出来，倚相责备他不对，举伯将此事告诉了子亹。子亹怒气冲冲地出来见他说：“你莫非是认为我衰老就嫌弃我了，而且还说我坏话！”左史倚相说：“正因为您老了，所以我才想见您并来告诫您。如果您正在壮年，能处理各种事务，我倚相将会往来奔走前去受命，这样还唯恐不能完成呢，哪有空闲来约见您呢？以前卫武公年龄九十五岁了，还规诫国人，说：‘从卿以下到大夫和众士，只要在朝中不认为我衰老了就嫌弃我，在朝廷必须恭敬从事，早晚都要告诫辅助我；哪怕听到一两句谏言，一定要背诵记住并且转达给我，以此来训导我。’在车上有勇士的规谏，在朝廷有官长的法典，在几案旁边有诵训官的进谏，在寝室有近侍的箴言，临朝批阅政事有瞽史的引导，闲余无事之时有乐师的诵诗。史官不停书写，乐师不停诵读，并把这些训导进献给他，于是就作了戒诗《懿》，以此自我警戒。等到他去世后，大家都称赞他是智慧圣明的武公。您不智慧圣明，对我倚相有什么妨害呢？《周书》说：‘周文王忙到太阳西斜，甚至来不及有空闲时间吃饭。他把恩惠施及小民，恭恭敬敬处理政事。’周文王尚且不敢骄惰。如今您在楚国自恃年老而想求得自己安逸，抵制别人的各种规谏，就算是君王又将如何呢？如果长久这样下去，楚国就难治了！”子亹听后感到很惊惧，说：“这是我的过错啊。”于是立即会见了左史。

左史倚相儆司马子期唯道是从

【原文】

司马子期欲以妾为内子①，访之左史倚相，曰：“吾有妾而愿，欲笄之②，其可乎？”对曰：“昔先大夫子囊违王之命谥；子夕嗜芰，子木有羊馈而无芰荐③。君子曰：违而道。谷阳竖爱子反之劳也④，而献饮焉，以毙于鄢；芋尹申亥从灵王之欲⑤，以陨于乾溪。君子曰：从而逆。君子之行，欲其道也，故进退周旋，唯道是从。夫子木能违若敖之欲⑥，以之道而去芰荐，吾子经营楚国，而欲荐芰以干之，其可乎？”子期乃止。

【注释】

①子期：即公子结，楚平王的儿子。内子：卿大夫的嫡妻。

②笄（jī）：古代盘头发或别住帽子用的簪子。

③子夕：即屈到，楚国的卿。子木：屈到的儿子。芰（jì）：菱角。

④谷阳竖：子反的内臣。子反：即公子侧，楚国的大将。指鲁成公十六年鄢陵之战时，楚恭王被射伤眼睛，准备召子反再战，谷阳竖献酒给子反，子反喝醉了不能谒见，楚恭王因此率军连夜逃遁，子反自杀。

⑤芋尹申亥：申无宇的儿子。

⑥若敖：即子夕、屈到。

【译文】

司马子期想把爱妾立为正妻，去求问于左史倚相，说："我有个妾谨慎而温顺，我想给她戴上内子的首饰，可以吗？"倚相回答说："以前大夫子囊不执行楚恭王遗命中自封的谥号而更改为恭；而子夕喜欢吃菱角，他的儿子子木用羊祭祀却没有使用菱角。君子们都说：这虽然违反命令却符合道义。谷阳竖爱怜子反的辛劳，献给他酒喝，结果子反酒醉误事而死在鄢地；芋尹申亥顺从楚灵王的欲望，结果灵王死在乾溪。君子们说：这是顺从却违背了道理。君子行事，都要符合道义，所以进退应酬，只服从道义。子木能够违背子夕的欲望，是因为符合道义才不用菱角，您掌管楚国的政事，却想如同用菱角祭祀那样违犯道义，可以吗？"于是子期放弃了自己的想法。

卷十八　楚语下

观射父论绝地天通

【原文】

昭王问于观射父[①]，曰："《周书》所谓重、黎实使天地不通者，何也？若无然，民将能登天乎？"对曰："非此之谓也。古者民神不杂。民之精爽不携贰者，而又能齐肃衷正，其智能上下比义，其圣能光远宣朗，其明能光照之，其聪能听彻之，如是则明神降之，在男曰觋[②]，在女曰巫。是使制神之处位次主，而为之牲器时服，而后使先圣之后之有光烈，而能知山川之号、高祖之主、宗庙之事、昭穆之世、齐敬之勤、礼节之宜、威仪之则、容貌之崇、忠信之质、禋洁之服[③]，而敬恭明神者，以为之祝[④]。使名姓之后，能知四时之生、牺牲之物、玉帛之类、采服之仪、彝器之量、次主之度、屏摄之位、坛场之所、上下之神、氏姓之出[⑤]，而心率旧典者为之宗。于是乎有天地神民类物之官，是谓五官，各司其序，不相乱也。民是以能有忠信，神是以能有明德，民神异业，敬而不渎，故神降之嘉生，民以物享，祸灾不至，求用不匮。

"及少皞之衰也，九黎乱德，民神杂糅[⑥]，不可方物。夫人作享，家为巫史，无有要质。民匮于祀，而不知其福。烝享无度，民神同位。民渎齐盟，无有严威。神狎民则，不蠲其为[⑦]。嘉生不降，无物以享。祸灾荐臻，莫尽其气。颛顼受之[⑧]，乃命南正重司天以属神，命火正黎司地以属民，使复旧常，无相侵渎，是谓绝地天通。其后，三苗复九黎之德[⑨]，尧复育重黎之后，不忘旧者，使复典之。以至于夏商，故重、黎氏世叙天地，而别其分主者也。其在周，程伯休父其后也，当宣王时，失其官守，而为司马氏。宠神其祖，以取威于民，曰：'重实上天，黎实下地。'遭世之乱，而莫之能御也。不然，夫天地成而不变，何比之有？"

【注释】

①昭王：楚昭王，名熊轸。观射父：楚国大夫。

②觋（xí）：男巫，亦称"祝"。

③禋（yīn）：古代烧柴升烟以祭天；洁净的祭祀。

④祝：太祝，祭祀时司告鬼神的人。

⑤彝器：青铅礼器。屏摄之位：指表明上下尊卑祭祀的位置。坛场：祭祀用的高台。

⑥少皞（hào）：黄帝的儿子，传说中古代东夷族的首领。九黎：古代南方的

少数民族部落，相传蚩尤为九黎族的首领。糅（róu）：混杂。

⑦狎（xiá）：习惯。蠲（juān）：使洁净。

⑧颛顼（zhuān xū）：黄帝的孙子，传说中古代部落首领。

⑨三苗：古代少数民族，九黎的后裔。

【译文】

楚昭王问观射父，说："《周书》上所说的重和黎使天地无法相通，这是怎么回事呢？如果不是这样，人们就能升天吗？"观射父回答说："不是这样的说法。古时候民间和神灵不混杂。民众中精神专注不二而且又能恭敬中正的人，他们的才智能使天地上下各得其宜，他们的圣明能光芒远射，他们的目光明亮能洞察一切，他们的听觉灵敏能通达四方，正因为如此，神明才降临到他们那里，降在男性身上就叫觋，降在女性身上就叫女巫。让这些人制定神灵所处的祭位和尊卑先后，继而规定祭祀所用的牲畜、祭器和服饰，然后让先圣的后代中有功德的，因而能懂得山川的名位、祖庙的神主、宗庙的事务、昭穆的次序、勤勉于庄严恭敬、礼节的得当、威仪的规则、容貌的修饰、忠信又诚实、烧柴升烟，然后身穿洁净祭服真诚祭祀，而且能恭敬神明的人，让他们担任太祝。让那些有名望的家族后代，能懂得四季万物的休养生息、祭祀所用的牲畜种类、玉帛品质的类别、官员采服的穿戴礼仪、祭器的多少、尊卑先后的审度、祭祀的位置、设坛的处所、天上地下的神灵、姓氏的出处，而且能遵循旧法的人，就让他们担任宗伯。于是就有了掌管天、地、民、神、物的官员，这就是五官，各自主管他们的职事次序而不相互扰乱。百姓因此能讲忠信，

神灵因此能有明德，民和神的事不相混同，恭敬而不轻慢，所以神灵降福，谷物生长良好，百姓积极把食物献祭给神，故而祸乱灾害不来，财用也不匮乏。

"等到少皞氏衰落的时候，九黎族扰乱德政，民和神就变得相混杂，不能分辨名实。人人都举行祭祀，家家都自为巫史，没有了相约诚信。百姓穷于祭祀，因而得不到赐福。祭祀没有法度，民和神处于同等地位。百姓轻慢盟誓，对天神没有严明的敬畏之心。神对人的行事规则习以为常，也不求祭祀洁净。造成谷物收成不受神灵降福，因此没有食物来献祭。祸乱灾害频频到来，却不能极尽人的力量扭转生机。这时颛顼承担起这一切，于是命令南正重主管天来会合众神，命令火正黎主管地来会合民众，以便恢复原来的秩序，不再互相侵犯轻慢，这就是所说的断绝地上的民和天上的神相通之道。后来，三苗继承了九黎的凶德，尧重新培育了重、黎的后代，不忘记他们先人的事业，让他们再度主管天地。一直到夏朝、商朝，仍旧由重氏和黎氏世代主管天地，从而分辨民与神的祭位和尊卑先后。在周朝，程伯休父是他们的后代，在周宣王时，失去了掌管天地的官位，变成了司马氏。休父的后代推崇而神化他们的祖先，以此向百姓显威，说：'重能把天向上举，黎能把地向下抑。'然而遭逢周幽王时的乱世，没有谁能出来阻止这种说法。否则，天地形成以后而不再变化，天地哪有相接近的呢？"

子常问蓄货聚马斗且论其必亡

【原文】

斗且廷见令尹子常①，子常与之语，问蓄货聚马。归以语其弟，曰："楚其亡乎！不然，令尹其不免乎。吾见令尹，令尹问蓄聚积实，如饿豺狼焉，殆必亡者也。夫古者聚货不妨民衣食之利，聚马不害民之财用，国马足以行军，公马足以称赋，不是过也。公货足以宾献，家货足以共用，不是过也。夫货、马邮则阙于民，民多阙则有离叛之心，将何以封矣。

"昔斗子文三舍令尹②，无一日之积，恤民之故也。成王闻子文之朝不及夕也③，于是乎每朝设脯一束、糗一筐④，以羞子文。至于今秩之。成王每出子文之禄，必逃，王止而后复。人谓子文曰：'人生求富，而子逃之，何也？'对曰：'夫从政者，以庇民也。民多旷者，而我取富焉，是勤民以自封也，死无日矣。我逃死，非逃富也。'故庄王之世⑤，灭若敖氏，唯子文之后在，至于今处郧⑥，为楚良臣。是不先恤民而后己之富乎？

"今子常，先大夫之后也，而相楚君无令名于四方。民之羸馁⑦，日已甚矣。

四境盈垒，道殣相望[8]，盗贼司目，民无所放。是之不恤，而蓄聚不厌，其速怨于民多矣。积货滋多，蓄怨滋厚，不亡何待！夫民心之愠也，若防大川焉，溃而所犯必大矣。子常其能贤于成、灵乎？成不礼于穆，愿食熊蹯[9]，不获而死。灵不顾于民，一国弃之，如遗迹焉。子常为政，而无礼不顾甚于成、灵，其独何力以待之！"期年，乃有柏举之战，子常奔郑，昭王奔随[10]。

【注释】

①斗（dòu）且：楚国大夫。子常：子囊的孙子，名囊瓦。

②斗子文：即斗谷於菟，字子文，斗伯比的儿子，楚国大夫。

③成王：楚成王。

④脯：肉干。糗：干粮。

⑤庄王：楚庄王。

⑥郧（yún）：楚地名，在今湖北安陆。子文的后代在楚昭王时封为郧公。

⑦馁（něi）：饥饿。

⑧道殣（jìn）相望：道路上饿死的人到处都是。

⑨熊蹯（fán）：熊掌。

⑩随：随国，在今湖北随县。

【译文】

斗且在朝廷遇见了令尹子常，子常和他交谈，询问怎样才能聚敛财宝和马匹。斗且回家后告诉了他的弟弟，说："楚国恐怕要灭亡了吧！如果不是这样，令尹恐怕也将难免于灾难。我见到令尹，令尹询问怎样积聚财宝，像饥饿的豺狼一样，这是要败亡的前兆了。古时候的人积聚财货不妨害百姓衣食的利益，聚敛马匹不妨害百姓的财物，国家征用的马匹足够行军所用，公卿的戎马能与兵赋的需要相称，不超过这个限度。公卿的财货足够馈赠贡献所用，大夫家的财货足够供给主仆使用，也不超过这个限度。财货与马匹过多，百姓就会穷困，百姓过于穷困就会产生背叛之心，那凭什么来立国呢？

"以前斗子文三次辞去令尹的官职，家里没有一天多余的储粮，那都是体恤百姓的缘故啊。楚成王听说子文吃了早饭就没有晚饭，因此每逢朝见时就准备一束肉干、一筐干粮，用来送给子文。直到现在已成为对待令尹的惯例。成王每次颁给子文这些俸禄，子文一定要逃避，直到成王停止这样做，他才回来复职。有人对子文说：'人活着都想追求富贵，而您却逃避它，这是为什么呢？'子文回答说：'从政的人，是为了保护人民的。民众都很贫困，而我却取得富贵，这是劳苦了百姓而使自己富厚，不知哪天就会遭祸而死了。我是逃避死亡，而不是逃避富贵。'所以楚庄王在位的时候，灭掉了若敖氏家族，只有子文的后代还在，一直到现在还住在郧地，做楚国的良臣。这不就是首先体恤百姓然后自己才富有的例子吗？

“现在子常，是先大夫的后代，辅佐楚国国君却在四方没有好名声。百姓瘦弱饥饿，一天比一天严重。四周边境布满了堡垒，道路上饿死的人到处都可以看到，盗贼明目张胆窥伺，民众惶恐而无所依靠。他不去顾念体恤百姓，反而贪得无厌去聚敛财货，他招致民众的怨恨太多了。积累的财货越多，蓄积的怨恨也就越深，不灭亡还能等什么！对待百姓心中的愤怒，就像防备大河一样，一旦崩溃那么所损害的程度必然很大。子常的下场能比成王和灵王好吗？成王曾对穆王无礼，他临死时想吃熊掌，穆王没答应，最终没有吃到熊掌就死了。灵王不顾百姓死活，全国人都抛弃了他，就像丢下脚印一样。子常执政，他对别人无礼和不顾百姓死活，比成王、灵王还严重，他独自一人有什么力量用来抵御呢？”一年以后，就发生了柏举之战，子常逃亡到了郑国，楚昭王逃到随国。

蓝尹亹避昭王而不载

【原文】

吴人入楚，昭王出奔①，济于成臼，见蓝尹亹载其孥②。王曰：“载予。”对曰：“自先王莫坠其国，当君而亡之，君之过也。”遂去王。王归，又求见，王欲执之，子西曰：“请听其辞，夫其有故。”王使谓之曰：“成臼之役，而弃不穀，今而敢来，何也？”对曰：“昔瓦唯长旧怨③，以败于柏举，故君及此。今又效之，无乃不可乎？臣避于成臼，以儆君也，庶悛而更乎④？今之敢见，观君之德也，曰：庶忆惧而鉴前恶乎？君若不鉴而长之，君实有国而不爱，臣何有于死，死在司败矣！惟君图之！”子西曰：“使复其位，以无忘前败。”王乃见之。

【注释】

①昭王：楚昭王。

②蓝尹亹（wěi）：楚国大夫。孥（nú）：妻子儿女。

③瓦：囊瓦，子常的名。

④儆（jǐng）：告诫，儆戒。庶：但愿，或许。悛（quān）：悔改。

【译文】

吴国军队攻入楚国，楚昭王出逃，在成臼渡口，看见蓝尹亹用船载着妻子儿女。昭王说：“载我过河。”蓝尹亹回答说：“自先王以来没有一个失掉国家的，到了您在位却沦落到弃国出逃，这是您自己的罪过啊。”于是抛下昭王走了。昭王无奈回国后，蓝尹亹又来求见，昭王想把他逮捕起来，子西说："请听听他说些什么，他来一定有缘故。"昭王派人对他说："成臼战役时，在渡口你竟然抛下我，现在你还敢来，是为什么？"他回答说："以前囊瓦只会增长过去的怨恨，以致在柏举被打败，所以您才落到了这种地步。如今您又仿效他，这恐怕不行吧？我在成臼躲开您，是为了儆戒您，您应该悔改了吧？现在我敢来求见，是为了观察您的德行，我想：总该回忆起战败的可怕，把以前的过失作为借鉴了吧？如果您不以此为鉴，反而助长它，您实在是有了国家而不爱它，我又何惜今日一死，不过是死在司法官那儿罢了！希望您考虑这件事！"子西说："让他官复原职，以便我们不会忘记以前的失败。"于是昭王接见了他。

郧公辛与弟怀或礼于君或礼于父

【原文】

吴人入楚，昭王奔郧，郧公之弟怀将弑王[①]，郧公辛止之。怀曰："平王杀吾父[②]，在国则君，在外则雠也。见雠弗杀，非人也。"郧公曰："夫事君者，不为外内行，不为丰约举，苟君之，尊卑一也。且夫自敌以下则有雠，非是不雠。下虐上为弑，上虐下为讨，而况君乎！君而讨臣，何雠之为？若皆雠君，则何上下之有乎？吾先人以善事君，成名于诸侯，自斗伯比以来[③]，未之失也。今尔以是殃之，不可。"怀弗听，曰："吾思父，不能顾矣。"郧公以王奔随。王归而赏及郧、怀，子西谏曰："君有二臣，或可赏也，或可戮也。君王均之，群臣惧矣。"王曰："夫子期之二子耶？吾知之矣。或礼于君，或礼于父，均之，不亦可乎！"

【注释】

①郧（yún）公：令尹子文的后代斗辛。怀：斗怀，斗辛的弟弟。

②平王：楚平王，楚昭王的父亲。吾父：指斗辛的父亲蔓成然。

③斗伯比：令尹子文的父亲。

【译文】

吴国军队攻入楚国国都，楚昭王逃奔到郧地，郧公的弟弟斗怀想要杀害昭王，郧公斗辛阻止他。斗怀说："楚平王杀了我的父亲，在国都内昭王是国君，而在国都外他就是我的仇人。见到仇人不杀，那就不算是人了。"郧公说："事奉君王，不能因为在国都内和国都外就改变自己的行为，不能因为国君的兴盛和衰亡就有不同的举动，如果已经尊奉他为君王，那么尊卑次序就要始终如一了。况且只有来自敌人才谈得上有仇，不是敌人便不记仇。自古以来，在下暴虐而杀死居于上位者称作弑，在上暴虐而杀死居于下位者称为讨，更何况是君王呢！作为君主而讨伐臣，怎么能记仇呢？如果大家都去仇恨君王，那么还有什么上下尊卑之分呢？我们的先人用善行来事奉君王，在各诸侯国都很出名，从斗伯比以来，一直没有什么过失。现在你因为这件事而败坏名声，这不可以。”斗怀不听，说："我思念父亲，不能顾及那些了。”郧公便跟昭王一起逃亡到了随国。昭王回国后对郧公和斗怀都给予了赏赐，子西进谏说："您有两个臣子，一个应该赏他，另一个应该杀掉。君王如今同样对待他们，恐怕群臣就会忧惧了。”昭王说："您是指子期的两个儿子吗？我知道了。他们有一个对君王有礼，有一个对父亲有礼，我同样对待他们，不也是可以的吗！”

蓝尹亹论吴将毙

【原文】

子西叹于朝，蓝尹亹曰："吾闻君子唯独居思念前世之崇替，与哀殡丧，于是有叹，其余则否。君子临政思义，饮食思礼，同宴思乐，在乐思善，无有叹焉。今吾子临政而叹，何也？”子西曰："阖庐能败吾师①。阖庐即世，吾闻其嗣又甚焉。吾是以叹。”对曰："子患政德之不修，无患吴矣。夫阖庐口不贪嘉味，耳不乐逸声，目不淫于色，身不怀于安，朝夕勤志，恤民之羸。闻一善若惊，得一士若赏，有过必悛，有不善必惧，是故得民以济其志。今吾闻夫差好罢民力以成私好，纵过而翳谏②，一夕之宿，台榭陂池必成③，六畜玩好必从。夫差先自败也已，焉能败人？子修德以待吴，吴将毙矣。”

【注释】

①阖庐：即阖闾，吴国国君。

②翳（yì）谏：犹拒谏。

③陂（bēi）池：池沼；池塘。

【译文】

子西在朝廷上叹息，蓝尹亹说："我听说君子只有在独居思考前代的兴衰成败，或者殡殓发丧悲伤之时，才发出叹息，在其他时候并不叹息。君子处理政事时想到道义，饮食之时想到礼仪，共同宴饮之时想到欢乐，在欢乐时想到要做善事，没有可叹息的。现在您临朝理政而发出叹息，是什么缘故呢？”子西说：“吴王阖闾能打败我们的军队。现在阖闾去世了，我听说他的继承人比他还厉害。我因此叹息。”蓝尹亹回答说：“您应该担心自己的政事德行修为不够好，没有必要忧虑吴国的强盛。阖闾嘴不贪美味佳肴，耳不喜欢听靡靡之音，目光不淫乱且不贪恋美色，身体不贪图安逸，从早到晚勤劳国事，体恤百姓的疾苦。听到一句有益的话就会很惊喜，得到一位贤士就如同得到赏赐，犯了过失必定悔悟改正，有不好的行为必然感到担忧，所以他能得到百姓的支持，实现了战胜楚国的志愿。如今我听说夫差喜欢滥用民力来满足个人的喜好，纵容自己的过失而拒绝别人的进谏，即使是在某处只住一夜，台榭池塘等园艺景观也都必须建好，声色狗马之类的玩物也必须随行。吴王夫差这样做已经自己败落了，又怎么能打败别人呢？您只需修治德行等待机会对付吴国，吴国必将要灭亡了。”

鲁阳文子辞惠王所与梁

【原文】

惠王以梁与鲁阳文子①，文子辞，曰：“梁险而在境，惧子孙之有贰者也。夫事君无憾，憾则惧偪②，偪则惧贰。夫盈而不偪，憾而不贰者，臣能自寿，不知其他。纵臣而得全其首领以没，惧子孙之以梁之险，而乏臣之祀也。”

王曰：“子之仁，不忘子孙，施及楚国，敢不从子。”与之鲁阳。

【注释】

①惠王：楚惠王，名章。梁：楚地名，位于楚国北部边境。鲁阳文子：即鲁阳公。

②憾：怨恨，憾恨。偪（bī）：同“逼”，逼迫，靠近。

【译文】

楚惠王把梁地赐给鲁阳文子，文子辞谢，说：“梁地险要而又位于边境，我担忧子孙后代会有背叛之心。事奉君王不能有一丝怨恨，有怨恨就会因忧惧而侵凌君上，侵凌君上就会因担忧而生背叛之心。得志却不侵凌，怨恨但没有二心，我自己能够保证坚守，但不知我的子孙能否做到。纵然我能够保全首领而死去，还是担忧子孙仗恃梁地的险要背叛君王，从而断绝了对我的祭祀啊。”

惠王说：“您的仁德，不忘记子孙后代，早已施行到楚国，我怎敢不顺从您的意愿。”于是惠王赐给文子鲁阳之地。

卷十九 吴语

越王勾践命诸稽郢行成于吴

【原文】

吴王夫差起师伐越，越王勾践起师逆之。大夫种乃献谋曰："夫吴之与越，唯天所授，王其无庸战。夫申胥、华登简服吴国之士于甲兵①，而未尝有所挫也。夫一人善射，百夫决拾，胜未可成也。夫谋必素见成事焉，而后履之，不可以授命。王不如设戎，约辞行成，以喜其民，以广侈吴王之心②。吾以卜之于天，天若弃吴，必许吾成而不吾足也，将必宽然有伯诸侯之心焉。既罢弊其民，而天夺之食，安受其烬③，乃无有命矣。"

越王许诺，乃命诸稽郢行成于吴④，曰："寡君勾践使下臣郢不敢显然布币行礼，敢私告于下执事曰：昔者越国见祸，得罪于天王。天王亲趋玉趾，以心孤勾践，而又宥赦之。君王之于越也，繄起死人而肉白骨也⑤。孤不敢忘天灾，其敢忘君王之大赐乎！今勾践申祸无良，草鄙之人，敢忘天王之大德，而思边垂之小怨，以重得罪于下执事？勾践用帅二三之老，亲委重罪，顿颡于边⑥。今君王不察，盛怒属兵，将残伐越国。越国固贡献之邑也，君王不以鞭箠使之⑦，而辱军士使寇令焉？勾践请盟：一介嫡女，执箕帚以晐姓于王宫；一介嫡男，奉槃匜以随诸御⑧；春秋贡献，不解于王府。天王岂辱裁之？亦征诸侯之礼也。夫谚曰：'狐埋之而狐搰之⑨，是以无成功。'今天王既封植越国，以明闻于天下，而又刈亡之⑩，是天王之无成劳也。虽四方之诸侯，则何实以事吴？敢使下臣尽辞，唯天王秉利度义焉！"

【注释】

①夫差：吴国国君。勾践：越国国君。逆：迎战。申胥：即伍子胥。简服：指经过训练使熟习某种武艺。

②广侈（chǐ）：使骄傲自大。

③烬（jìn）：残余、剩余或残迹。

④诸稽郢（yǐng）：越国大夫。

⑤宥（yòu）：宽恕，原谅。繄（yī）：是。

⑥颡（sǎng）：额头。

⑦鞭箠（chuí）：鞭子。

⑧槃：同"盘"。匜（yí）：古代一种盛水洗手的用具。

⑨搰（hú）：挖，掘出。

⑩刈（yì）亡：铲除，灭亡。

【译文】

吴王夫差发兵攻打越国，越王勾践起兵对抗吴兵。所以大夫文种就向勾践献计说："吴国与越国的命运，只凭天意决定，您无须通过这平庸的战争来解决问题。那伍子胥和华登通过选拔训练年轻人后组编成军队，因而从来都没有打过败仗。一个善于射箭的人，就会有一百个人拉紧弓弦跟着仿效，吴国有这样的良将指挥，我们获胜并没有把握。但凡要谋划一件事，一定要预见到成功的把握，然后才可以去实施，不能冒险去拼命。您不如增设兵士加强防守，同时用谦卑的辞令向对方求和，以此来让吴国的将士百姓都高兴，也能因此让吴王骄傲自大而野心膨胀。我们可以为此卜问上天，倘若上天要抛弃吴国，必定会让吴王答应我们的求和并且不以我们的求和为满足，也必然将进一步膨胀吴王称霸诸侯的野心。等到吴国的百姓因战争疲惫停止劳作，而且天灾又夺去他们的粮食以后，我们就可以安安稳稳地收拾他们的残局，那么吴国就无法存活了。"

越王同意了，于是派诸稽郢去吴国求和，说："我们国君派下臣我来，不敢公然奉上玉帛财货向天王行礼，只好斗胆私下对贵国的执事官说：往日越国出现灾祸，是得罪了天王。所以天王亲自趋驾起兵，原本想灭掉我勾践，但又宽恕赦免了我。君王对于我们越国，如同是让死人复活而又让白骨重新长肉一样的恩德啊。勾践不敢忘记上天降下的灾祸，又怎敢忘记君王的恩赐呢！勾践现在重遭灾祸，是因为没有善良的德行，如此草野鄙贱之人，岂敢忘记天王的大恩大德，而去计较边境上的小怨，以致再次获罪于天王的执事官呢？因此勾践特地率领几个老家臣迎上前来，亲自派人前去重申罪过，而我则跪在边境上叩头请求饶恕。如今天王没有经过细察，就在盛怒之下调集军队，将要狠狠地讨伐越国。越国本来就是俯首称臣向吴国纳贡的城邑，天王用鞭子驱使它就可以了，何必让您的军士屈尊来讨伐呢？因此勾践请求缔结盟约，并送上一个嫡生女儿，拿着箕帚到王宫里听您使唤；再送上一个嫡生儿子，让他捧着盘匜跟随御侍一起伺候您；春秋两季进献给您的贡品，决不懈怠。天王又何须屈尊前来出兵制裁越国呢？我们进献贡品也是按照天子征税诸侯的礼制啊。有句谚语说：'狐狸埋了东西，狐狸又把它掘出来，所以是劳而无功。'如今天王既已扶植越国，早已因圣明闻达于天下，现在却又要消灭它，这就会使天王的扶植变成徒劳无功了。即使四方的诸侯都想去尊奉吴国，如此又怎么使他们信服呢？因此越王冒昧地派使臣我前来把话说透彻，只希望天王能够秉持其利，同时再审度其义决定此事吧！"

吴王夫差与越荒成不盟

【原文】

吴王夫差乃告诸大夫曰："孤将有大志于齐，吾将许越成，而无拂吾虑。若越既改，吾又何求？若其不改，反行，吾振旅焉。"申胥谏曰："不可许也。夫越非实忠心好吴也，又非慑畏吾兵甲之强也。大夫种勇而善谋，将还玩吴国于股掌之上，以得其志。夫固知君王之盖威以好胜也，故婉约其辞，以从逸王志，使淫乐于诸夏之国①，以自伤也。使吾甲兵钝弊②，民人离落，而日以憔悴，然后安受吾烬。夫越王好信以爱民，四方归之，年谷时熟，日长炎炎③。及吾犹可以战也，为虺弗摧④，为蛇将若何？"

吴王曰："大夫奚隆于越，越曾足以为大虞乎？若无越，则吾何以春秋曜吾军士⑤？"乃许之成。将盟，越王又使诸稽郢辞曰："以盟为有益乎？前盟口血未干，足以结信矣。以盟为无益乎？君王舍甲兵之威以临使之，而胡重于鬼神而自轻也？"吴王乃许之，荒成不盟。

【注释】

①诸夏之国：周代王室所分封的诸国。夏，古代中国的自称。

②钝弊：疲惫。

③炎炎：气势兴盛的样子。

④虺（huǐ）：古书上说的一种毒蛇。

⑤曜（yào）：炫耀。

【译文】

吴王夫差于是对大夫们说："我将要实行征服齐国的宏大志向，为此我将允许越国讲和的请求，你们不要干扰我的想法。倘若越国即改变求和的主张，我又有什么可乞求的呢？倘若越国不改变主意，等我从齐国返回后，我还可以重振军威教训它。"伍子胥劝告说："不可以答应越国的求和。越国并非真心与吴国友好，也并非害怕慑服于我们军队的强大。越国的大夫文种勇敢而善于谋略，他是想玩弄吴国于股掌之上，以实现其野心。他原本就知道君王您有盖世威武又崇尚武力，而且好胜心强，所以就用委婉动听的话求和，以此来放纵您的意志，使您贪图中原各国的安乐，自取败亡。使我们的军队疲惫，兵器损耗，将士与民众离弃流落，使我们国力日趋衰竭，安安稳稳地收拾我们的残局。越王重信义，爱护民众，四方的人民都愿意归附于他。那里年年粮谷丰收，国势日渐兴盛。现在我们还有力量战胜他，这就好比它是一条小小毒蛇，如果现在不打死它，等它长成了大蛇可怎么办？”

吴王说：“子胥大夫何必把越国讲得那么强大，越国难道会成为我们的心腹大患吗？如果没有了越国，那么春秋两季阅兵时，我向谁去炫耀我们的军威呢？”于是答应了越国的求和。两国将要举行盟誓时，越王又派诸稽郢前来推辞说：“你们认为歃血盟誓有用吗？先前盟誓时留在嘴边的血迹还没有干，足够表示结盟的信义了。你们认为盟誓没有用吗？君王可以放弃武力威胁，亲自来役使我们就行了，何必看重鬼神的威力而看轻自己的力量呢？”吴王于是就同意达成了讲和的口头协议，而废弃了正式的盟誓仪式。

夫差伐齐不听申胥之谏

【原文】

吴王夫差既许越成，乃大戒师徒，将以伐齐。申胥进谏曰：“昔天以越赐吴，而王弗受。夫天命有反，今越王勾践恐惧而改其谋，舍其愆令[①]，轻其征赋，施民所善，去民所恶，身自约也，裕其众庶，其民殷众，以多甲兵。越之在吴，犹人之有腹心之疾也。夫越王之不忘败吴，于其心也侙然[②]，服士以伺吾间。今王非越是图，而齐、鲁以为忧。夫齐、鲁譬诸疾，疥癣也，岂能涉江、淮而与我争此地哉？将必越实有吴土。王其盍亦鉴于人，无鉴于水。

“昔楚灵王不君，其臣箴谏以不入。乃筑台于章华之上[③]，阙为石郭，陂汉，以象帝舜。罢弊楚国，以间陈、蔡。不修方城之内，逾诸夏而图东国[④]，三岁于沮、汾以服吴、越。其民不忍饥劳之殃，三军叛王于乾谿[⑤]。王亲独行，屏营仿徨于山林之中，三日乃见其涓人畴[⑥]。王呼之曰：‘余不食三日矣。’畴趋而进，王枕其股以寝于地。王寐，畴枕王以墣而去之[⑦]。王觉而无见也，乃匍匐将入于棘闱[⑧]，棘闱不纳，乃入芋尹申亥氏焉[⑨]。王缢，申亥负王以归，而土埋之其室。此志也，岂遽忘于诸侯之耳乎？

“今王既变鲧[⑩]、禹之功，而高高下下，以罢民于姑苏。天夺吾食，都鄙荐饥。今王将很天而伐齐，夫吴民离矣。体有所倾，譬如群兽然，一个负矢，将百群皆奔，王其无方收也。越人必来袭我，王虽悔之，其犹有及乎？”王弗听。十二年，遂伐齐。齐人与战于艾陵，齐师败绩，吴人有功。”

【注释】

①愆（qiān）：错误，过错。

②伬（chì）：忧愁；惊恐。原作“戚”。考异卷四韦昭注案“戚”当为“伬”字之误也。说文：伬，惕也。

③楚灵王：楚国国君。章华：古地名，今湖北省监利县西北。

④东国：指位于中原东面的吴、越两国。

⑤乾谿（xī）：古地名，今安徽省亳县东南。

⑥涓（juān）人畴：涓人，宫中侍从的近臣。畴，人名。

⑦墣（pú）：土块。

⑧棘闱（wéi）：棘城门外。

⑨芋尹申亥：楚国大夫，芋尹无宇的儿子。

⑩鮌（gǔn）：同“鲧”，大禹的父亲。

【译文】

吴王夫差同意越国的求和之后，就大规模地整顿士卒，准备去攻打齐国。伍子胥进谏说：“过去上天把越国送给吴国，而您没有接受。天命也会有反复，现在越王勾践因为恐惧而改变了他的谋略，废弃了错误的法令，减轻民众的税赋，实施民众所喜欢的善行，去除民众所讨厌的法令，自我约束也很注重节俭，而让民众富裕起来。他的民众数量日渐庞大，足以用来壮大军队。越国对于吴国，就像一个人有了心腹之患。越王没有忘记被吴国打败的前鉴，于内心一直怵惕不安并耿耿于怀，他让士兵勤于操练，窥伺对我们报复的时机。现在您不去谋划如何征服越国，却去操心征服齐国和鲁国的事。那齐国和鲁国如同诸多疾病中疥癣一类的小病罢了，怎么可能会渡过长江和淮河来与我们争夺这里的土地呢？将来一定是越国才会夺占吴国的土地。您何不也以人为鉴，不要只用水作镜子了。

过去楚灵王不行君道，臣下善意的箴言和劝谏都听不进去。坚持在章华这个地方建造台榭，穿凿山石为椁，引来汉水，仿效舜的陵墓。使楚国疲惫不堪，还想伺机消灭陈国和蔡国。他不修内政，却不顾一切越过邻国去图谋远在东方的诸侯，耗费了三年时间才渡过沮河和汾河，只为想去征服吴越两国。但他的民众再也忍受不了饥饿疲劳的痛苦，于是全军在乾谿发动了叛乱。楚灵王只身逃亡，惶惶不安地流窜于山林之中，三天后才碰见侍卫涓人畴。楚灵王向他呼救说：‘我已经三天没有吃东西了。’畴赶快走到灵王面前，灵王躺在地上枕着他的腿就睡着了。灵王睡着后，畴就用土块代替枕头抽身离去。灵王醒后却没看见畴，就自己爬着，想进入棘城的大门，棘城门内的人不接纳他，于是又到芋尹申亥氏那里，终于被收留。最后，灵王还是上吊自杀了，申亥氏背着灵王的尸体回到家中，用土把他埋在屋内。这些应该牢记的事，难道很快就被诸侯们遗忘了吗？

现在您改变了当年鮌和禹治水的功业，高筑台榭低修池塘而用以享乐，致使民众为修筑姑苏台而疲惫不堪。上天降临灾荒夺去了我们的食粮，致使都城边邑连年饥荒。您违背天意而想去攻打齐国，吴国的民众就要离弃你了。国家的倾覆，就像一群野兽那样，一个野兽中了箭，整群野兽都会逃奔而去，您就没有办法收拾局面了。越国人必定会来侵袭我们，那时您即使后悔，还能来得及吗？”吴王根本不听劝谏。在他执政的第十二年就开始起兵攻打齐国。齐国与吴国军队在艾陵交战，结果齐军战败，吴国暂时取得了成功。

夫差胜于艾陵使奚斯释言于齐

【原文】

吴王夫差既胜齐人于艾陵，乃使行人奚斯释言于齐[①]，曰：“寡人帅不腆吴国之役，遵汶之上[②]，不敢左右，唯好之故。今大夫国子兴其众庶，以犯猎吴国之师徒，天若不知有罪，则何以使下国胜！”

【注释】

①行人：官名，主管朝觐聘问。奚斯：吴国大夫。

②不腆：不富足，不丰厚，属于谦辞。汶（wèn）：水名。源出山东省莱芜县北，流入济水。

【译文】

吴王夫差在艾陵战胜齐国军队后，便派主管外交的官员奚斯向齐国解释说：“我率领的吴国军队不算多，沿着汶水北上，沿途不敢放纵左右士兵肆意抢掠，只是我们两国友好的缘故。现在贵国大夫国子发动大批军队，来侵犯我国的军队，上天如果不知道罪在贵国，怎么会让我们吴国获胜呢！”

申胥自杀

【原文】

吴王还自伐齐，乃讯申胥曰：“昔吾先王体德明圣，达于上帝，譬如农夫作耦，以刈杀四方之蓬蒿，以立名于荆[①]，此则大夫之力也。今大夫老，而又不自安恬逸，而处以念恶，出则罪吾众，挠乱百度，以妖孽吴国。今天降衷于吴，齐师受服。孤岂敢自多，先王之钟鼓，实式灵之。敢告于大夫。”

申胥释剑而对曰：“昔吾先王世有辅弼之臣，以能遂疑计恶，以不陷于大难。

今王播弃黎老，而孩童焉比谋，曰：'余令而不违。'夫不违，乃违也。夫不违，亡之阶也。夫天之所弃，必骤近其小喜，而远其大忧。王若不得志于齐，而以觉寤王心[②]，而吴国犹世。吾先君得之也，必有以取之；其亡之也，亦有以弃之。用能援持盈以没，而骤救倾以时。今王无以取之，而天禄亟至，是吴命之短也。员不忍称疾辟易[③]，以见王之亲为越之擒也。员请先死。"遂自杀。将死，曰："以悬吾目于东门，以见越之入，吴国之亡也！"王愠曰："孤不使大夫得有见也。"乃使取申胥之尸，盛以鸱鴺[④]，而投之于江。

【注释】

①作耦：二人并肩耕地。刈（yì）杀：割除。荆：古代楚国的别称。

②寤（wù）：通"悟"。觉悟，认识到。

③员：伍员。申胥的自称。

④鸱鴺（chī yí）：皮制的口袋，可以盛酒，亦作鸱夷。

【译文】

吴王夫差伐齐获胜归来后，便责问伍子胥说："过去我的先王德高圣明，通达上天的意旨，就像农夫并肩耕作一样，与你一起割除我国四方的蒿草，打败了楚国并在那里立下了威名，这是仰仗了你的能力。如今你老了，却又不肯自安于闲适的生活，而在朝堂之上说出不利于国家的想法，出外则使我的部众遭受苦难，扰乱法度，以致于危害吴国。现在上天降福于吴国，使齐国归顺了。我岂敢自夸，这是先王的军队，得到神灵佑助的缘故。我冒昧告诉你这个获胜的消息。"

伍子胥解下佩剑回答说："过去我们先王一直拥有辅佐他的贤臣，帮助他决断疑难，权衡得失，所以没有陷入大难。如今你抛弃老臣，去和幼稚的年轻人共商国策，而且还说：'我的命令不得违背。'那所谓的不违背，恰恰是对天意的违背啊。这样的不违背，正是导致败亡的阶梯啊。那上天所要抛弃的，必定会在近前先给它小小的欢喜，而把大忧患留在后边。如果您伐齐不顺利，反而会在内心有所觉悟，这样吴国才可以世代延续。我们先王凡是能取得成就的，必定有成功的条件；凡是遭到失败的，也自有失败的原因。凭借有才能的人辅佐可以保住成业，而且及时挽救倾覆的危局。现在您没有取得成功的条件，而上天赐给您的福禄却屡屡降临，这说明吴国的国运已经很短了。我不忍心称病退避一旁，眼睁睁看到你被越国人所生擒，我只有请求先死！”于是就自杀了。临死前，说：“把我的眼睛悬挂在国都的东门上，让我能看到越国的入侵，看到吴国的灭亡吧！”吴王恼怒地说：“我不会让你有机会看到什么的。”于是就派人取走伍子胥的尸体，装到大皮口袋里，并且投入长江之中。

夫差退于黄池使王孙苟告于周

【原文】

吴王夫差既退于黄池①，乃使王孙苟告劳于周②，曰：“昔者楚人为不道，不承共王事，以远我一二兄弟之国。吾先君阖庐不贳不忍③，被甲带剑，挺铍搢铎④，以与楚昭王毒逐于中原柏举⑤。天舍其衷，楚师败绩，王去其国，遂至于郢⑥。王总其百执事⑦，以奉其社稷之祭。其父子、昆弟不相能，夫概王作乱，是以复归于吴。今齐侯壬不鉴于楚⑧，又不承共王命，以远我一二兄弟之国。夫差不贳不忍，被甲带剑，挺铍搢铎，遵汶伐博⑨，簦笠相望于艾陵⑩。天舍其衷，齐师还。夫差岂敢自多，文、武实舍其衷。归不稔于岁，余沿江溯淮，阙沟深水，出于商、鲁之间，以彻于兄弟之国。夫差克有成事，敢使苟告于下执事。”周王答曰：“苟，伯父令女来，明绍享余一人，若余嘉之。昔周室逢天之降祸，遭民之不祥，余心岂忘忧恤，不唯下土之不康靖。今伯父曰：‘戮力同德。’伯父若能然，余一人兼受而介福。伯父多历年以没元身，伯父秉德已侈大哉！”

【注释】

①黄池：指黄池盟会。黄池，古地名。在今河南省封丘县西南。

②王孙苟：吴国大夫。

③阖庐：这里指吴王阖闾，春秋末期吴国君主。贳（shì）：宽纵、赦免。

④铍（pí）：一种形如刀的两刃剑。搢（jìn）：摇动。铎：一种大铃，军中用来指挥士兵，宣布命令。

⑤楚昭王：春秋时期楚国国君，楚平王之子。柏举：古地名。位于楚国境内。

⑥郢（yǐng）：楚国国都，其址在今湖北省江陵市西北。

⑦百执事：指百官。

⑧壬（rén）：这里指齐简公（？～前481年），齐国国君，齐悼公之子，继位前称公子壬。公元前484至前481年在位。

⑨汶：水名，详见前注。博：古地名。春秋齐邑。在今山东省泰安市东南。

⑩簦（dēng）笠：雨具。

【译文】

吴王夫差从黄池盟会返回后，派遣王孙苟向周天子报功，王孙苟说："以前，楚国人不遵守礼仪，不和我们共同给天子进贡，还疏远我们这些同姓的诸侯国。我们的先王阖闾不想宽纵也不能容忍楚国人的这种行为，于是就披着铠甲，佩带长剑，而且腰间还配着一把短小的两刃剑，摇动指挥士兵作战的金铎，指挥吴国的军队与楚昭王在中原柏举一带展开激战。上天赐福给我们，让我们大败楚军，楚昭王也逃离了楚国，吴军又攻进楚国的国都。吴王阖闾集合楚国的百官，让他们恢复对社稷的祭祀。由于他们父子，以及兄弟之间的关系不太融洽，他的弟弟夫概王又在国内作乱，所以先王才会回到吴国。如今齐简公不吸取楚国的教训，既不和我们共同给天子进贡，又疏远我们这些同姓的诸侯国，所以，我夫差不想放纵容忍齐简公的这种行为，我也披着铠甲，佩带长剑，而且腰间还配着一把短小的两刃剑，摇动指挥士兵作战的金铎，指挥吴国的军队沿着汶水北上去攻打齐国的博邑，冒着大雨在艾陵与齐军交战。上天赐福给我们，我们打败了齐军，我夫差不敢自夸功劳，这都是周文王和周武王赐福给了吴国啊。回国后，我还没等到庄稼成熟，就沿着江湖淮河而上，挖掘长沟，直抵宋国和鲁国，与这些同姓诸侯国沟通。我夫差终于能成就大事，所以冒昧地派王孙苟向您的执事官禀告。"

周天子回答道："王孙苟，吴伯父派你来，说明他要继承先君的传统拥戴我，我要嘉奖和勉励他。以前周王室遭逢天降之祸，周景王的庶子王子朝犯上作乱而使万民不安，我心里岂敢忘记忧患，不只是忧虑下面诸侯的不安宁啊。如今吴伯父说：'要与我同心合力。'他如果真能这样做，那真是我的福气啊。希望他健康长寿，吴伯父的德行真是伟大啊！"

卷二十　越语上

勾践灭吴

【原文】

越王勾践栖于会稽之上，乃号令于三军曰："凡我父兄昆弟及国子姓，有能助寡人谋而退吴者，吾与之共知越国之政。"大夫种进对曰："臣闻之贾人，夏则资皮，冬则资𫄨[①]，旱则资舟，水则资车，以待乏也。夫虽无四方之忧，然谋臣与爪牙之士，不可不养而择也。譬如蓑笠，时雨既至必求之。今君王既栖于会稽之上，然后乃求谋臣，无乃后乎？"勾践曰："苟得闻子大夫之言，何后之有。"执其手而与之谋。

遂使之行成于吴，曰："寡君勾践乏无所使，使其下臣种，不敢彻声闻于天王，私于下执事曰：寡君之师徒不足以辱君矣。愿以金玉、子女赂君之辱；请勾践女女于王，大夫女女于大夫，士女女于士。越国之宝器毕从，寡君帅越国之众，以从君之师徒，唯君左右之。若以越国之罪为不可赦也，将焚宗庙，系妻孥，沈金玉于江[②]，有带甲五千人将以致死，乃必有偶。是以带甲万人事君也，无乃即伤君王之所爱乎？与其杀是人也，宁其得此国也，其孰利乎？"

夫差将欲听与之成，子胥谏曰："不可。夫吴之与越也，仇雠敌战之国也[③]。三江环之，民无所移，有吴则无越，有越则无吴，将不可改于是矣！员闻之，陆人居陆，水人居水。夫上党之国[④]，我攻而胜之，吾不能居其地，不能乘其车。夫越国，吾攻而胜之，吾能居其地，吾能乘其舟。此其利也，不可失也已，君必灭之！失此利也，虽悔之，必无及已。"

越人饰美女八人纳之太宰嚭[⑤]，曰："子苟赦越国之罪，又有美于此者将进之。"太宰嚭谏曰："嚭闻古之伐国者，服之而已。今已服矣，又何求焉？"夫差与之成，而去之。

【注释】

①𫄨（chī）：细葛布。国子姓：与王同姓的宗族。

②孥（nú）：指妻子和儿女。沈：通"沉"。

③雠（chóu）：同"仇"。仇恨，仇怨；仇敌。

④上党之国：这里泛指中原各诸侯国。党，古代地方组织，以五百家为一党。

⑤太宰：官名，相当于正卿。嚭（pǐ）：人名。

【译文】

越王勾践兵败退守于会稽山上，于是向三军传令说："凡是我父老兄弟及同姓的宗族中，有能帮助我谋划使吴国军队退兵的，我愿同他共同执掌越国的国政。"大夫文种进前回答说："我听说做生意的人，夏天就开始储备皮货，冬天到了则开始储备麻布，旱季到了就开始储备舟船，雨季来临则开始储备车辆，以此来等待缺货时卖个好价钱。所以说，平时即使没有四方袭扰的忧患，但谋臣和武将一类的人才，依然不可不事先选拔培养。譬如蓑衣和笠帽，雨季到来之后一定会派上用场。现如今君王退守到会稽山上以后，才想到寻找谋臣，这不是太晚了吗？"勾践说："如果能听到您的高论，有什么太晚的呢？"于是真诚地拉着他的手，便和他商量起来。

商议之后就派文种去吴国求和，说："我们国君勾践没有能人可派遣，便派下臣我来求和，我不敢当面与吴王交谈，只好私下里跟执事官说：我们国君的军队已不值得屈辱吴王亲自来讨伐了。我们愿意把金玉、美女奉献给吴王作为赔罪；请让勾践的女儿给吴王做女奴，大夫的女儿给吴国的大夫做女奴，士的女儿给吴国的士人做女奴。越国的财宝重器全都献上，我们国君率领越国的军队来此随从吴王的军队，全部听凭吴王调遣。如果天王认为越国的罪不可宽恕，那我们将烧掉本国的宗庙，与妻子儿女以及百姓同系死生，并把金玉沉入江中。另外，我们还有五千披甲的士兵准备拼死抵抗，在这生死关头他们必定会一个顶俩，等于有一万披甲的士兵肯为国君效死，这岂不就伤了吴王所爱惜的部下了吗？你们与其杀了这些越国人，还不如得到这个国家的臣服，这其中哪个更有利呢？"

夫差准备听从文种的话跟越国讲和，伍子胥劝告说："不行。吴国和越国，是仇怨极深注定交战的敌对国家。三条大江环绕着吴越两国，百姓无处迁移，有吴就不能有越，有越就不能有吴，这将是不可改变的现实啊！我听说，陆地上的人习惯住在陆地，水边的人习惯住在水边。那些居住在高地上的诸侯国，我们即使进攻并战胜了他们，也不能居住在他们的土地上，无法乘坐他们的车辆。而那越国则不同，如果我们进攻并战胜它，就能居住它的土地，乘坐它的舟船。这是有利的事情，不可失掉良机，君王一定要灭了它！倘若失掉这个利好机会，以后即使后悔，也必定是来不及了。"

越国人事先把打扮好的八个美女进献给太宰嚭，并说："您如果说服吴王宽赦越国的罪，还有比这些更美的女子进献给您。"于是太宰嚭劝谏吴王说："我听说古代讨伐别的国家，只要敌国降服就可以了。如今越国已经降服，还要求它们什么呢？"于是，夫差答应与越国讲和后，就让文种回国去了。

【原文】

勾践说于国人曰："寡人不知其力之不足也，而又与大国执雠，以暴露百姓之骨于中原，此则寡人之罪也。寡人请更。"于是葬死者，问伤者，养生者，吊有忧，贺有喜，送往者，迎来者，去民之所恶，补民之不足。然后卑事夫差，宦士三百人于吴，其身亲为夫差前马。勾践之地，南至于句无，北至于御儿，东至于鄞，西至于姑蔑①，广运百里。乃致其父母昆弟而誓之曰："寡人闻，古之贤君，四方之民归之，若水之归下也。今寡人不能，将帅二三子夫妇以蕃。"令壮者无取老妇，令老者无取壮妻。女子十七不嫁，其父母有罪；丈夫二十不娶，其父母有罪。将免者以告，公令医守之。生丈夫，二壶酒，一犬；生女子，二壶酒，一豚。生三人，公与之母；生二人，公与之饩②。当室者死，三年释其政；支子死，三月释其政。必哭泣葬埋之，如其子。令孤子、寡妇、疾疹、贫病者，纳宦其子。其达士，洁其居，美其服，饱其食，而摩厉之于义。四方之士来者，必庙礼之。勾践载稻与脂于舟以行，国之孺子之游者，无不铺也，无不歠也③，必问其名。非其身之所种则不食，非其夫人之所织则不衣，十年不收于国，民俱有三年之食。

国之父兄请曰："昔者夫差耻吾君于诸侯之国，今越国亦节矣，请报之。"勾践辞曰："昔者之战也，非二三子之罪也，寡人之罪也。如寡人者，安与知耻？请姑无庸战。"父兄又请曰："越四封之内，亲吾君也，犹父母也。子而思报父母之仇，臣而思报君之雠，其有敢不尽力者乎？请复战！"勾践既许之，乃致其众而誓之曰："寡人闻古之贤君，不患其众之不足也，而患其志行之少耻也。今夫差衣水犀之甲者亿有三千，不患其志行之少耻也，而患其众之不足也。今寡人将助天灭之。吾不欲匹夫之勇也，欲其旅进旅退。进则思赏，退则思刑，如此则有常赏。进不用命，退则无耻，如此则有常刑。"果行，国人皆劝，父勉其子，兄勉其弟，妇勉其夫，曰："孰是君也，而可无死乎？"是故败吴于囿④，又败之于没，又郊败之。

夫差行成，曰："寡人之师徒不足以辱君矣。请以金玉、子女赂君之辱。"勾践对曰："昔天以越予吴，而吴不受命；今天以吴予越，越可以无听天之命而听君之令乎？吾请达王甬句东，吾与君为二君乎！"夫差对曰："寡人礼先壹饭矣，君若不忘周室而为弊邑宸宇⑤，亦寡人之愿也。君若曰：'吾将残汝社稷，灭汝宗庙。'寡人请死！余何面目以视于天下乎？越君其次也！"遂灭吴。

【注释】

①鄞（yín）：古地名，在今浙江省。姑蔑：古地名，在今浙江省。

②豚：小猪。饩（xì）：给养；俸禄。

③歠（chuò）：饮；喝。

④囿（yòu）：即笠泽。地名，今江苏吴江一带。

⑤宸（chén）宇：屋檐。比喻庇荫。

【译文】

勾践对国人说："我不知道我们的国力不足，却与大国结仇，因此连累百姓的尸骨暴露在原野之上，这是我的罪过，请允许我改正。"于是就埋葬那些战死的人，照顾那些受伤的人，同时也抚养活着的人，凭吊有丧事的人，同时也祝贺有喜事的人，对离去的人给予送行，对迁来的人给予安排食宿，废弃百姓所厌恶的规章制度，补充百姓认为不足的事情。然后卑躬屈膝地事奉夫差，派遣三百个士人去吴国当奴仆，他还亲自走在夫差的马车前为他牵马开路。当时勾践统治的土地，南面到句无，北面到御儿，东面到鄞地，西面到姑蔑，地域之广方圆百里。勾践召集了父老兄弟然后发誓说："我听说，古代的贤君，四方的民众都愿意归附他，好比水往低处流一样。然而现在我没有这个能力，只能准备带领你们各个家庭多生儿育女，尽快使人口增加起来。"于是下令壮年男子不准娶老妇，老年男子不准娶少妻。女子十七岁还不嫁人，她的父母就要论罪；男子二十岁不娶妻，他的父母也要论罪。如果有即将分娩的就可以上报，然后官家就会派来医官定期询访守护。生了男孩，就赏赐两壶酒，一条狗；生了女孩，就赏赐两壶酒，一头小猪。生三胞胎的，官家供给乳母；生双胞胎的，官家供给食物。嫡子死了，免除三年徭役；庶子死了，免除三个月的徭役，而且官员一定会亲自哭着参加葬礼，就像对待自己的儿子一样。下令凡是鳏夫、寡妇、有病和贫弱的家庭，都由官家供给其子女生活费用。对那些通达贤士，就会提供给他们整洁的房屋，给他们华美的服饰，能够吃饱的食物，从而使他们能专心切磋事

物的道理。对四面八方前来投奔的士人，一定会在庙堂里以礼接待。勾践时常乘坐装载粮食和肥美鲜肉的船出行，遇到本国出游或是流浪的孺子后生，就给他食物吃，给他酒水饮用，而且一定记下他们的姓名，以备将来任用。不是他亲自种出的粮食就不吃；不是他夫人亲自织成的布所做的衣服就不穿。整整十年在国内不收取赋税，百姓家里备有的存粮足够三年食用。

越国的父老兄弟向勾践请求说："过去夫差在诸侯面前使您蒙受耻辱，如今越国已恢复国力，我们请求报复吴国！"勾践辞谢说："过去的战争失利，不是你们的罪过，而是我的罪过。像我这样的人，哪里值得你们跟我共同承担耻辱？请你们姑且不要言战。"父老兄弟们又请求说："越国四境之内，所有百姓都爱戴我们的国君您，就像爱自己的父母一样。儿子想为父母报仇，臣下想为国君报仇，岂敢有不尽全力的呢？请再与吴国开战！"于是勾践答应了他们的请求，并且召集国人发誓说："我听说古代的贤君，不担忧他的军队不够强大，而担忧他本人的志向操守不够高尚。现在夫差拥有穿着水牛皮铠甲的军队十万三千人，而他不去担忧自己的志向操守不够高尚，却担忧自己的军队不够强大。现在我将帮助上天灭掉吴国。我不想要匹夫之勇的士兵，而希望大家统一步调，都要想着与大家共同进退。前进时就想到奖赏，后退时就想到刑罚，只有这样才能常得到赏赐。前进时不听号令，后退时还不知羞耻，这样就会得到惩罚。"于是，军队果断地出发了，国人都彼此勉励。父亲勉励儿子，哥哥勉励弟弟，妻子勉励丈夫，大家都说："谁有我们这样好的国君啊，怎么能不为他拼死作战呢？"所以很快就在囿地打败了吴军，接着又在没地打败了吴军，最后在吴国国都的郊外第三次打败了吴军。

大败的夫差请求讲和，说："我的军队已经不值得屈辱越王您亲自讨伐了，请允许我把金玉美女都进献给您作为赔罪吧！"勾践回答说："过去上天把越国赐给吴国，而吴国没有接受天命；现在上天又把吴国交给越国，越国难道可以不听天命，却听从你的命令吗？请让我把你送到甬句东去吧，这样就等于我送给你做越国的第二个国君了！"夫差回答说："从情礼说，以前我曾有恩于越国，您如果不忘周王室的情面，而给吴国屋檐一样的庇护，这也是我的小小愿望了。您如果说：'我将摧残你的社稷，毁灭你的宗庙'，那么我就只有请求一死！我还有什么脸面去面对天下父老呢？越君随后就占领我的吴国了！"就这样，夫差自尽，越国灭了吴国。

卷二十一　越语下

范蠡进谏勾践持盈定倾节事

【原文】

越王勾践即位三年而欲伐吴。范蠡进谏曰[①]："夫国家之事，有持盈，有定倾，有节事。"王曰："为三者，奈何？"对曰："持盈者与天，定倾者与人，节事者与地。王不问，蠡不敢言。天道盈而不溢[②]，盛而不骄，劳而不矜其功。夫圣人随时以行，是谓守时。天时不作，弗为人客；人事不起，弗为之始。今君王未盈而溢，未盛而骄，不劳而矜其功，天时不作而先为人客，人事不起而创为之始，此逆于天而不和于人。王若行之，将妨于国家，靡王躬身。"王弗听。范蠡进谏曰："夫勇者，逆德也；兵者，凶器也；争者，事之末也。阴谋逆德，好用凶器，始于人者，人之所卒也。淫佚之事[③]，上帝之禁也。先行此者，不利。"王曰："无是贰言也，吾已断之矣！"果兴师而伐吴，战于五湖，不胜，栖于会稽。王召范蠡而问焉，曰："吾不用子之言，以至于此，为之奈何？"范蠡对曰："君王其忘之乎？持盈者与天，定倾者与人，节事者与地。"王曰："与人奈何？"对曰："卑辞尊礼，玩好女乐，尊之以名，如此不已，又身与之市。"王曰："诺。"乃令大夫种行成于吴，曰："请士女女于士，大夫女女于大夫，随之以国家之重器。"吴人不许。大夫种来而复往，曰："请委管籥[④]，属国家，以身随之，君王制之。"吴人许诺。王曰："蠡为我守于国。"对曰："四封之内，百姓之事，蠡不如种也。四封之外，敌国之制，立断之事，种亦不如蠡也。"王曰："诺。"令大夫种守于国，与范蠡入宦于吴。

三年，而吴人遣之归。归及至于国，王问于范蠡曰："节事奈何？"对曰："节事者与地。唯地能包万物以为一，其事不失。生万物，容畜禽兽，然后受其名而兼其利。美恶皆成，以养其生。时不至，不可强生；事不究，不可强成。自若以处，以度天下。待其来者而正之，因时之所宜而定之。同男女之功，除民之害，以避天殃。田野开辟，府仓实，民众殷。无旷其众，以为乱梯。时将有反，事将有间，必有以知天地之恒制，乃可以有天下之成利。事无间，时无反，则抚民保教以须之。"

王曰："不穀之国家，蠡之国家也，蠡其图之！"对曰："四封之内，百姓之事，时节三乐，不乱民功，不逆天时，五谷睦熟，民乃蕃滋，君臣上下交得其志，蠡不如种也。四封之外，敌国之制，立断之事，因阴阳之恒，顺天地之常，柔而不屈，强而不刚，德虐之行，因以为常；死生因天地之刑，天因人，圣人因天；人自生之，天地形之，圣人因而成之，是故战胜而不报，取地而不反，兵胜于外，福生于内，用力甚少，而名声章明，种亦不如蠡也。”王曰：“诺。”令大夫种为之。

【注释】

①范蠡（lǐ）：公元前536—前448年，字少伯，春秋末著名的政治家、军事家、经济学家和道家学者。曾献策扶助越王勾践复国，后隐去。

②溢：过度，过分。

③淫佚（yì）：纵欲放荡。

④管籥（yuè）：此处“籥”同“钥”，这里指国库的钥匙。

【译文】

越王勾践继承王位后的第三年就想攻打吴国。这个时候，范蠡进谏说：“治理国家，有三件事情需要注意：国家强盛时要设法保持下去；国家将倾覆之时要设法转危为安；平时处理国家政事要节制得当。”越王勾践问：“要想做到以上这三件事情，我该怎么做呢？”范蠡回答道：“要想保持国家强盛就应顺从天道，要想使国家转危为安就应顺从人道，要想妥善地处理国家政事就应顺从地道。君王您没有问我这些，我就没敢多言。所谓顺从天道，就是要求我们盈满而不过分，盛大而不骄傲，辛劳而不自我夸耀功德。那圣人懂得顺从天时行事，这就叫守时。如果吴国顺应天时，就不要发动进攻；如果吴国没有人祸，就不要挑起事端。现在君王没有等到国家殷富，就要采取过分的举动；没有等到国势强盛，就骄傲起来；没有辛劳，就夸耀自己的功德；对方没有天灾，就想先去发动进攻；对方没有人祸，就开始想去挑起事端。这样做不但会违背天意，而且还会失掉人和。君王如果这样做，将会妨碍国家繁盛，损害君王自身安全。”越王勾践不听从范蠡的话。范蠡又接着进谏说：“好勇斗狠是违反道德的行为；攻战的兵器是不吉祥的器物；战争是解决事情的最后选择。使用兵谋去图取利益是违背道德的事情，喜欢使用不吉祥的器物，首先向别人挑起事端的人，最终反要被人所害。纵欲放荡之事向来都是上天所禁止的。首先挑起战争，决不会有好处的。”越王说：“不要再说这些惑乱视听动摇军心的话了，我已经拿定主意了！”越王果然出兵攻打吴国，在五湖之战中打了败仗，只好退守到会稽山上。

越王召见范蠡向他请教说：“我没有听从您的话，以致到了这个地步，现在该怎么办呢？”范蠡答道：“君王难道忘了吗？保持强盛要顺从天道，转危为安要顺从人道，处理政事得当要顺从地道。”越王问：“要顺从人道，该如何去做呢？”范蠡回答说：“现在您应该用极谦卑的辞令，极恭敬的礼节，带上珍宝和女乐，去向吴王求和，并用高贵的名号推崇他。如果这样还不行，就只有再加上君王您亲自去做他的奴仆了。”越王说：“好吧。”于是派大夫文种去吴国求和，说：“越国愿意把士人的女儿都送给贵国的士人做女奴，大夫的女儿都送给贵国的大夫做女奴，并且把国家最贵重的宝物礼器都献上。”吴王不答应。文种回国汇报后又去求和，说：“越王愿意把国库的钥匙都交出来，把整个国家托付给贵国掌管，而且自己亲自随同到贵国，听凭吴王管制。”吴国答应了。越王对范蠡说：“你替我看守国家吧。”范蠡回答说：“在国境以内，治理百姓的事，我比不上文种。在国境以外，对付敌国加以抵制，以及需要当机立断的事情，文种却也比不上我。”越王说：“好吧。”于是就叫文种留守在越国，自己带着范蠡到吴国宫中给吴王做臣仆。

三年后，吴王遣送他们回国。一回到越国，越王就向范蠡请教说：“现在要妥善处理政事，该怎么办呢？”范蠡回答说：“处理政事当应顺从地道。只有大地能包容万物成为一个整体，同时完成自己的功能而不失时机。大地只有能使万物生长，能足以畜养飞禽走兽，然后才能安安稳稳享受它应得的名声和利益了。凡物不论好坏，大地都使之成长赖以养活人的生命。时令不到，不能勉强让它生长；事物不到转折点，也不能勉强成事。只有泰然自若顺乎自然去处理万事，才能及时准确地权衡天下大势。等待时机来临之时就认真加以匡正，再根据时机的适宜与否而再去做决定。君王应和百姓共同从事耕织，消除百姓的祸害，以防止上天降下灾殃。还要开辟荒地耕种粮食，用以充实仓库，使百姓富足。不要让民众旷时废业，以致成为祸乱的阶梯。天时或许将会有反复，所以事情将会有间隙可乘，只有懂得天地的常道，才能取得天下既成的利益。如果攻伐

吴国的事情一时还没有间隙可乘，天时还没有转化的迹象，那么君王就应专心安抚和教育民众，等待报复的时机。”

越王说：“我的国家就是你范蠡的国家，你就好好谋划吧！”范蠡答道：“在国境以内，那些治理百姓的事，诸如怎样限制春、夏、秋三季的游乐活动，怎样不扰乱农事，如何不违反天时，使五谷丰登，让百姓的人口繁衍增加，使君臣上下都能施展才华和睦相处，这些事情我比不上文种。对于国境以外之事，诸如对付敌国的办法，决断战略大事，顺应阴阳的变化和天地的常道，做到柔顺而不屈服，坚强而不僵硬，奖赏和惩罚制度的严明施行，都以天地为常法；生死的掌握以天地的征兆为准则，这就要求上天顺应民众的意志，而圣人也顺应上天的意志。人怎么行动，天地就显示怎样的征兆，因为圣人根据天地的征兆去完成大事，所以能战胜敌人而不给他报复的机会，夺取敌人的土地而不让他夺回，使军队在国外取得胜利，而使国内滋生福运，虽然用力很少，却能使名声卓著，而能做到以上这些事情，文种却也不如我。”越王说：“好吧。”于是就叫大夫文种治理内政。

范蠡劝勾践无蚤图吴

【原文】

四年[①]，王召范蠡而问焉，曰：“先人就世，不穀即位[②]。吾年既少，未有恒常，出则禽荒，入则酒荒。吾百姓之不图，唯舟与车。上天降祸于越，委制于吴。吴人之那不穀，亦又甚焉。吾欲与子谋之，其可乎？”

对曰：“未可也。蠡闻之，上帝不考[③]，时反是守，强索者不祥，得时不成，反受其殃。失德灭名，流走死亡。有夺，有予，有不予，王无蚤图[④]。夫吴，君王之吴也，王若蚤图之，其事又将未可知也。”王曰：“诺。”

【注释】

①四年：指越王勾践由吴国回国后的第四年。

②不穀（gǔ）：不聪明，不好。古代王、侯自称的谦词。

③考：帮助，成全。

④蚤图：此处“蚤”通“早”。早日图谋。

【译文】

越王勾践由吴国回来后第四年的一天，越王召见范蠡，并向他请教说：“父王去世后，我就继承了王位，过去我年纪尚小，没有定性，一出门就没有节制地打猎，回到宫中就无节制饮酒，从不考虑百姓们的事情，只知道乘坐马车和船出去游玩。所以上天才会给越国降下灾祸，让越国受到吴国的屈辱牵制。吴国人对待我，更是欺人太甚，所以，我现在和您一起谋划攻打吴国，报仇雪恨，您看现在可以吗？”

范蠡回答道：“现在还不可以。我听说，上天不肯成全的时候，应该等待天意的转变，强求的事情是不吉祥的，如果时机来临而不去完成，反而会遭受它所带来的灾难。不守天时，就会丧失威信而泯灭名望，颠沛流离甚至死亡。有的时候上天会夺回已经赐予你的东西，有时候上天会给予帮助，有时候又不肯帮助你。请君王不要过早地图谋攻打吴国。那吴国，迟早会是您的吴国，如果您过早地图谋这件事，那事情反而难以预料了。”越王说：“好吧。”

范蠡谓人事至而天应未至

【原文】

又一年，王召范蠡而问焉，曰：“吾与子谋吴，子曰‘未可也’。今吴王淫于乐而忘其百姓，乱民功，逆天时；信谗喜优[①]，憎辅远弼[②]，圣人不出，忠臣解骨；皆曲相御，莫适相非，上下相偷，其可乎？”对曰：“人事至矣，天应未也，王姑待之。”王曰：“诺。”

【注释】

①优：这里指古代指从事歌舞杂戏的艺人。

②辅、弼：这里指辅佐君王的重臣，君王左边的叫辅，右边的叫弼。

【译文】

又过了一年，越王勾践召见范蠡，向他请教说：“上一年我和你一同谋划讨伐吴国之事时，你说‘还不可以’。如今吴王整日里沉湎于酒色之中而不顾百姓的疾苦，扰乱民事生产，违反天时做事；听信谗言，喜欢倡优一类的艺人，憎恶疏远身边那些敢于直言进谏的辅弼之臣，所以，贤能的人选择隐居不出仕，忠良的人精神涣散；剩下的都是曲意逢迎的奸佞小人，致使国内是非不分，朝廷上下苟且偷安，您看现在可以讨伐吴国了吗？”范蠡说：“人事方面的机会已经到了，只是上天还没有征兆，君王您请再耐心等待机会吧。”越王勾践说：“好吧。”

范蠡谓先为之征其事不成

【原文】

又一年，王召范蠡而问焉，曰："吾与子谋吴，子曰'未可也'。今申胥骤谏其王[①]，王怒而杀之，其可乎？"对曰："逆节萌生[②]，天地未形，而先为之征，其事是以不成，杂受其刑。王姑待之。"王曰："诺。"

【注释】

①申胥：即伍子胥，名员，春秋末期吴国大夫，军事谋略家。

②逆节：违逆道义的行为。

【译文】

又过了一年，越王勾践召见范蠡并向他请教说："上一年我与你一同谋划讨伐吴国。你说'时机未到，不可以'。如今伍子胥屡次向吴王进谏，吴王竟然恼羞成怒而逼死了他，您看现在可以讨伐吴国了吗？"范蠡回答道："吴王失道的行为才刚刚萌芽，天地还未显现征兆，若此时率先贸然攻打吴国，复仇之事不但不能成功，反而会连带深受其害，君王姑且耐心地再等等吧。"越王勾践说："好吧。"

范蠡谓人事与天地相参乃可以成功

【原文】

又一年，王召范蠡而问焉，曰："吾与子谋吴，子曰'未可也'。今其稻蟹不遗种[①]，其可乎？"对曰："天应至矣，人事未尽也，王姑待之。"王怒曰："道固然乎，妄其欺不穀耶？吾与子言人事，子应我以天时；今天应至矣，子应我以人事，何也？"范蠡对曰："王姑勿怪。夫人事必将与天地相参[②]，然后乃可以成功。今其祸新民恐，其君臣上下，皆知其资财之不足以支长久也，彼将同其力，致其死，犹尚殆。王其且驰骋弋猎，无至禽荒；宫中之乐，无至酒荒[③]；肆与大夫觞饮，无忘国常。彼其上将薄其德，民将尽其力，又使之望而不得食，乃可以致天地之殛[④]，王姑待之。"

【注释】

①遗种：指没有一点剩余。

②参：即三。古人认为天时地利人和，此三者配合，事情才能成功。

③禽荒：沉湎于打猎。弋猎：射猎，狩猎。酒荒：沉湎于酒色。

④殛（jí）：惩罚。

【译文】

又过了一年，越王召见范蠡并向他请教道："我曾和你一同谋划讨伐吴国之事。你说'时机未到，还不可以'。如今吴国正逢天灾，稻米和螃蟹都吃得精光了，您看现在可以讨伐吴国了吧？"范蠡回答说："天时的顺应已经到了，但是人事还没有完全成熟，君王还是再等等吧。"越王勾践有些愤怒，说道："道理果真的是这样的吗？还是你在欺骗我呢？当初我跟你谈及人事，你回应我说要等待天时；如今天时顺应在我们这边，你又回应我说要等到人事成熟，这是为什么？"范蠡回答道："君王您不要见怪，那人事必须与天时、地利三者互相配合，然后才可以成功。如今吴国正逢天灾，再过不久，吴国的百姓就会恐慌，因为他们君臣上下都知道吴国的粮食货物短缺，不足以支撑太久了，这个时候，他们一定会君臣团结，与百姓同心协力，一起拼死抵抗我们，所以我们现在进攻吴国会很难取胜，而且还很危险。现在，君王您只管去外面跑马打猎，但是，不要真正沉湎于狩猎之中；您只管在宫中饮酒取乐，但不要真正沉湎于酒色之中；您只管与大臣们肆意大摆酒宴举杯畅饮，但不要忘记国家大事。这样，吴国上层的统治者将会放松警惕而更加荒淫无道，吴国百姓也将会被消耗得精疲力尽，使他们因为没有得到粮食而心生怨恨，等到那个时候，我们就可以执行天地的惩罚而去诛灭吴国了，君王只需耐心等待就行了。"

范蠡谏勾践勿许吴成卒灭吴

【原文】

居军三年，吴师自溃。吴王帅其贤良，与其重禄[1]，以上姑苏。使王孙雒行成于越[2]，曰："昔者上天降祸于吴，得罪于会稽。今君王其图不穀，不穀请复会稽之和。"王弗忍，欲许之。范蠡进谏曰："臣闻之，圣人之功，时为之庸。得时不成，天有还形。天节不远，五年复反，小凶则近，大凶则远。先人有言曰：'伐柯者其则不远。'今君王不断，其忘会稽之事乎？"王曰："诺。"不许。

使者往而复来，辞愈卑，礼愈尊，王又欲许之。范蠡谏曰："孰使我蚤朝而晏罢者[3]，非吴乎？与我争三江、五湖之利者，非吴耶？夫十年谋之，一朝而弃之，其可乎？王姑勿许，其事将易冀已。"王曰："吾欲勿许，而难对其使者，子其对之。”范蠡乃左提鼓，右援枹[4]，以应使者，曰：“昔者上天降祸于越，委制于吴，而吴不受。今将反此义而报此祸，吾王敢无听天之命，而听君王之命乎？”王孙雒曰：“子范子，先人有言曰：‘无助天为虐，助天为虐者不祥。’今吴稻蟹不遗种，子将助天为虐，不忌其不祥乎？”范蠡曰：“王孙子，昔吾先君固周室之不成子也，故滨于东海之陂，鼋鼍鱼鳖之与处，而蛙黾之与同渚[5]。余虽靦然而人面哉，吾犹禽兽也，又安知是諓諓者乎？”王孙雒曰：“子范子将助天为虐，助天为虐不祥！雒请反辞于王。”范蠡曰：“君王已委制于执事之人矣。子往矣，无使执事之人得罪于子。”使者辞反。范蠡不报于王，击鼓兴师以随使者，至于姑苏之宫，不伤越民，遂灭吴。

【注释】

①贤良：这里指谋臣。重禄：这里指贵族。

②王孙雒（luò）：吴国的大夫。

③蚤（zǎo）：通“早”，早晨。晏：这里指晚上。

④枹（fú）：这里指鼓槌。

⑤陂（bēi）：水边，水岸。鼋鼍（yuán tuó）：在中国神话传说中是指巨鳖和猪婆龙（扬子鳄）。蛙黾（wā mǐn）：古书上说的一种蛙。

【译文】

越王勾践出兵围困吴国三年后，吴国的军队自行崩溃了。吴王带着他的谋臣和贵族们逃到姑苏台躲避起来。不久便派出使者王孙雒去向越国请和，王孙雒到了越国后，对越王勾践说：“以前是上天给吴国降下灾祸，使我们在会稽得罪了贵国。现在越王如果肯照顾我们的话，我请求和好，恢复我们当年在会稽时的友好关系。”越王勾践听到王孙雒说的话后，有些不忍心消灭吴国，打算答应讲和。这时候，范蠡进谏说：“我听说，圣人能够成功，是因为他们善于利用天时。如果得到了天时还不夺取成功的话，那么上天就会将天时转变成不利的形态了。而天时的转变为期不远，五年就转变一次，小的灾难来得快，大的灾难来得稍慢些。前人有句话说：‘砍树干做斧柄，而手里拿的斧柄就是要做的斧柄式样，所以不必再去远处寻找。’现在君王迟迟不能决断，难道忘记了在会稽蒙受的耻辱了吗？”听了范蠡说的话后，越王勾践说：“好吧。”于是没有答应同吴国讲和。

吴国的使者离开后没多久，又返回了越国，这一次，吴国使者的求和措辞比上一次更加诚恳卑微，礼节也比上一次更加恭敬。越王勾践有些心软了，打算答应吴国的求和。这时候，范蠡进谏说：“是谁让我们清早就上朝，到夜晚才下朝，整日里忧心国事，不就是吴国吗？同我们争夺三江五湖利益的，不也是吴国吗？我们为了复国辛辛苦苦地谋划了十年，只在这一日之间就放弃前功，这样做怎么可以呢？至于讲和，君王您姑且不要答应他们，这样事情就容易有转机了。越王说："我也想过不答应，可我为难于不知道该怎么答复他，这样吧，你替我去答复他吧。"于是范蠡左手提着鼓，右手拿着鼓槌，去回复吴国的使者，范蠡对吴国的使者说："以前是上天给越国降下灾祸，让越国归顺并受吴国制约，然而吴国却没有接受上天的礼物，现在天时转变而让我们反过来报复吴国，我们君王怎敢不听从上天的命令，而听从吴王的命令呢？"王孙雒连忙说："尊敬的范大夫呀！古人有句话说道'不要助天作恶施虐，助天作恶施虐的人会不吉祥。'现在我们吴国恰逢天灾，稻米和螃蟹都已经吃光了，难道您还要助天作恶施虐，不怕遭厄运吗？"范蠡回答道："尊敬的王孙大夫呀！以前我们国君在周朝是爵位不高的官员，所以只能住在东海岸边，常年与鼋鼍鱼鳖相处，同水边的虾蟹蛙类共居。惭愧的是，从表面上看我们像个人，而实际上跟禽兽没什么区别，又怎么听得懂你说的这些深深浅浅的巧辩之言呢？"王孙雒说："尊敬的范大夫呀！您一定要助天作恶施虐吗？您这样助天为虐可是会遭受厄运的！请您让我再见越王一面，我要向越王告辞以后再返回国。"范蠡说："我们国君已经把这件事全权委托给我了。你走吧，免得我这个管事的人得罪你。"吴国使者听到这句话后，只好告辞回去。范蠡没有向越王报告情况，而是擂起了战鼓，跟在吴国使者的后面直接向吴国发兵，一直追到吴国姑苏台的王宫之上，就这样，越国的兵员几乎没有什么伤亡，就灭掉了吴国。

范蠡乘轻舟以浮于五湖

【原文】

反至五湖，范蠡辞于王曰："君王勉之，臣不复入越国矣。"王曰："不穀疑子之所谓者何也？"对曰："臣闻之，为人臣者，君忧臣劳，君辱臣死。昔者君王辱于会稽，臣所以不死者，为此事也。今事已济矣，蠡请从会稽之罚。"

王曰："所不掩子之恶，扬子之美者，使其身无终没于越国。子听吾言，与子分国。不听吾言，身死，妻子为戮。"范蠡对曰："臣闻命矣。君行制，臣行意。"遂乘轻舟以浮于五湖，莫知其所终极。

王命工以良金写范蠡之状而朝礼之，浃日而令大夫朝之[①]，环会稽三百里者以为范蠡地，曰："后世子孙，有敢侵蠡之地者，使无终没于越国，皇天后土、四乡地主正之[②]。"

【注释】

①浃（jiā）日：十天。按古代的干支纪日法，从甲至癸为一轮，正好十天。.

②皇天后土：泛指天地。皇天，古代称天。后土，古代称地。古时候人们迷信天地能主持公道，主宰万物。地主：这里指地方的官员。

【译文】

越王勾践灭掉吴国后返回五湖，这时范蠡向越王勾践请辞，说："国君您努力勤勉治理国家吧，我就不回越国了。"越王勾践很诧异地问道："我很疑惑先生您为什么要这样说呢？"范蠡回答说："我听说，做臣子的，如果国君忧虑，臣子就要为国君分担忧虑并为国君操劳，如果国君受到了侮辱，臣子就要为国君而死。当年，国君您在会稽时遭受兵败之辱。那个时候我之所以没有为您去死，是为了留着性命报仇，如今大仇已报，我请求补上我原本在会稽就应该受到的惩罚。"

越王勾践说："回到越国以后，如果有谁敢不原谅你的过失，不赞扬你这些美德，我会让他们在越国身死而不得善终。你一定要听信我所言，跟我回去，而且我还要跟你一起共同分担治理越国的政事。如果你不听我的话，不但要将你杀死，连你的妻子也要遭受杀戮之刑。"范蠡回答说："您的命令，我听到了。您可以按照您的命令行事，不过我也可以按照我的想法行事。"于是，范蠡就乘着小船在五湖上乘舟泛游而去，没有人知道他最终去了哪里。

后来，越王勾践命令工匠用上等的金属制成范蠡的雕像，每天早朝都会以礼相拜，同时命令朝中的大夫们每隔十天朝拜一次，并把会稽山四周三百里的土地划为范蠡的封地，下令说："后世子孙，如果有谁敢侵犯范蠡这片封地的，那么我会让他在越国不得善终，此言天地为证，四方的官长也共同为此做证。"

参考文献

[1] 汪济民 . 国语译注 [M]. 南昌 ：百花洲文艺出版社，1992.

[2] 董立章 . 国语译注辨析 [M]. 广州 ：暨南大学出版社，1993.

[3] 邬国义，胡果文 . 国语译注 [M]. 上海 ：上海古籍出版社，1994.

[4] 黄永堂 . 国语全译 [M]. 贵阳 ：贵州人民出版社，1995.

[5] 赵望秦，张艳云 . 白话国语 [M]. 西安 ：三秦出版社，1998.

[6] 陈桐生 . 国语 [M]. 北京 ：中华书局，2013.

[7] 张华清 . 国语 [M]. 济南 ：山东画报出版社，2014.

[8] 王超 . 国语 [M]. 北京 ：北京联合出版公司，2015.